प्राचीन भारत

प्राचीन भारत

डॉ. राधाकुमुद मुखर्जी

Published by

Gyan Publishing House
5, Ansari Road
Daryaganj, New Delhi-110002
Phone: 011-47034999, 9811692060
E-mail: books@gyanbooks.com

Distribution Network
gyanbooks.com
India, USA, Canada, UK, Australia

ISBN: 978-93-6280-340-5 (PB)
First Published, 1962

2nd Impression 2024

Printed at: Gyan Press, Delhi.

प्राचीन भारत

Author: डॉ. राधाकुमुद मुखर्जी

प्राचीन भारत

डॉ. राधाकुमुद मुखर्जी

विषय-सूची

प्रस्तावना १

विषय; साधन

पहला अध्याय : पृष्ठभूमि ३

इतिहास पर भूगोल का प्रभाव; साधन; भाषाएँ; धर्म; जातियाँ (रेसेज़); इनकी सांस्कृतिक देन; मौलिक एकता; राजनीतिक एकीकरण।

दूसरा अध्याय : प्राग् इतिहास ७

मानव इतिहास की अवस्थाएँ; पूर्व-पाषाण-युग; मध्य-पाषाण-युग; नव-पाषाण-युग; शिकारी, पशुपालक और कृषिप्रधान संस्कृतियाँ; सभ्यता का श्रीगणेश; इसके प्राचीन स्थल; सिन्धु-सभ्यता; यहाँ की मुद्राएँ; ईंटों का प्रयोग; नालियाँ; सार्वजनिक भवन; हड़प्पा के उद्योग; नाव; सामग्रियों के स्रोत; मुद्राओं के चित्र; मूर्त्तियाँ; धर्म; सम्भावित काल; सिन्धु-सभ्यता के निर्माता।

तीसरा अध्याय : वैदिक युग १४

आर्य; ईरानी; ऋग्वेदकालीन भारत; प्रमुख जन; दाशराज्ञ युद्ध; आर्य-अनार्य-संघर्ष; सामाजिक-संस्थाएँ; राजा; राजा का निर्वाचन; मंत्रि परिषद; सभा और समिति; न्याय; सेना; ऋग्वैदिक शिक्षा; ऋषि, संघ; श्रुतियों का अध्ययन और अर्थ; व्रतचारी; भाषा; धर्म; क्षत्रिय; स्त्रियाँ; अन्य वर्ग; विवाह; सम्पत्ति; वेशभूषा; भोजन; खेल-कूद; आर्थिक परिस्थिति; सिंचाई; उद्योग-दस्तकारी; व्यापार; कालक्रम।

चौथा अध्याय : उत्तर-वैदिक-युग २५

उत्तर-वैदिक साहित्य का युग; साधन; भौगोलिक तथ्य; सामाजिक जीवन; अर्थ-व्यवस्था; राज्य (साम्राज्यवाद); दण्ड

की प्रभुता; मंत्रिपरिषद्; सभा और समिति; शिक्षा-पद्धति; पराविद्या; अध्ययन के विषय; धर्म की धारणा।

पांचवां अध्याय : वैदिकोत्तर युग ३२

साधन; रामायण-महाभारत-कालीन सभ्यता; ग्रामीण स्वायत्तता; पाणिनि-कालीनभारत; ज्ञान-विज्ञान; उपचार; वर्णाश्रम-धर्म।

छठवां अध्याय : उत्तरी भारत (६५० ई० पू०–३२५ ई० पू०) ३६

जैन धर्म; जैन सिद्धान्त; वीर-निर्वाण; गौतम बुद्ध; प्रथम उपदेश; बुद्धचर्या; बुद्ध की महानता; राजनीतिक इतिहास; प्रमुख राज्य; अवन्ती; वसं (वत्स); कोशल; मगध; बिम्बिसार; उसकी राजधानी; उसका राज्य; शासन; धर्म; उसका अन्त; अजातशत्रु (लगभग ५५१-५१९ ई० पू०); लिच्छवि-युद्ध; धर्म; अजातशत्रु के उत्तराधिकारी; नन्दवंश; गणराज्य; लिच्छवि; शाक्य; मल्ल; ज्ञातृक (नाय); तात्कालिक बौद्ध और जैन ग्रन्थों में वर्णित सभ्यता; बस्तियाँ; सामाजिक व्यवस्था; आर्थिक-परिस्थिति; ग्राम-नियोजन; दस्तकारी; व्यापार-मार्ग; नाव; कारवाँ; समुद्री व्यापार; बाजार; मुद्रा; श्रेणियाँ; व्यापार-मार्गों के संकट; जाति और व्यवसाय; ईरानी आक्रमण; सिकन्दर का आक्रमण (३२७ ई० पू०); उसकी वापसी; परिणाम; यूनानी क्षत्रप; यूनानी लेखकों द्वारा भारतीय जीवन के उल्लेख; पशु-सम्पत्ति; संन्यासी।

सातवां अध्याय : मौर्य साम्राज्य ५५

चन्द्रगुप्त मौर्य (३२३-२९९ ई० पू०); चन्द्रगुप्त के कृत्यों के विषय में जस्टिन का उल्लेख; चन्द्रगुप्त की मुक्ति-सेना के सैनिक; स्वतंत्रता-संग्राम की कथाएँ; सेल्युकस का आक्रमण; दक्षिणी विजय; पश्चिमी विस्तार; चाणक्य; शासन; शासन के विभाग; सामान्य प्रशासन; विभाग; सेना; कौटिल्य का वर्णन : विभाग; राजा; सामाजिक-जीवन; बिन्दुसार (२९९-२७४ ई० पू०); अशोक (लगभग २७४-२३६ ई० पू०); कालक्रम; साम्राज्य का विस्तार; शिलालेखों के स्थान; स्तम्भलेख; सीमाएँ; प्रशासन;

दौरे (अनुसंधान); धर्मयात्रा; नैतिक मंत्रालय; सार्वजनिक कार्य; पश्चिमी देशों में कल्याण-मण्डल; धर्म-विजय; कलिंग विजय; नैतिक प्रचार; राजकीय दान; धर्म; तीसरी बौद्ध-संगीति; कला और स्थापत्य; गुहावास; सुदर्शन झील; अशोक के संबंधी; अशोक का अन्त; उत्तराधिकारी; मौर्य साम्राज्य का अन्त।

आठवाँ अध्याय : मौर्योत्तर राज्य ७०

(१) शुंग-वंश (लगभग १८६-६५ ई० पू०); पुष्यमित्र (लगभग १८६-१५० ई० पू०); यूनानी आक्रमण; साम्राज्य का विस्तार; धर्म; पुष्यमित्र के उत्तराधिकारी।

(२) काण्वायन वंश (लगभग ७५-३० ई० पू०)।

(३) आन्ध्र (लगभग ३० ई० पू०-२५० ई०); प्रारम्भिक इतिहास; शातकर्णि प्रथम; गौतमी-पुत्र शातकर्णि (लगभग ११९-१२४ ई०); पुलुमावी (१३०-१५९ ई०); वासिष्ठी-पुत्र श्री शिव शातकर्णि (१५९-६६ ई०); यज्ञश्री शातकर्णि (१७४-२०३ ई०); आन्ध्र-साम्राज्य का पतन; आन्ध्र-वंश की शाखाएँ; आन्ध्र सभ्यता; धर्म; आर्थिक जीवन; समुद्री व्यापार; शान्ति और शासन।

(४) कलिंग वंश: प्राचीन इतिहास; खारवेल; कालक्रम।

नवाँ अध्याय : विदेशी आक्रमण और उनका देश में बसना ७८

यवन आक्रमण; यवन राजा; मिनान्डर (लगभग ११५-९० ई० पू०); महरजस ध्रमिक्स मेनद्रस; शक; माओस (लगभग २० ई० पू०-२२ ई०); वोनोनीस (वनान); गोन्दोफर्नेस् (लगभग २०-५० ई०); शक-क्षत्रप; तक्षशिला; मथुरा; पश्चिमी भारत; उज्जयिनी; रूद्र दामा; कुषाण; कुजुल कडफाइसेस प्रथम (लगभग १५-६५ ई०); विम कडफाइसेस द्वितीय (लगभग ६५-७५ ई०); उसके उत्तराधिकारी; कनिष्क प्रथम; मुद्राएँ; कनिष्क की

प्रतिमा; वासिष्क (लगभग १०२-१०६ ई०); हुविष्क (लगभग १०६-१३८ ई०); वासुदेव प्रथम (लगभग १५२-१७६ ई०); बाद के कुषाण राजा; कुषाणकालीन भारत; धर्म; कला; प्रशासन; लोक-कल्याण-कार्य और अनुदान; परिशिष्ट : यवन राजाओं का काल-क्रम।

दसवाँ अध्याय : गुप्त साम्राज्य ९२

प्राग्-गुप्त इतिहास; गणतंत्र : (१) आर्जुनायन, (२) मालव, (३) यौधेय, (४) लिच्छवी, (५) शिबि, (६) कुणिन्द, (७) कुलूत, (८) औदुम्बर; राजतंत्र : (१) नाग-वंश, (२) अहिच्छत्रा, (३) अयोध्या, (४) कौशाम्बी, (५) वाकाटक, (६) मौखरी; गुप्त-इतिहास; चन्द्रगुप्त प्रथम (३१९-३३५ ई०); गुप्त संवत्; समुद्र गुप्त पराक्रमांक (लग० ३३५-३७५ ई०); कालक्रम; हरिषेण; समुद्रगुप्त की विजयें; प्रथम विजय; दक्षिणी अभियान; आर्यावर्त का दूसरा युद्ध; आटविक राज्यों की पराजय; प्रत्यन्त राज्यों से संबंध; विदेशी-राज्य; अश्वमेध; मुद्राएँ; चन्द्रगुप्त द्वितीय विक्रमादित्य (३७५ ई०—४१४ ई०); कालक्रम; राज्यारोहण; विजय; रामगुप्त; शासन; आर्थिक व्यवस्था; धर्म; मुद्राएँ; फा-ह्यान द्वारा वर्णित भारत (३९९-४१४ ई०); खोतान; कुमारगुप्त प्रथम महेन्द्रादित्य (४१४-४५५ ई०); शासन; मुद्राएँ; स्कन्दगुप्त विक्रमादित्य (४५५-४६७ ई०); शासन; धर्म; आर्थिक जीवन; मुद्राएँ; वलभी; पुरुगुप्त विक्रम प्रकाशादित्य; (४६७-६९ ई०); पुरुगुप्त के उत्तराधिकारी; कुमारगुप्त द्वितीय विक्रमादित्य (४७३-४७६ ई०); बुधगुप्त (४७६-४९५ ई०); भूमि के सौदे; सामन्त और प्रान्तीय राज्यपाल; नरसिंहगुप्त बालादित्य (४९५ ई०-लगभग ५१० ई०); भानुगुप्त; यशोधर्मा; स्थानीय राजा; वैन्यगुप्त; कुमारगुप्त तृतीय; प्रान्त का प्रशासन; गोपचन्द्र; विजयसेन; धर्मादित्य; समाचारदेव; गुप्तकालीन भारत; राजनीतिक स्वरूप; धर्म; जन-कल्याण; शिक्षा; मौखिक शिक्षा; कला और वास्तुशिल्प; मन्दिर स्थापत्य का विकास; समाज; आर्थिक

जीवन; श्रेणी-निगम; बैंक; जन-हित-कार्य; प्रशासन; इकाइयाँ; कर और आय के साधन; वाकाटक वंश (लगभग २५०-५०० ई०); स्थानीय राज्य ।

ग्यारहवाँ अध्याय : हर्ष का साम्राज्य १२०

साधन; पूर्वज; राजा की मृत्यु; राज्यवर्धन का अभिषेक; राज्यश्री का दुर्भाग्य; राज्यवर्धन का वध; बहन का उद्धार; दिग्विजय; पुलकेशी द्वारा रोक; सेना; उत्तरी भारत पर आधिपत्य; विदेशी दूत; कन्नौज की सभा; प्रयाग की सभा; हर्ष के अप्रतिम दान; प्रशासन; राजकीय यात्राएँ; मुख्य-अधिकारी; उनका वेतन; आय; मुद्राएँ; श्वान-चाँग का भारत-वर्णन; सम्प्रदाय और संन्यासी; शिक्षा के केन्द्र; नालन्दा महाविहार; प्रवेश; विचार-गोष्ठी; अध्ययन के विषय; प्रमुख शिक्षक; मुद्राएँ ।

बारहवाँ अध्याय : स्थानीय राज्य और उनका आपसी संघर्ष १२९

अर्जुन; आदित्यसेन; यशोवर्मा; आयुध; प्रतीहार; नागभट प्रथम; नागभट द्वितीय; मिहिरभोज; राजशेखर; महीपाल; प्रतीहारों का पतन; गाहड़वाल (१०९०-११९४); गोविन्दचन्द्र (११०४-११५५); विजयचन्द्र; जयचन्द्र; बंगाल के पाल; गोपाल; धर्मपाल; देवपाल; जावा का दमन; नारायणपाल; संकट; महीपाल प्रथम; महीपाल द्वितीय; मदनपाल; गोविन्दपाल; चन्द्रवंश; यादव, जातवर्मा; शूर; सेन; विजयसेन, बल्लाल-सेन, लक्ष्मणसेन; कश्मीर : हूण; मातृगुप्त; कर्कोट-वंश; मुक्तापीड ललितादित्य; उत्पलवंश; रानी दिद्दा; लोहर; हर्ष; उच्छल; तिब्बती आक्रमण; सांस्कृतिक केन्द्र के रूप में कश्मीर; सिन्धु; नैपाल; असम; मालवा के परमार; वाक्पति द्वितीय; सिन्धुराज; भोज; अणहिलवाड़; चालुक्य; भीम प्रथम; सिद्धराज; कुमारपाल; बघेल; विशालदेव; चन्देल; वाक्पति; हर्ष; यशोवर्मा; खजुराहो का मन्दिर; धंग; विद्याधर; कीर्तिवर्मा; चेदी के कलचुरी; लक्ष्मण; पतन; चाहमान;

शाकम्भरी; विग्रहराज षष्ठ; पृथ्वीराज तृतीय; गुहिलोत ; शाही (शाहिय); कला।

तेरहवां अध्याय : दक्षिणी भारत १४८

स्थानीय राज्य; सार्वभौम राज्य; मध्य-दक्षिणी भारत : नल; पश्चिमी-दक्षिणी भारत : भोज; त्रैकूटक; कलचुरी; प्रारम्भिक राष्ट्रकूट; पूर्वी-दक्षिणी भारत : आन्ध्र; आनन्द-वंश ; सालंकायन; १ विष्णुकुण्डी वंश; २ कलिंग : (१) पितृभक्त, (२) माठर, (३) वासिण्ठ, (४) पूर्वी गंग; ३ दक्षिण कोसल और मेकल; सार्वभौम शक्तियाँ; पश्चिमी चालुक्य : पुलकेशी द्वितीय; विक्रमादित्य प्रथम; विनयादित्य (६८१-६९२ ई०); विजयादित्य (६९६-७३३ ई०); विक्रमादित्य द्वितीय; (७३३-४५ ई०); कीर्तिवर्मा द्वितीय (७४६-७५७ ई०); पूर्वी चालुक्य : विष्णुवर्धन प्रथम; उसके उत्तराधिकारी; राष्ट्रकूट।

चौदहवां अध्याय : सुदूर दक्षिणी भारत १६६

प्रारम्भिक इतिहास; पाण्ड्य; चोल; परान्तक प्रथम और उसके उत्तराधिकारी; पल्लव ।

पन्द्रहवां अध्याय : बृहत्तर भारत १७७

प्राचीन साक्ष्य; स्याम (थाईलैण्ड); कम्बुज (आधुनिक कम्बोडिया); चम्पा (अन्नम); मलाया; सुवर्णद्वीप; श्रीविजय; बोर्निओ; बाली; जावा; बर्मा; बृहत्तर भारत में भारतीय कला : (१) कोरिया, (२) जापान, (३) मध्य-एशिया, (४) चीन, (५) कम्बुज, (६) थाइलैण्ड, (७) बर्मा, (८) लंका, (९) जावा, (बोरोबोदूर), (१०) तिब्बत ।

प्रस्तावना

इतिहास का विषय मृत अतीत है, जीवित वर्तमान नहीं। इसका सम्बन्ध उन घटनाओं से है जो घट चुकी हैं, चालू घटनाओं से नहीं जो तरलावस्था और

विषय

निर्माण की प्रक्रिया में हैं। इसका वास्ता उससे है जो हो चुका है न कि उससे जो यदि होता तो...। इसका विषय आदर्श नहीं यथार्थ तथ्य हैं।

अतीत के अध्ययन के लिए उपलब्ध सामग्री का आश्रय लेना पड़ता है। सुदूर अतीत के अध्ययन के लिए सामग्री कम होती है और खोजनी पड़ती है। यह सामग्री

साधन

कई प्रकार की होती है : प्रकाशित ग्रन्थ अथवा अप्रकाशित पाण्डुलिपियाँ, पाषाण और ताम्रपट्ट पर खुदे हुए अभिलेख, सिक्के और मुद्राएँ, दैनिक जीवन के उपयोग की वस्तुएँ, जैसे औजार आदि और प्राचीन भवनों के भग्नावशेष।

कभी-कभी यद्यपि सामग्री मिल जाती है किन्तु उनका उपयोग नहीं हो पाता। सिन्धु-घाटी (जो अब पाकिस्तान का भाग है) से प्राप्त बहुत-सी मुद्राओं पर खुदे हुए लेख भारत के इतिहास में प्राचीनतम हैं, किन्तु ये अभी तक पढ़े नहीं जा सके हैं। भारतीय इतिहास की कुछ सामग्री विदेशों में भी पाई जाती है जैसे दारा प्रथम आदि फारसी सम्राटों के अभिलेख, यूनानी, रोमन, चीनी और तिब्बती इतिहासों के पृष्ठ और दक्षिणी-पूर्वी एशिया के देशों में पाये जाने वाले अनेक

प्राचीन भवन और शिलालेख। इनमें भारत और विदेशों के सम्पर्क का इतिवृत्त छिपा है।

इतिहास की इस सामग्री के कुछ महत्वपूर्ण निदर्शन निम्नलिखित हैं: वैदिक साहित्य, महाकाव्य—महाभारत और रामायण और पुराण सामग्री की खानें हैं। फा-ह्यान, श्वान-चाङ और ई-चिङ् नामक चीनी यात्रियों के विवरण तात्कालिक भारतीय सामाजिक और सांस्कृतिक जीवन के तथ्यों से भरे हुए हैं। जहाँ तक शिलालेखों का प्रश्न है, अशोक के शिलालेखों का अद्वितीय महत्व है। यवन, शक और कुषाण युगों के इतिहास का ज्ञान इन वंशों के राजाओं के सिक्कों से ही होता है। स्थापत्य-सामग्री में हम भरहुत, सारनाथ, साँची और मथुरा की मूर्तियों और खुदाई के काम का उल्लेख कर सकते हैं जिनमें प्राचीन भारतीय सभ्यता के बहुत-से रहस्य छिपे हैं।

पहला अध्याय

पृष्ठभूमि

इतिहास पर भूगोल का प्रभाव

प्रत्येक देश के इतिहास पर उसके भूगोल का प्रभाव पड़ता है। जहाँ तक अविभक्त भारत का प्रश्न था, उसकी सभ्यता युग-युगान्तरों से स्वतंत्र रूप से विकसित होती रही। उत्तरी पर्वतों की भयंकर रुकावटों और दक्षिण के समुद्रों के कारण भारत शेष विश्व से प्राय: पृथक् रहा। फलस्वरूप उस पर अधिक विदेशी प्रभाव नहीं पड़ सका। हिमालय पश्चिम से पूर्व तक लगभग १६०० मील लम्बी और ५० मील चौड़ी एक दुहरी दीवार है। पूर्व में पत्कोई, नागा और लुशाई की पहाड़ियाँ और उनके घने जंगल आने-जाने में बाधा डालते हैं। पश्चिमी छोर पर कुछ दर्रे अवश्य हैं; जैसे खैबर और बोलन के, जहाँ से होकर विदेशी आते थे। दक्षिण की ओर शताब्दियों तक समुद्र भारत में आसानी से आने-जाने में रुकावट डालता रहा। किन्तु बाद में नौ-विद्या-क्षेत्र में पर्याप्त प्रगति हुई। फिर तो यह समुद्र व्यापार के लिए सुगम मार्ग ही बन गया। १४९८ में वास्को-दा-गामा के नेतृत्व में पुर्तगाली लोग सब से पहिले समुद्री रास्तों से भारत आये। उसके बाद डच, फ्रांसीसी और अंग्रेज आये। ये सभी बहुत समय तक भारत में अपना प्रभुत्व जमाने के लिए आपस में संघर्ष करते रहे। इस प्रकार कुल मिलाकर भारत की भौगोलिक पृथकता के कारण यहाँ की सभ्यता पर अधिक विदेशी प्रभाव नहीं पड़ा।

भारत के आकार की विशालता का भी इसके इतिहास पर प्रभाव पड़ा।

इससे प्राकृतिक और सामाजिक परिस्थितियों की विविधता उत्पन्न हुई, जिसके कारण भारत विश्व का एक लघु रूप ही बन गया। इसी विशालता के कारण भारत में जलवायु की विभिन्नता है, जिसका फल जन्तु और वनस्पति-जगत् की सम्पन्नता है। फलतः भारत में वह सब कुछ मिलता है जो मनुष्य के लिए आवश्यक है। भारत कोयले और पेट्रोल, लोहे, मेगेनीज़ और क्रोम के साधनों से सुसम्पन्न है। उसकी विशाल कोयले की खानें बंगाल, बिहार और उड़ीसा में उसके लोहे की खानों के पास पाई जाती हैं। इस प्रकार प्रकृति ने भारत को आर्थिक-आत्म-निर्भरता के साधनों से सुसज्जित किया है।

साधन

प्राकृतिक विविधता के साथ-साथ भारतीय जनता में प्रतिबिम्बित उसकी सामाजिक विभिन्नता भी उल्लेखनीय है। भारत में १७९ भाषाएँ और ५४५ बोलियाँ विकसित हुई हैं। किन्तु संस्कृति और साहित्य की दृष्टि से महत्वपूर्ण भाषाओं की संख्या लगभग १५ ही है। इनमें से चार तेलगू, तमिल, कन्नड़ और मलयालम द्राविड़ हैं और प्रत्येक का समृद्ध साहित्य है। भारतीय आर्य भाषाएँ, जैसे; हिन्दी, गुजराती, मराठी, बंगाली, असमी और उड़िया उत्तर में प्रचलित हैं। बहुत-सी निषाद और तिब्बती-चीनी परिवारों की आदिम जातीय बोलियाँ भी पाई जाती हैं। इनमें मुण्डा प्रमुख है। किन्तु इनके बोलने वाले देश की जन-संख्या में २ प्रतिशत से भी कम हैं।

भाषाएं

भारत विश्व के प्रमुख धर्मों—हिन्दुत्व, इस्लाम, बौद्धधर्म, जैनधर्म और इसाइयत—का घर बन गया है। २५ करोड़ से अधिक जनता हिन्दू धर्म को मानती है। यह अनेक मतों, सम्प्रदायों और विचारधाराओं के द्वारा उनकी धार्मिक आवश्यकताओं को पूरा करता है। यह एक उदार और विस्तीर्ण विचार-पद्धति है जो कठोर सिद्धान्तों, कड़े विश्वासों या निश्चित आचरणों की सख्त परिधि में परिबद्ध नहीं है और फलतः विदेशी तत्वों को आत्मसात् करके अपनी सम्पन्नता को बढ़ाने की क्षमता रखता है।

धर्म

भारत का जटिल जातीय विधान संसार-प्रमुख जातियों के सम्मिश्रण से बना है। ये जातियाँ हैं त्रावणकोर और कोचीन के नेग्रीटो, आदिवासी आदिम निषाद (ऑस्ट्रोलॉयड), असम के किरात (मंगोलॉयड), विभिन्न प्रदेशों के ब्राह्मणों में प्रतिबिम्बित भूमध्यसागरीय जातियाँ, काठियावाड़, गुजरात और तमिलनाड की चौड़े सिर वाली (ब्रेकीकिफेलिक) जातियाँ, बंगाल और उड़ीसा की दिनारी जातियाँ और पंजाब, राजस्थान, महाराष्ट्र और बंगाल की आर्य (नोर्डिक) जातियाँ।

जातियाँ (रेसेज)

यह उल्लेखनीय है कि इन जातियों ने अपनी देनों से भारतीय संस्कृति को सम्पन्न किया है। आदिम-निषाद जाति (ऑस्ट्रोलॉयड) की देन निषाद भाषा है जिसे मुण्डा कहते हैं और एक विशिष्ट आदिम सभ्यता है जो मुण्डा या कोलेरी कहलाती है और संथाल परगना, छोटा-नागपुर, मध्यप्रदेश, उड़ीसा और मद्रास के कुछ भागों में साठ लाख व्यक्तियों को अपनी क्रोड़ में लिए प्रचलित है। किरातों (मंगोलॉयड) से भारत ने २ भाषाएँ ग्रहण की हैं (१) तिब्बती-बर्मी जिसे अबोरमिरि, दफ्ला, उत्तरी असम के मिश्मी, पश्चिमी असम की पहाड़ियों के गारो, नागा-पर्वतों के कूकी-चिन, कूच-बरार नोगोंग और असम के अन्य प्रदेशों के कोच अथवा बोड़ो बोलते हैं, और (२) मोन-ख्येर (मंगोली) जो असम की खसी नामक पहाड़ियों पर बोली जाती है। भूमध्यसागरीय और एल्पीनी आरमीनी लोग भारत में द्राविड़ भाषाएँ और अपनी सुविकसित सभ्यताएँ लाये। नोर्दी लोग भारत में अपनी आर्य भाषा लाये।

इनकी सांस्कृतिक देन

इस सब विविधता के नीचे समान संस्कृति की एक मौलिक एकता है जिसकी छाप प्रत्येक भारतीय पर मिलती है। साहित्यिक और धार्मिक कृतियों ने युग-युगान्तरों में इस एकता के भाव को दृढ़ किया है। इनमें मातृ-भूमि के मूर्तरूप की कल्पना करके उसकी उपासना का विधान किया गया है। इस मूर्तरूप में सात पवित्र नदियाँ, सात पवित्र नगर, सात पवित्र पर्वत मातृभूमि की रीढ़ और पसलियों के समान हैं।

मौलिक एकता

सात नदियाँ गंगा, यमुना, गोदावरी, सरस्वती, नर्मदा, सिन्धु और कावेरी हैं जिनके पवित्र जल में पर्व-दिवसों पर सब दिशाओं के हिन्दुओं को एक ही प्रार्थना पढ़ते, एक ही धर्म के अनुयायियों के रूप में शुद्धि के लिए स्नान करना पड़ता है। सात पवित्र नगर अयोध्या, मथुरा, माया (हरद्वार), काशी, काञ्ची, अवन्तिका और द्वारावती (द्वारका) हैं जो हिन्दू-धर्म के प्रमुख देवी-देवताओं से सम्बन्धित हैं। ये हैं राम, कृष्ण, गंगा, शिव और महाकाल। इसी प्रकार सात पवित्र पर्वत सुदूर दक्षिण के मलय से उत्तर के विन्ध्य और पारियात्र (अरावली) तक फैलते हुए मातृभूमि के चित्र को साकार करते हैं। इस प्रकार ये प्रार्थना-मंत्र मातृभूमि के विशाल आकार और स्वरूप की भौगोलिक धारणा को, देशमातृका के विराट् देह को, चिन्तन-मनन के निमित्त जन-जन की मनोवृत्ति में बद्धमूल करते हैं। हिन्दुत्व का एक विशिष्ट लक्षण तीर्थयात्रा है, जो जनता को, चाहे वह शाक्त हो अथवा शैव अथवा वैष्णव, समान धार्मिक उत्साह के साथ विविध केन्द्रों के दर्शन करने की प्रेरणा देता है। मातृभूमि की समस्त मृत्तिका की पवित्रता के भाव में साम्प्र-दायिक भेद विलीन हो जाते हैं और राष्ट्रीयता और जनतन्त्र की नैतिक आधार-

शिला के रूप में अखिल-भारतीय-दृष्टिकोण की उपलब्धि होती है। भारतीय संस्कृति की आत्मा इस उदात्त वाक्य में मुखरित हो उठती है 'जननी जन्मभूमिश्च स्वर्गादपि गरीयसी' (माता और मातृभूमि स्वर्ग से भी बढ़कर हैं)

राजनीतिक एकीकरण

भारत की विशालता और विविधता ने उसके इतिहास पर प्रभाव डाला है। इसके कारण इसके विभिन्न भागों और जातियों की एक केन्द्रीय राज्य के अधीन राजनीतिक एकता में बाधा पड़ी है। युग-युगान्तरों से शायद ही कभी समस्त भारत का समग्रता की दृष्टि से एक इतिहास मिले; वरन् स्थानीय अथवा क्षेत्रीय इतिहासों का समूह मिलता है जो पारस्परिक संघर्ष को प्रकट करता हुआ एक राज्य के रूप में उनके संगठन के विपरीत है। केवल अंग्रेजी राज्य ही देश के एक बड़े भाग को एक राज्य द्वारा अनुशासित करने में सफल हुआ, तब भी देश का एक तिहाई भाग ६०० रियासतों में बँटा हुआ था। ये अंग्रेजी प्रभुत्व के अधीन तो थे किन्तु इनके अपने-अपने शासन-विधान थे। १९४७ में ब्रिटिश पार्लमेन्ट द्वारा पारित भारतीय स्वतंत्रता अधिनियम के अनुसार भारत से अंग्रेजी राज्य समाप्त हुआ, किन्तु देश भारत और पाकिस्तान के दो राज्यों में विभक्त हो गया; जिनके साथ देशी रियासतों को अपनी इच्छानुसार सम्मिलित होने का अधिकार दिया गया। उपरोक्त अधिनियम के अनुसार बहुत-सी रियासतों ने जनता की सम्मति के दबाव से तथा आधुनिक प्रशासन के साधनों की कमी को ध्यान में रखते हुए अपनी स्वतंत्र सत्ता को भारत में मिला दिया। भारतीय संघ में इन राज्यों के विलय से और फलतः लगभग एक-तिहाई अविभक्त भारत के साधनों, प्रदेशों, आय और जनता के भारत में मिल जाने से विभाजन से उत्पन्न हानि की कुछ पूर्त्ति अवश्य हो गई है।

दूसरा अध्याय

प्राग् इतिहास

मानव इतिहास की अवस्थाएँ

मानव इतिहास जिन अवस्थाओं से गुजरा है उनकी पहचान उनमें प्रयुक्त वस्तुओं से होती है। सब से प्रारम्भिक अवस्था में पाषाण का प्रयोग होता था, फिर ताम्बा, काँसी और लोहे आदि धातुओं का व्यवहार होने लगा।

पूर्व-पाषाण-युग

प्राचीन मानव ने भारत में उत्तर-पश्चिमी पंजाब की पहाड़ियों की तलहटियों के किनारे-किनारे प्रवेश किया और गंगा की उपत्यका को छोड़कर प्रायः भारत के प्रत्येक भाग में अपने अस्तित्व के अवशेष छोड़े हैं। ये चिह्न बूझा पत्थर के बेढंगे औजार हैं जिनके कारण मानव इतिहास में इस युग को प्रथम पाषाण युग अथवा पूर्व-पाषाण-युग कहा जाता है। पूर्व-पाषाण-युग के लोग नेग्रीटो समझे जाते हैं।

पूर्व-पाषाण संस्कृति के प्रमुख स्थान कई हैं: (१) नर्मदा घाटी जहाँ विभिन्न प्रकार के आदिम-उद्योगों के बूझा-पत्थर, रेतीला-पत्थर और त्रेप के बने औजार बहुतायत से मिलते हैं; (२) कोंकण-तट की पट्टी और (३) दक्षिण का पठार। पूर्वी तट भी इन प्राचीन अवशेषों से सुसम्पन्न है। दक्षिणी-पूर्वी भारत की चेचक पत्थर की धरती, (जिसे दक्षिण में इटिकाकुलु कहते हैं) से भी ऐसे उपकरण बहुत आसानी से बन सकते हैं।

दूसरी अवस्था मध्य-पाषाण-युग कहलाती है। इसका लक्षण बहुत छोटे औजार

हैं जिन्हें 'माइक्रोलिथ' कहते हैं और जो प्रायः समस्त भारत में, विशेषतः उत्तरी गुजरात में पाये जाते हैं। गुजरात में हुई खुदाइयों में इन लघु पाषाणोपकरणों (माइक्रोलिथ) के साथ-साथ गाय, भैंस, जंगली घोड़े, कुत्ते, बैल, भेड़, बकरी, मछली, घड़ियाल आदि के पथराए और ठठरे हुए अवशेष और नीग्रो नक्शों की मनुष्यों की ठठरियाँ मिली हैं। इन अवशेषों से पता चलता है कि गुजरात की लघु पाषाणोपकरण संस्कृति (माइक्रोलिथिक कल्चर) अत्यन्त प्राचीन हैं और इस युग में मनुष्य आखेटजीवी था।

लघु-पाषाण-युग

अगला पाषाण-युग नव-पाषाण-युग कहलाता है। इसमें बेहतर ढंग के पत्थर के तराशे गये घिसे हुए और चिकने किये गये औजार मिलते हैं। साथ ही हाथ के बने और बाद में चाक पर उतारे हुए मिट्टी के बर्तन, बड़ी-बड़ी शिलाओं के मकबरे और ऐसी कब्रें मिलती हैं जिनमें पात्रों में रखकर शवों की हड्डियाँ दबाई गई हैं। आदिचनल्लूर में ऐसी बहुत-सी कब्रें मिली हैं। नव-पाषाण-युगीन संस्कृति ने कितनी प्रगति कर ली थी इसका पता गेरू अथवा गहरे लाल या काले लोह चूर्ण से बनाये उन चित्रों से चलता है जिनमें शिकारी बारहसिंगे आदि जानवरों का पीछा करते हुए दिखाये गये हैं या जिनमें घोड़े, जिराफ, हिरण और कँगारू जैसे जानवरों का चित्रण हुआ है। मिर्जापुर, होशंगाबाद और सिगनपुर और कैमूर की पहाड़ियों की गुफाओं में ऐसे चित्र मिलते हैं। ये नव-पाषाण-युगीन लोग आदिम निषाद माने जाते हैं।

नव-पाषाण-युग

सभ्यता की अवस्थाओं को मनुष्य के व्यवसायों द्वारा भी पहचाना जा सकता है। मनुष्य ने सबसे पहिले शिकारी का जीवन व्यतीत किया और पशु-पक्षी और मछलियों का शिकार करके अपना खाद्य प्राप्त किया। उसके बाद उसको अनुभव हुआ कि कुछ पशुओं को जिनसे दूध और उससे बने पदार्थ प्राप्त होते हैं, पालना अधिक उपयोगी है। वह पशुओं को पालने लगा और खेतों और चरागाहों में उनको चराने लगा। वहाँ उसे पता लगा कि उलटी हुई जमीन में बीज बिखेरने से खाद्यपदार्थ उगते हैं। इस खोज ने उसे कृषि और स्थायी जीवन की ओर प्रवृत्त किया जिससे उसे विचार करने के लिए अवकाश मिला। उसी से सभ्यता का जन्म हुआ। इसका उदय भोजन की सामग्री की उपलब्धि के फलस्वरूप हुआ। इसका प्रारम्भ मनुष्य के सबसे अच्छे खाने के रूप में गेहूँ के सर्वप्रथम उपजने के साथ हुआ। वनस्पतिशास्त्रियों के मतानुसार, जिन्हें वनस्पति-विकास-शास्त्री कहते हैं, गेहूँ सब से पहिले हिमालय और हिन्दूकुश की तलहटी में पंजाब के किसी स्थान पर उगा और वहाँ से पश्चिम की ओर फैल गया। इस प्रकार सभ्यता का श्रीगणेश उस स्थान पर हुआ जहाँ सबसे पहिले अन्न उपजने

शिकारी, पशु-पालक और कृषिप्रधान संस्कृतियाँ

शिव पशुपति (? , सिन्धु घाटी से प्राप्त मुद्रा

[पृष्ठ ६ के सामने

लगा और पशु पाले जाने लगे ।

यह आदिम गेहूँ सिन्धु-उपत्यका में उपजा, जहाँ सभ्यता का अरुणोदय हुआ। मोहेंजोदड़ो में इस गेहूँ के नमूने मिले हैं । यह उस गेहूँ का पूर्वज है जो पंजाब में प्रयुक्त होता है ।

सभ्यता का श्रीगणेश

इस प्राचीन सभ्यता के स्थल सिन्ध और बलूचिस्तान में मिलते हैं । वहाँ से लाल रंग और भूरे रंग के मिट्टी के बर्तन मिलते हैं । इन स्थलों में (१) क्वेटा, (२) अमरी-नाल-नुन्दर, (३) कुल्ली, (४) झोब, (५) शाही तेप और (६) रानी गुन्देई उल्लेखनीय हैं । नाल से कुछ आकृतियाँ मिली हैं जिनमें रेखाओं की सजावट और एक शिकारी पक्षी की आकृति प्रधान है । नुन्दर से शेर, बैल, मछली, चिड़ियों और पीपल के पेड़ की आकृतियाँ मिली हैं । कुल्ली से स्त्री की मिट्टी की मूर्ति (सम्भवतः गृह देवता) और कूभ वाले साँड़, बकरों और बिल्ली की आकृतियाँ प्राप्त हुई हैं । राना गुन्देई (झोब) से कूभ वाले साँड़, भेड़, गधे और विशेषरूप से उल्लेखनीय घोड़े की हड्डियाँ उपलब्ध हुई हैं । झोब से धरतीमाता की मूर्ति और पत्थर के लिंग प्रकाश में आये हैं ।

इसके प्राचीन स्थल

प्रागैतिहासिक संस्कृति के ये प्रारम्भिक चरण सिन्धु-सभ्यता में परिणत हुए । इसके दो केन्द्र पंजाब के मोन्टगोमरी जिले का हड़प्पा नामक स्थान और सिन्ध के लरकाना जिले का मोहेंजोदड़ो नामक स्थान हैं । यद्यपि इन केन्द्रों में ३५० मील का अन्तर है तथापि वहाँ के प्राचीन अवशेषों में एक ही तरह की सभ्यता का ढाँचा प्रकट होता है । मोहेंजोदड़ो में हड़प्पा की अपेक्षा प्राचीन अवशेष अधिक मिले हैं जो वहाँ के प्राचीन नगर के एक के बाद एक सात स्तरों की खुदाई से मिले हैं ।

सिन्धु-सभ्यता

सबसे अधिक महत्वपूर्ण वस्तु मुद्राएँ हैं जिनकी संख्या २००० से अधिक है । इनपर लेख खुदे हुए हैं जो अभी तक पढ़े नहीं जा सके हैं । उन पर शेर, चीते, गेंडे, रीछ, गीदड़, भेड़िये, कई प्रकार के हिरण, बारासिंहे, सम्भर, हाथी, भैंसे, कूभ वाले साँड़, भैंस, भेड़, मेढ़े, पक्षी आदि पशुओं की सजीव आकृतियाँ अंकित हैं । इनके साथ-साथ, ऊँट, भेड़, घोड़े (?), कुत्ते, बन्दर, खरगोश, बकरे, सुअर और पक्षियों के कंकाल और हड्डियाँ भी मिली हैं । राना गुन्देई के सब से निचले स्तरों में घोड़े के दान्त मिले हैं । यह कहने की जरूरत नहीं है कि इनमें से बहुत-से पशु उस समय सिन्ध में पाये जाते थे, जहाँ काफी नमी के कारण इन पशुओं के आश्रय के लिए घने जंगल उग गये थे । वहाँ की भरी हुई नदियों में घड़ियाल, कछुए, मछली, जलभैंसे आदि जलजन्तु भी काफी पाये जाते थे जैसा कि मुद्राओं के अंकनों

यहाँ की मुद्राएँ

मे ज्ञात होता है ।

सिन्ध में उस समय काफी जल मिलता था इसका पता वहाँ की ईंटों की इमारतों से भी चलता है जो बाढ़ और वर्षा के बचाव के लिए बनाई जाती थीं ।

ईंटों का प्रयोग

जंगलों से लकड़ी मिलती थी जिससे भट्ठों में ईंटें पकाई जाती थीं ।

नगर जमीन्दोज नालियों के विशाल जाल से भरा था जो उस युग में संसार में अद्वितीय थीं । घर की नालियाँ सड़क की नालियों में मिलती थीं । इनमें सफाई करने वाले आदमियों के घुसने के लिए बड़े-बड़े सूराख बने हुए थे । इन सूराखों पर पत्थर के ढँकने रहते थे जो पास ही सक्कर से आते थे । शहर की गन्दगी अन्त में सोख-गड्ढों और नदी में चली जाती थी ।

नालियाँ

इस प्रकार मोहेंजोदड़ों में जनतंत्रात्मक नगर-योजना मिलती है जो मिस्र और शाम के मन्दिरों, महलों और राज-समाधियों के अभिजातवर्गीय स्थापत्य के विपरीत लोक-स्वास्थ्य और सफाई पर जोर देती थी ।

सड़कों की चौड़ाई भी नगर की सफाई में योग देती थी । यह चौड़ाई ९ फुट से ३४ फुट तक होती थी जो वाहनों के लिए काफी थी । दोनों नगरों में कई सार्वजनिक भवन थे । इनमें (१) एक २३०′×७८′ का भवन, जिसकी बराबरों में कमरे थे और जो विद्यालय का काम देता था, (२) एक ९०′×९०′ का खम्भों वाला बड़ा कमरा जो शायद नगरपालिकाभवन था, और (३) एक १०८′×१०८′ का सार्वजनिक-स्नान-भवन, जिसके साथ ४०′×२४′×८′ का तैरने का तालाब था और जिसमें पानी भरने और खाली करने की व्यवस्था थी, उल्लेखनीय हैं । हड़प्पा में एक १५०′×२००′ का राजकीय-अन्न-भण्डार मिला है जिसमें ५०′×२०′ के छोटे-छोटे भंडार थे ।

सार्वजनिक भवन

हड़प्पा में औद्योगिक बस्तियों के खण्डहर मिले हैं जो १६ खंडों में स्थित थे । प्रत्येक टुकड़ा २०′×२०′ था और आधुनिक कुलियों के निवास की पंक्तियों की तरह दो-दो कमरों में बँटा हुआ था । आटा पीसने की चक्कियों के अवशेष भी मिले हैं । उनके लिए बनाए गये मकानों के फर्श ईंटों के होते थे और उनमें लकड़ी के ओखल फँसाने के लिए खाँचे बने होते थे । इन ओखलों में भारी मूसलों से अन्न पीसकर आटा बनाया जाता था । आटा पीसने के लिए मजदूर अपने काम पर नंगे पैर खड़े रहते थे जैसा कि उनके पैरों से घिसी हुई फर्श की ईंटों से प्रकट होता है । फर्शों की दरारों में गेहूँ, जौ और चोकर के कण पड़े मिले हैं ।

हड़प्पा के उद्योग

मोहेंजोदड़ो की दो मुद्राओं पर नावों की आकृति अंकित है जिनकी अगाड़ी और पिछाड़ी उठी हुई हैं। एक नाव पर मस्तूल, लहराता हुआ बादबान और लम्बी पतवार चलाते हुए माँझी दिखाया गया है और दूसरी पर एक चौकोर केबिन और जहाज अंकित हैं। वे नदियों और समुद्रों से गुजरने वाले व्यापार का प्रमाण प्रस्तुत करते हैं। मैके के अनुसार 'सिन्धु घाटी के लोग समुद्री मार्ग से सुमेर और इलाम से व्यापार करते थे।' प्राचीन शूषा में कुल्ली के चित्रित मिट्टी के बर्तनों की नकलें मिलती हैं जहाँ के लोग समुद्री मार्गों द्वारा प्राचीन मेसोपोटामिया से व्यापार करते थे।

नाव

तात्कालिक व्यापार का क्षेत्र बड़ा विस्तृत था। इसके द्वारा नजदीक ही नहीं सुदूर देशों से भी वह सब सामग्री एकत्रित की जाती थी जो एक जगह नहीं मिलती थी। इस सामग्री का प्रयोग नगरों के स्थापत्य में और वहाँ के नागरिकों की आवश्यकताओं के लिए होता था। ऐसा ही एक विशिष्ट पदार्थ सोना है जो सर एडविन पेस्को के मतानुसार केवल मैसूर में कोलार की खानों में मिलता था। इस सोने में ११% चाँदी (इलेक्ट्रन) का मेल रहता है। इसी प्रकार मोहेंजोदड़ो में प्रयुक्त सुन्दर हरा पत्थर नीलगिरि की पहाड़ियों में दोछाबेट्टा नामक स्थान से मिलता था। यह भारतीय हरा पत्थर शाम में ऊर नामक स्थान पर भी प्रयुक्त हुआ है। इससे 'प्रलय के पहिले के उस मानव का आश्चर्यजनक चित्र सामने आ जाता है जो व्यापार में लगा हुआ था और जिसके कारवाँ पहाड़ों और रेगिस्तानों में हजारों मील की दूरी को तय करते हुए मेसोपोटामिया की, वादी से भारत के मध्य में प्रवेश करते थे।' सुदूर बाहरी देशों से लाये गये पदार्थों में बदख्शाँ के लाजवर्द, खुरासान के फीरोजे और पामीर पूर्वी तुर्किस्तान और तिब्बत के भरगज (भसार) उल्लेखनीय हैं। जैसलमेर से सुन्दर पीला पत्थर और १०० मील दूर किरथर की पहाड़ियों से खड़िया मिट्टी आती थी।

सामग्रियों के स्रोत

इससे यह स्पष्ट हो जाता है कि भारत के उत्तरी और दक्षिणी भाग विन्ध्याचल की दीवारों या दण्डकारण्य के आख्यानिक जंगलों के कारण एक दूसरे से अलग नहीं थे वरन् व्यापारिक और सांस्कृतिक आदान-प्रदान के दृढ़ बन्धनों में परिबद्ध थे जिनके फलस्वरूप इन रुकावटों को फाँद कर वे मार्ग खोज लिए गये थे जिनसे द्राविड़ लोग उत्तर से दक्षिण में पहुँचे थे। इन्होंने प्रागैतिहासिक भारत के विशाल जातीय संचरण के मार्ग खोल दिये थे।

इनमें से एक पर एक चतुर्भुज देवता (जैसे ब्रह्मा या विष्णु) की आकृति मिलती है। ६ मुद्राओं पर खड़े योगी (जैसे यम) अंकित हैं। एक अन्य मुद्रा पर वृक्ष की दो शाखाओं के बीच में खड़े एक देवता का

मुद्राओं के चित्र

चित्र है। सात भक्त स्त्रियाँ एक पंक्ति में खड़ी हैं और एक अन्य भक्त घुटनों के बल आधा झुका चित्रित है। ये सब इस देवता की पूजा करते हुए दिखाए गये हैं। एक मुद्रा पर तीन मुख और आँखों वाला देवता चित्रित है। यह जंगली जानवरों से घिरा है और योगी की तरह बैठा है। यह देवता पशुपति (शिव) की याद दिलाता है।

एक योगी की पत्थर की मूर्ति मिली है जिसकी आँखें एकाग्र चिन्तन की मुद्रा में नासाग्र पर टिकी हैं। नगर के प्रसन्न जीवन की झाँकी काँसे की नर्त्तकी की मूर्ति में मिलती है जो अपने पैरों की गति से संगीत की ताल का अनुसरण करती हुई जान पड़ती है। एक नर्त्तक की मूर्त्ति की बाईं टाँग नटराज शिव की तरह उठी हुई है।

मूर्तियाँ

इसका अनुमान मुद्राओं और मूर्तियों पर चित्रित पूजा के उपादानों से किया जा सकता है। धर्म (१) शिव, (२) शक्ति, (३) पशु (देवताओं के वाहन के रूप में), (४) वृक्ष और उनमें निवास करनेवाले देवता, (५) लिंग और योनि के प्रतीक, (६) पवित्र धूपदानी आदि से संबंधित था। (७) मंत्रों और तावीजों पर विश्वास भी इसमें शामिल था और (८) योग की साधना प्रधान धार्मिक कृत्य था।

धर्म

इलाम और सुमेर में प्राक्-सारगोन-युग (२७०० अथवा २४०० ई० पू०) के कुछ स्थलों से सिन्धु-लिपि में अंकित और ककुदमान साँड़ की आकृति से चित्रित पाँच भारतीय मुद्राओं की उपलब्धि से सर जॉन मार्शल ने यह अनुमान लगाया है कि यह २७०० (२४०० ई० पू०) के लगभग विद्यमान थीं। किन्तु ये मुद्राएँ मोहेंजोदड़ो के बाद के स्तरों की हैं अतः उसका आरम्भ ३५०० ई० पू० के आसपास समझना चाहिए। एक दूसरी भारतीय मुद्रा, जिस पर हाथी और गैंड़े जैसे भारतीय पशुओं की आकृति अंकित है, एक अन्य मुद्रा के साथ, जिस पर लगभग २५०० ई० पू० में राज्य करने वाले अक्कड के राजा शुर-दुर-उल का नाम लिखा है, बगदाद के निकट एशुन्ना नामक स्थान पर मिली है। अतः २५०० ई० पू० से पहिले भारतीय मुद्रा एशुन्ना पहुँच चुकी होगी।

सम्भावित काल

सर जॉन हटन (१९३१ के जन-गणना-अधिकारी) इन्हें द्राविड़ मानते हैं और उनकी पहचान ऋग्वेद में वर्णित अनार्यों से करते हैं, जिन्हें अनास् (चपटी नाक वाले), कृष्णत्वक् (काली चमड़ी वाले), कृष्णगर्भ (काली जाति के) बताया गया है। हटन महाशय के मतानुसार ये वैदिक विशेषण आदिम निषाद अथवा कोलेरी जातियों के लिए प्रयुक्त किए गये हैं। ऋग्वेद में इन्हें शिश्नदेवाः (लिंग के उपासक) भी

सिन्धु-सभ्यता के निर्माता

कहा गया है। मोहेंजोदड़ो से लिंगपूजा के बहुत-से उपादान प्राप्त हुए हैं।

ऋग्वेद में अनार्यों के दुर्गों और पुरों का उल्लेख है जो इस सभ्यता के आधारभूत नगरों से मेल खाते हैं। ये दुर्ग और पुर पत्थर (अश्ममयी) और लोहे (आयसी) से बने होते थे। आर्य देवता इन्द्र को इन्हें नष्ट करना पड़ा था, जिसके कारण उसका नाम पुरन्दर पड़ा था।

तीसरा अध्याय

वैदिक युग

भारतीय इतिहास मुख्यतः उन लोगों की कृति है जिन्हें 'आर्य' अथवा 'आर्यन' कहते हैं। किन्तु यह निश्चित नहीं है कि उनका मूल स्थान कहाँ था और

आर्य वे भारतीय आदिवासी थे अथवा विदेशी थे।

ऐसा माना जाता है कि मूलतः आर्य एक जाति थी जो एक जगह रहती थी और एक भाषा बोलती थी। बाद में वे बिछुड़ कर विभिन्न दिशाओं में चल पड़े। जो पश्चिम की ओर गये, वे बाद में योरोप के अनेक जन बने। जो पूर्व की ओर आये वे ईरानी और भारतीय कहलाए।

आदिम आर्यभाषा को बाद की संस्कृत, यूनानी, लातीनी, ट्यूटन, केल्ट, स्लावोनी आदि भाषाओं में सुरक्षित कुछ अवशेषों से पहचानना सम्भव है, उदाहरणार्थ संस्कृत 'मातृ' लातीनी 'मेतर' है, जिससे अंग्रेजी 'मदर' निकला है, संस्कृत 'सूनु' जिससे प्राचीन जर्मन 'सुनु' और अंग्रेजी 'सन' निकले हैं। वस्तुतः भाषाशास्त्रियों के मतानुसार जीवन के मूलभूत संबंधों और अनुभवों को व्यक्त करनेवाले पिता, माता, पुत्र, पुत्री, भगवान्, हृदय, आँसू, कुल्हाड़ी, वृक्ष, कुत्ता और गाय वाची शब्द इन सब भाषाओं में लगभग एक-से हैं। इससे यह बात मन में बैठती है कि इन बाद की भाषाओं के बोलने वाले कभी एक ही स्थान पर रहते थे और एक ही भाषा बोलते थे।

चूँकि भारतीय और ईरानी अपने संचरणकाल में अधिक काल तक साथ

रहे इसलिए उनकी प्रारम्भिक साहित्यिक कृतियों—ऋग्वेद और अवस्ता—की भाषाओं में अन्य भाषाओं की अपेक्षा अधिक साम्य है। बहुत-से शब्द, वाक्यांश और कभी-कभी समूचे पद भारत और ईरान की भाषाओं में समान या एक जैसे हैं; उदाहरणार्थ वैदिक 'इन्द्र'–अवेस्ताका 'इन्द्र'; वैदिक, 'वायु',–अवस्ती, 'वयु'; वैदिक 'मित्र', अवस्ती, 'मिथ्र'।

ईरानी

ऋग्वेद में वर्णित भारत इस प्रदेश का बल्कि उत्तरी भारत का केवल एक भाग है। इसकी पहचान इसमें बहनेवाली नदियों के उल्लेख से की जा सकती है। ऋग्वेद अफगानिस्तान की चार नदियों—काबुल (कुभा), कुर्रम (क्रुमु), गोमल (गोमती), और स्वात (सुवास्तु) तथा पंजाब की पाँच नदियों—सिन्ध (सिन्धु), झेलम (वितस्ता), चिनाब (असिक्नी) इरावती या रावी (परुष्णी) और ब्यास (विपश) और उनके साथ-साथ सतलज (शुतुर्द्रि), सरसूती (सरस्वती), यमुना, गंगा, सुषोमा (सिन्धु) और मरुदवृधा (कश्मीर की मरुवर्धन नदी) से परिचित है। 'सप्तसिन्धवः' विशेषण, सात नदियों का देश–पाँच पंजाब की नदियाँ और दो सिन्धु और सरस्वती–ऋग्वैदिक भारत के लिए प्रयुक्त किया जाता है। (ऋग्वेद ८।२४।२७) ये सब नदियाँ 'नयी-स्तुति' (१०।७५) नामक सूक्त में वर्णित हैं।

ऋग्वेदकालीन भारत

ऋग्वेद में इससे परिचित देश के दृश्यों का वर्णन है। उषा-विषयक मंत्रों में पंजाब की अपेक्षा अधिक शुष्क भागों के भव्य अरुणोदय का वर्णन है। मेघ, वर्षा, घनगर्जन, बिजली का वर्णन करने वाले मंत्र सरस्वती, दृशद्वती और अपाया से अभिषिक्त ब्रह्मावर्त के प्रदेश को सूचित करते हैं जहाँ ऋग्वेद का एक बहुत बड़ा भाग प्रकाश में आया।

ऋग्वैदिक इतिहास में जिन लोगों ने प्रमुख भाग लिया, वे ये हैं: (१) गान्धारी, जो ऊनी कपड़ों के लिए प्रसिद्ध हैं। (२) भुजवन्त, (३) अनु, (४) द्रुह्यु, (५) तुर्वश (परुष्णी के तट पर रहने वाले), (६) पूरु, और (७) भरत (जो मध्यदेश में रहते थे)। कभी-कभी देश को 'पंचजनः' (पाँच जनों का देश) भी कहा गया है और उत्तरी सीमाओं के दो जनों को इस गणना से निकाल दिया गया है।

प्रमुख जन

दाशराज्ञ युद्ध (दस राजाओं का युद्ध) ऋग्वेद (८।२३।२ ; ८३।४)

ऋग्वैदिक भारत के अनेक जन स्वभावतः बहुत-से समूहों में बँटे थे जो प्रभुत्व के लिए आपस में लड़ते रहते थे। प्रथम संघर्ष यव्यावती के तट पर हरियूपिया (हड़प्पा ?) नामक स्थान पर तुर्वशों और वीचविन्तों और सृंजयों के मध्य

हुआ जिनमें ३०,००० कवचधारी सृंजय योद्धाओं ने भाग लिया। युद्ध में वीचविन्त पराजित हुए। यह संघर्ष राष्ट्रीय स्तर पर दाशराज्ञ नामक निर्णायक युद्ध में पल्लवित हुआ जिसमें दस राजाओं और उनके मित्रों ने भाग लिया। इस प्रकार इसमें समूचा ऋग्वैदिक भारत खिंच गया। राजाओं के संघ ने भरतजन के राजा सुदास के प्रभुत्व को चुनौती दी। इस वैदिक कुरुक्षेत्र युद्ध की एक रोचक बात यह थी कि इसमें कुछ आर्यजनों की ओर से कतिपय अनार्य जातियाँ भी लड़ी थीं। ये अनार्य सिन्धु के पश्चिम में रहते थे, उदाहरणार्थ अलिन (वर्तमान काफि-रिस्तान के लोग), पक्थ (पख्तून) और कुछ यमुना के पूर्व के भी थे। इस महायुद्ध के फलस्वरूप भरत राजा सुदास का प्रभुत्व सुदृढ़ हो गया। यह माना जाता है कि समस्त देश इन्हीं भरतों के कारण भारत कहलाता है।

आर्य-अनार्य-संघर्ष

ऋग्वैदिक इतिहास आर्यों और अनार्यों के संघर्ष से भरा पड़ा है। इन्हें दास, दस्यु, राक्षस और पिशाच कहते थे। इस संघर्ष में बड़ा खून-खराबा हुआ। उदाहरण के लिए, ऋग्वेद (२।२०।६-७) में पृथ्वी को 'दासों की निखात-भूमि' कहा गया है; अन्यत्र (४।१६।१३) युद्धभूमि में ५०,००० काली चमड़ी वाले शत्रुओं के घात का उल्लेख है, और इसी प्रकार एक दूसरे स्थान पर (४।३०।२१) ३०,००० दासों की हत्या की चर्चा है।

सामाजिक संस्थाएँ

सामाजिक और राजनीतिक जीवन उपयुक्त संस्थाओं द्वारा व्यवस्थित था। निम्नलिखित संस्थाएँ क्रमशः उत्तरोत्तर महत्वपूर्ण थीं: (१) परिवार जिसे 'गृह' और 'कुल' कहते थे और जिसका अध्यक्ष 'कुलप' (१०।१७९।२) होता था; (२) 'ग्राम', जिसका मुखिया 'ग्रामणी' कहलाता था (१०।६२।११ ; १०७।५) ; (३) कबीला, जिसे 'विश्' कहते थे और जिसका अध्यक्ष 'विशपति' होता था (१।३७।८) ; (४) 'जन', जो समस्त जाति का सूचक होता था, जैसे 'यादवजन' (८।६।४६-४८) अथवा 'भरतगोप्ता' (३।४३।५), और (५) राज्य जिसे 'राष्ट्र' कहते थे (४।४२।१)। ये सब संस्थाएँ मनुष्यों को सामाजिक और नाग-रिक जीवन के संयम की दीक्षा देती थीं जो राष्ट्र में व्यवस्थित होने के योग्य बनाती थीं।

राजा

राज्य का प्रमुख 'राजा' होता था। वह जनता की रक्षा के लिए आवश्यक था, अतः लोग उसे प्रसन्नतापूर्वक कर (बलि) देते थे। वह राज्य के अधिशासक अथवा 'दण्ड' का कार्य करता था, जिससे धर्म (राज्य के नियम और संविधान) की रक्षा हो सके, जो राष्ट्र का वास्त-विक प्रभु माना जाता था। वह सर्वोच्च न्यायाधीश भी था

और स्वयं 'अदण्ड्य' (दण्ड से परे) माना जाता था क्योंकि 'राजा से कोई गलती नहीं हो सकती'।

राजा के १००० स्तम्भों और द्वारों वाले प्रासाद का उल्लेख मिलता है।

प्रजा द्वारा राजा के निर्वाचन का उल्लेख मिलता है (विशो नो राजानम् वृणानः) (१०।१२४।८)। ऋग्वेद (१०।१७३।१) में लिखा है कि राजा प्रजा को ग्राह्य (वाञ्छन्तः) होना चाहिए, जिससे 'राष्ट्र' की हानि न हो (मा अधिभृशत्)।

राजा का निर्वाचन

ऋग्वैदिक राजा की मंत्रिपरिषद् होती थी जिसमें (१) 'पुरोहित', (२) 'सेनानी' (सेनापति), और (३) 'ग्रामणी' (ग्राम्य विषयों का मंत्री) होते थे।

मंत्रि परिषद

'सभा' और 'समिति' नामक सार्वजनिक संस्थाएँ भी होती थीं। सभा वृद्ध और 'सुजात' (अभिजातवर्गीय) लोगों की संस्था थी। समिति जनता की बड़ी संस्था होती थी जिसे राजा अपनी वक्तृता से अपने पक्ष में करने को आतुर रहता था (१०।१६६।४)। ऋग्वेद का अन्तिम सूक्त 'संज्ञान' अथवा 'समज्ञान' नामक देवता के प्रति, जो राष्ट्रीय मन, अथवा समस्त जन की सामूहिक चेतना का प्रतीक है, एक प्रार्थना है। इस देवता को जनतंत्र का देवता कहा जा सकता है। सूक्त में सब नागरिकों का राष्ट्रीय समिति में एक साथ मिलकर पधारने के लिए आवाहन किया गया है। (संगच्छध्वम्) और वहाँ उन्हें एक वाणी से बोलने (संवदध्वम्) एक विचारधारा का बनने (सम्मनः), एक हृदय और भावना के होने (सहचित्तम्), एक नीति का अनुसरण करने (समानमंत्रः) और समान आशाओं और अभिलाषाओं (आकूती) को धारण करने की प्रेरणा दी गई है।

सभा और समिति

इस प्रकार ऋग्वैदिक राज्य में जनतंत्र का काफी प्रमुख अंश था।

मंत्रों में सौ (गायों) के रूप में दिये गये दण्ड अथवा संबंध-विच्छेद (वैरदाय) का उल्लेख मिलता है। उनमें झगड़े निबटाने के लिए मध्यस्थ (मध्यमशि) का भी वर्णन है। (१०।९७।११) में अपराध करते हुए अपराधियों (जीवगृभ) को तत्काल पकड़ने वाले 'उग्र' (पुलिस) का जिक्र है।

न्याय

सेना में पैदल, घोड़े और रथ होते थे। सैनिक कवच (वर्म), दस्ताने (हस्तघ्न) और लोहे या ताम्बे का खोद (शिप्रा) पहनते थे और धनुष और बाण, जिसके मुख पर लोहे या ताम्बे की नोक होती थी, तलवार (असि), भाले (स्रक्ति), गुर्ज (स्रक), अस्त्र (दिद्यु) और फेंककर मारने के पत्थर (अद्रि अथवा अशनि)

सेना

आदि शस्त्रों से लड़ते थे ।

रथों को घोड़े खींचते थे जिन्हें सारथि रास (रश्मि) और चाबुक (कशा) से चलाते थे ।

जंगम यंत्रों द्वारा दुर्ग तोड़ने (फरचरिष्णु) दुर्गों के बाहर मिट्टी के रोके बनाने, दुर्गों का घेरा डालने या आग से उन्हें नष्ट करने के सैनिक कृत्यों के उल्लेख मिलते हैं ।

ऋग्वैदिक शिक्षा

ऋग्वेद (मंत्रों का संग्रह) स्वयं विद्वत्ता का अमृत है जिसमें उच्चतम दार्शनिक और धार्मिक विचार उपलब्ध हैं जो उस शिक्षा-पद्धति की सार्थकता को सिद्ध करते हैं जिसकी यह उपज है ।

इस शिक्षा का लक्ष्य उच्चतम ज्ञान (परब्रह्मज्ञान) से कम नहीं था (ऋग्वेद १०।७१।१) जिसकी झाँकियाँ ऋग्वेद में संग्रहीत मंत्रों में मिलती हैं । ये मंत्र या सूक्त ऋषियों के मन पर दैवतत्त्व के एकाग्र चिन्तन के क्षणों में आविर्भूत हुए । उन्होंने उन्हें अपने शिष्यों को सिखाया जो उनके परिवारों के सदस्यों के समान उनके साथ रहते थे (गुरुकुल) । जैसे गुरु मंत्रों का उच्चारण करते थे वैसे ही शिष्य उनकी आवृत्ति करते थे । यह स्वर-संगम ऐसा लगता था जैसे 'गाय अपने बछड़ों के लिए राम्भती हो' अथवा 'वर्षा के स्फुरन के बाद अपनी सामयिक निद्रा से जागकर मेढक एक सामूहिक स्वर में टर्राते हों' । श्रुति के अर्थ पर शान्ति से मनन करते हुए विद्यार्थियों की उपमा मेढकों की निद्रा से दी जाती है (यास्क द्वारा 'निरुक्त' ९।६ में की गई 'अब्रुवाणाः' शब्द की व्याख्या) अर्थ पर अधिकार प्राप्त करने के बाद वे इस पर भाषण देने और इसकी व्याख्या करना शुरू कर देते थे (वाचम् अवादिषुः) ।

ऋषि

प्रमुख शिक्षक ऋषि कहलाते थे जिन्हें, यास्क के मतानुसार, तप या योग की साधना से एकाग्र चिन्तन द्वारा सत्य का साक्षात्कार हुआ था । उनसे छोटे ऋषियों को यास्क ने 'श्रुतर्षि' कहा है । उन्हें ऋषियों से शिक्षा (उपदेश) प्राप्त हुई थी (ऋग्वेद १०।७१।७) में यह स्वाभाविक सत्य मिलता है कि एक ही कक्षा के विद्यार्थियों की मानसिक शक्तियाँ 'विभिन्न गहराई के तालाबों' की तरह एक दूसरे से भिन्न होती थीं ।

संघ

ऋग्वेद में सामान्य घरेलू शिक्षा-पद्धति के अतिरिक्त, जिसके अनुसार शिक्षक अपने घरों (गुरुकुल) में रहने वाले शिष्यों (ब्रह्मचारियों) को पढ़ाते थे, 'संघ' नामक ऊँची शिक्षा-संस्थाओं का भी उल्लेख है जहाँ 'धीर विद्वान्' मिल कर बैठते और लोकभाषा में विचार-विनिमय करते थे जो 'संस्कृत' के रूप में परिष्कृत हुई ।

उनके विचार-विमर्श को छलनी में अन्न छानने की उपमा दी गई है। वे वैदिक अध्ययन के निमित्त साथियों की तरह (सखायः) इन संघों में सम्मिलित होते थे (संयजन्ते) और वहाँ उन सत्यों पर विचार करते थे, जो हृदयों में अवतीर्ण हुए थे (हृदातष्टेषु) अथवा उनके मस्तिष्कों में आविर्भूत हुए थे (मनसो जवेषु)। इस प्रकार इन संघों में वैदिक भाषा और भाव को उपयुक्त रूप प्राप्त हुआ। वहाँ इस बात का भी अनुभव हुआ कि लोकभाषा (वाचम् लौकिकीम्) वैदिक भावों का माध्यम नहीं हो सकती, वरन् 'खेत या घर' के 'हल अथवा लड्डी चलाने' के काम में आ सकती है।

यहाँ यह भी उल्लेखनीय है कि 'संघ' शब्द जो बाद में बौद्ध-धर्म का केन्द्र-बिन्दु बना सब से पहिले ऋग्वेद में आविष्कृत हुआ।

वैदिक ज्ञान जो मौखिक रूप से शिष्य गुरु से सीखते थे 'श्रुति' कहलाता था। इसका यह अर्थ नहीं है कि शिक्षण केवल शब्दों की मौखिक और मांत्रिक

श्रुतियों का अध्ययन और अर्थ

आवृत्तियों की प्रक्रिया तक सीमित था या स्मरणशक्ति का व्यायाम था। यह रट्टू-विद्या नहीं थी। प्रमुख ध्यान श्रुति में निहित गम्भीर अर्थ को एकाग्र और नियमित मनन द्वारा आत्मसात् करने पर दिया जाता था। ऋग्वेद के एक विशिष्ट मंत्र (१।१६४।३९) में यह लिखा है कि उस व्यक्ति के लिए वेद एक व्यर्थ शिक्षा है जो ऋक् को उसका अर्थ समझे बिना पढ़ता है (यस्तन्न वेद किम् ऋचा करिष्यति)। इस प्रकार वैदिक दर्शन की गम्भीरता और सूक्ष्मता को सम्यक् प्रकार से आत्मसात् करने के लिए अत्यधिक मानसिक श्रम और मनन अपेक्षित था।

संक्षेप में, वैदिक शिक्षालय एक छोटा घरेलू विद्यालय था जहाँ ऋषियों के निवासस्थान पर उनके साथ उनके शिष्य रहते थे और 'ब्रह्मचारी' अथवा

व्रतचारी

'व्रतचारी' कहलाते थे। उनका यह नाम इसलिए पड़ा था कि उन्हें अपने विद्यार्थी-जीवन में कुछ 'व्रतों' 'संयमों' अथवा 'तपस्याओं' का पालन करना पड़ता था (३।८।४-५; १०।१०९।५)। यास्क के मतानुसार कोई शिक्षक ऐसे विद्यार्थी को नहीं पढ़ा सकता था जो उसके साथ न रहता हो (न अनुपसन्नाय)। सब से पहिले इन विद्यार्थियों को श्रुति और शास्त्र को रट कर और दोहराकर याद करना पड़ता था। किन्तु अगले स्तर पर यह कार्य समाप्त हो जाता था और उनका वैयक्तिक अध्यवसाय आरम्भ होता था। प्रत्येक विद्यार्थी को अपने वैयक्तिक श्रम या साधना से, अपने तप अथवा योग के द्वारा, उन श्रुतियों का अर्थ जानना पड़ता था जो उसे सामूहिक कक्षा में पढ़ाई गई थीं।

उच्चतम विचार के वाहन के रूप में भाषा की सृष्टि और विकास भारतीय

भाषा

प्रतिभा की भाषाशास्त्र जैसी कठिन विद्या में मौलिक कार्य करने की रचनात्मक क्षमता का प्रमाण प्रस्तुत करता है। वैदिक संस्कृत का व्याकरण-संबंधी-विधान सुविकसित है जिससे क्रियापद के लिंग, वचन, काल और लकार और कारकों की विभक्तियाँ अटल नियमों में बाँधी गई हैं।

ऋग्वेद की भाषा गंभीर दार्शनिक विचारों और आध्यात्मिक भावों की अभिव्यक्ति के उपयुक्त है जिनकी आधार-शिला पर हिन्दुत्व के अनेक दल और सम्प्रदाय काल की गति के साथ बनते रहे हैं। वे सब शाखाओं और टहनियों के रूप अपने पैतृक वैदिक वृक्ष से निकले हैं। जो विचार वेद में बीज रूप में वर्त्तमान थे वही इनमें विकसित हुए हैं।

धर्म

ऋग्वैदिक धर्म के लौकिक और दार्शनिक पक्ष भी हैं। लोकधर्म के रूप में यह सूर्य, वरुण (आकाश), उषा (अरुणोदय) पूषा (कृषि-देवता), इन्द्र (वर्षा और आँधी का देवता) और अग्नि आदि प्रकृति की शक्तियों और स्वरूपों की उपासना का विधान करता है। किन्तु इसमें 'ऋत' (सत्य), 'सूनृत' (समृद्धि), 'श्रद्धा' या 'दान' आदि अमूर्त देवताओं की भी कल्पना है जो धार्मिक विचारों की पर्याप्त प्रगति की द्योतक हैं (१०।११७)। यह अन्तिम सूक्त विश्व का सब से पहिला समाजवाद का शास्त्र है जो मनुष्य को भूखे को खिलाने की शिक्षा देता है जो जीवन-दान के तुल्य है। पूजा का स्वरूप यज्ञ था, जो 'होता' (जो मंत्र पढ़ते थे), 'उद्‌गाता' (जो उनका सस्वर उच्चारण करते थे), 'अध्वर्यु' (जो अपने कर्मचारियों द्वारा यज्ञ का भौतिक कार्य करते थे) आदि पुरोहितों द्वारा किया जाता था।

किन्तु यज्ञ के भौतिक स्वरूप के पीछे एक गम्भीर आध्यात्मिक महत्त्व छिपा है। इसकी व्युत्पत्ति आदिम दैव-यज्ञ से हुई जिसमें भगवान् ने स्वयं अपने आपको 'बिराट रूप' धारण कर अपनी प्रस्तावित सृष्टि के लिए सामग्री जुटाने के निमित्त बलिदान किया, जिससे उस एक ने अपने को अनेक में व्यक्त करने की भावना को प्रकट किया। इस प्रकार भगवान् ने अपने अनुरूप बनाये हुए मनुष्य को आत्म-बलिदान के धर्म में दीक्षित किया।

यह ठीक से समझ लेने की बात है कि यद्यपि वैदिक धर्म का अर्थ अनेक देवताओं की उपासना था, प्रत्येक देवता परब्रह्म की अभिव्यक्ति के रूप में पूजा जाता था। ऋग्वेद (१०।११४।५) में लिखा है कि "ऋषियों ने एक तत्त्व का अनेक रूपों में दर्शन किया" (एकं सन्तं बहुधा कल्पयन्ति)। १।१६४।४६ में लिखा है कि "ऋषि (विप्र) एक सत्य को, (एकं सत्) इन्द्र, मित्र, वरुण, अग्नि, यम, मातरिश्वा आदि अनेक नामों से पुकारते हैं।" १०।८२।३ में एक देवता

का वर्णन है जो विभिन्न देवताओं के नामों को धारण करता है (यो देवानां नामधा एक एव)। १।२२।२० में एकदेव को विष्णु कहा गया है जिसकी सर्व-व्यापक उपस्थिति (परमं पदं) का योगी नित्य दर्शन करते हैं (सदा पश्यन्ति)। प्रसिद्ध गायत्री मंत्र (३।६२।१०) में भगवान् को वह चिन्तन-तत्व माना गया है जो मनुष्य में कार्यशील है और इस कारण जिसका परम कर्तव्य उसका ध्यान करना है (धीमहि)। सब से उच्च कोटि का मंत्र हंसवती ऋक् (४।४०।५) है जिसमें एक देव को सूर्यादि बाह्य तत्त्वों में और मानव-मन आदि आन्तरिक तत्वों में प्रवेश करते हुए (इतिगतिः) दिखाया गया है। मनुष्य के मन में यह एक देव चेतना के रूप में विराजमान रहता है (नृसत-नृषु चैतन्यरूपेण सदिति इति)। यह अपने आपको 'ऋत्' अथवा विश्व-विधान के रूप में भी अभिव्यक्त करता है (सत्यं अबाध्यं सर्वाधिष्ठानम्)। मानव जीवन की समस्या को जीवात्मा तथा परमात्मा को एक वृक्ष पर बैठे हुए दो पक्षियों के रूप में, जिनमें से एक मधुर फल खाता है और दूसरा (ब्रह्म) बैठा देखता रहता है, प्रस्तुत करके सचित्रता प्रदान की गई है।

क्षत्रिय वैदिक ज्ञान ब्राह्मण जैसे विशिष्ट वर्ण तक सीमित नहीं था। ऋग्वेद में त्रासदस्यु, अजमीढ़, सुदास, मान्धाता और शिवि आदि विद्वान् क्षत्रिय राजाओं का भी उल्लेख मिलता है।

स्त्रियाँ वैदिक शिक्षा स्त्रियों के लिए भी खुली थी। स्त्रियाँ अपने पतियों के साथ यज्ञ-याग में भाग लिया करती थीं। उनमें से कुछ ने ऋषियों का पद भी प्राप्त किया, जैसे रोमशा, विश्ववारा, अपाला, घोषा, पौलोमी अथवा सावित्री इत्यादि। ऋग्वेद (५।७।९) में उन्हें 'ऋषि-का' और 'ब्रह्मवादिनी' कहा गया है।

अन्य वर्ग यजुर्वेद के एक महत्वपूर्ण अवतरण में वैदिक ज्ञान को सब जातियों और वर्गों के लिए, शूद्र, चारण (वैश्य) और अनार्यों तक के लिए प्रस्तुत किया गया है। ऋग्वेद के पुरुषसूक्त में शूद्रों को समाज का एक अभिन्न अंग माना गया है और अन्य जातियों की तरह उनके कार्य भी निश्चित किये गये हैं। इस सिद्धान्त के अनुसार वेद के सब से प्रामाणिक टीकाकार यास्क ने घोषणा की है कि सब से अधम पंचम जाति निषाद भी इसी प्रकार यज्ञ करने का अधिकार रखती है जैसे कि अन्य जातियाँ (निषादपंचमाः पंचजनाः तेषां हि यज्ञे अधिकारः अस्ति)।

ऋग्वैदिक समाज एकपत्नीप्रधान और पितृसत्तामूलक था। विवाह के बाद वधू नवीनगृह की स्वामिनी बनती थी और अपने नये संबंधियों, सास-ससुर,

विवाह ननद-जेठ आदि की देखभाल करती थी। विधवाओं का विवाह वर्जित था।

सम्पत्ति का वारिस पुत्र होता था और उसके न होने पर पुत्री होती थी।

सम्पत्ति पुत्री को विवाह के समय दहेज दिया जाता था। दत्तक पुत्र का रिवाज था।

सम्पत्ति चल, अचल, आभूषण, पशु, रेवड़, भूमि, भवन आदि के रूप में होती थी। भूमि खेतों (क्षेत्र) में विभक्त थी जिनके बीच में जमीनों की पट्टियाँ (खिल्य) होती थीं।

उत्तरीय (ऊपर का वस्त्र), धोती (नीचे का वस्त्र) और नीवी (मध्य-भाग का वस्त्र)—ये तीन वस्त्र पहने जाते थे। कढ़ाई के काम के बढ़िया कपड़े भी

वेशभूषा प्रयुक्त होते थे। कान, गर्दन आदि में आभूषण पहने जाते थे। कंगन और बिछुओं का रिवाज था।

भोजन में प्रमुख रूप से चावल और जौ होते थे जो घी, दूध और उससे बने पदार्थ जैसे दही (दधि) पनीर, मक्खन के साथ खाये जाते थे। बकरी और

भोजन भेड़ जैसे पशुओं का मांस भी व्यवहृत होता था। यज्ञों में उनकी बलि होती थी। गऊ को 'अघ्न्या' माना जाता था (८।१०१।१५-१६) सुरा-पान (शराब पीना) वर्जित था (७।८६।६)।

लोग घोड़ों और रथों की दौड़ के शौकीन थे। जुए, नाच और मौखिक तथा वाद्य संगीत में उन्हें आनन्द आता था। संगीत के सात स्वरों का पता था

खेल-कूद (१०।३२।४)। वाद्यों में 'दुन्दुभि' (ढोलक) 'कर्करी' (बाँसुरी) और 'वीणा' (सारंगी) का व्यवहार था।

ऋग्वैदिक युग की अर्थव्यवस्था कृषि और घरेलू उद्योगों पर आश्रित थी। कृषि पशुओं पर निर्भर थी जिनमें गाय, भैंस, बैल, घोड़े, भेड़, बकरी, गधे शामिल

आर्थिक परिस्थिति थे। कुत्ते चरवाहों (गोपाल) के साथ रक्षा का कार्य करते थे। जमीन की जुताई हलों द्वारा होती थी जिनमें ६, ८ अथवा १२ बैल जोते जाते थे। धान्य को काटकर पूलियों में बाँधा जाता था और खलिहान (खल) में गाहा और उड़ाया जाता था। अन्न को भूसे से अलग करने के लिए छलनी और छाज का प्रयोग किया जाता था। खाद को 'शकम्' अथवा 'करीष्' कहते थे।

सिंचाई के लिए जल कुओं से डोलों अथवा चउसों (कोश) में भरकर

निकाला जाता था, जो पत्थर की बनी एक चकरी (अश्म-चक्र) में लगे होते थ और जिन्हें चमड़े के रस्सों से चलाया जाता था। डोल

सिंचाई

अथवा चउस का पानी नालियों में जाता था जो सिंचाई के लिए खोदी जाती थीं। कूल (कुल्या) और जोहड़ (ह्रद) का पानी भी सिंचाई के काम आता था।

इनमें (१) गाड़ी, रथ और खुदाई का काम करने वाले बढ़ई, (२) धातु का काम करने वाले कारीगर (कर्मार) जो बर्तन बनाते थे, (३) आभूषण बनाने वाले सुनार, (४) धनुष की डोरी (प्रत्यञ्चा),

उद्योग-दस्तकारी

रास, रस्से, थैले आदि चमड़े के सामान बनाने वाले चमार, (५) जुलाहे (वाय) जो करघे और ढरकी से काम करते थे और उनसे ताना (ओतु) और बाना (तन्तु) बनाते थे, प्रमुख थे।

व्यवसायों की विविधता का एक विशिष्ट उदाहरण उस परिवार से मिलता है जिसमें पिता वैद्य, पुत्र कवि (व्यास) और माँ सामान्य चक्की पीसने वाली गृह-पुरन्ध्री (उपलद्रक्षिणी) थी (ऋग्वेद, ९।११२)।

सामान की अदल-बदल का रिवाज था। एक इन्द्र की मूर्त्ति १० गायों के बदले खरीदी गई थी। मूल्य के बारे में सौदेबाजी होती थी। एक बार मूल्य तै करने के बाद सौदा उखड़ नहीं सकता था "दाम कम हो

व्यापार

या ज्यादा, विक्रय के समय तै होने के बाद कायम रहने जरूरी थे" (४।२४।९)। धन का भी प्रयोग था। 'निष्क' चालू सिक्का था। इसके आठवें और सोलहवें हिस्सों का उल्लेख मिलता है। यह मूलधन अथवा ब्याज का भाग होता था (८।४७।१७) समुद्री व्यापार का रिवाज था। समुद्र में भुज्यु के बेड़े के नष्ट होने का उल्लेख मिलता है। यह भी लिखा मिलता है कि सौ-पतवारों की बड़ी नाव द्वारा उसकी रक्षा की गई।

ऋग्वेद के काल का अनुमान कुछ बाह्य साक्ष्य से लगाया जा सकता है। मेसोपोटामिया से लगभग १४०० ई० पू० के अभिलेख प्राप्त हुए हैं जिनसे पता चलता है कि खत्ती (हिट्टी) और मितन्नी जैसे स्थानीय

कालक्रम

लोगों में वरुण, इन्द्र, मित्र, नासत्य (अश्विन) की पूजा प्रचलित थी जिन्हें ऋग्वेद के देवता माना जा सकता है। इससे प्रकट होता है कि भारत में १४०० ई० पू० से ऋग्वेद की सभ्यता विद्यमान थी और अपने औपनिवेशिक सांस्कृतिक और व्यापारिक कार्यकलाप से विदेशों में अपना प्रभाव फैला रही थी। विन्टरनिट्स ने दिखाया है कि चूंकि बौद्धधर्म,

जिसका अभ्युदय ६०० ई० पू० के आसपास हुआ, ऋग्वेद, वैदिक संहिताओं, ब्राह्मणों, आरण्यकों, उपनिषदों और सूत्रों में संगृहीत विविध प्रकार के साहित्य में सन्निहित वैदिक विचार-परम्परा का साक्ष्य देता है और उसकी आधारशिला पर स्थित है, अतः इस महान् साहित्यिक विकास के लिए ६०० ई० पू० से पहिले कम-से-कम २००० वर्ष जरूर मानने चाहिए। इस प्रकार ऋग्वेद का काल २५०० ई० पू० के लगभग है। ऋग्वेद (७।१००।४ ; ९।८४।१ ; १०। ११८।८) में उरु-क्षिति और उरु-क्षय नामक दो स्थानों का उल्लेख है जिनकी पहचान २८०० ई० पू० के इलाम के नगर ऊर और किश से की जा सकती है जहाँ सिन्धु-घाटी की मुद्राएँ भी मिली हैं।

चौथा अध्याय

उत्तर-वैदिक-युग

उत्तर वैदिक साहित्य का युग

इनमें साम, यजुष और अथर्व नामक बाद की तीन वैदिक संहिताएँ शामिल हैं। इनके बाद गद्य-ग्रन्थ आते हैं जो ब्राह्मण, आरण्यक, उपनिषद् इन तीन वर्गों में मिलते हैं। इन ग्रन्थों में सांस्कृतिक और सामाजिक इतिहास की सामग्री भरी पड़ी है।

साधन

अथर्ववेद में लौकिक और सामाजिक जीवन के कुछ महत्त्वपूर्ण पक्षों, सभा और समिति, किसानों, चरवाहों और व्यापारियों की मंगल-भावना, ज्वर, क्षय आदि रोग और उनके उपचार, विवाह और राज्य की सम्भावनाओं आदि की चर्चा है।

सामवेद में ऋग्वेद के चुने हुए मंत्रों को स्वर और रुद्री के साथ बिठाया गया है।

यजुर्वेद वैदिक यज्ञ-याग के करने वाले अध्वर्यु पुरोहित के प्रयोग के लिए है। इसके कुछ भागों में मंत्र हैं और कुछ में, कृष्ण यजुर्वेद में, उन पर गद्य-टीकाएँ हैं। 'शुक्ल यजुर्वेद' में पद्य भाग 'वाजसनेयी संहिता' में संगृहीत है और गद्य-भाग 'शतपथ ब्राह्मण' में उपलब्ध है जो सांस्कृतिक इतिहास का महत्त्वपूर्ण साधन है।

इन सब ग्रन्थों का मूल ऋग्वेद है। इनके वर्ण्य-विषय को निम्नलिखित कक्षाओं में बाँटा जा सकता है: (१) कर्मकाण्ड—ब्राह्मणों में वर्णित यज्ञ-याग, (२) उपासना काण्ड—आरण्यकों में वर्णित मंत्र और प्रार्थना, (३) ज्ञानकाण्ड–

उपनिषदों में वर्णित दर्शन।

भौगोलिक तथ्य

उत्तर-वैदिक साहित्य में वैदिक सभ्यता का पूर्व की ओर क्रमिक प्रसार, और नवीन जनों और राज्यों का निर्माण परिलक्षित होता है। इन जनों में निम्नलिखित उल्लेखनीय हैं: (१) कुरुपांचाल, जो तात्कालिक सर्वश्रेष्ठ संस्कृत के वक्ता और वेद-विद्या के अग्रणी के रूप में प्रख्यात थे, (२) कोशल—काशी, जिनका प्रसिद्ध राजा अजातशत्रु था, (३) विदेह, जहाँ का राजा राजर्षि जनक बहुत प्रसिद्ध था। उत्तर की ओर उत्तर-कुरु, उत्तरभद्र, वश, उशीनर और मत्स्य वैदिक संस्कृति के केन्द्र थे। पूर्व में मगध, अंग और वंग अभी आर्य-भारत के बाहर थे और दक्षिण में आन्ध्र, पुलिन्द, मूतिब, पुण्ड्र, शबर, नैषध, विदर्भ आदि अनार्य लोग रहते थे जिनका उल्लेख ऐतरेय ब्राह्मण (७।३४।९) में उपलब्ध है। अथर्ववेद (५।२२।७) में यह कामना की गई है कि तक्मन (ज्वर) मगध, अंग, वंग, गन्धारी, भूजवन्त आदि लोगों के देश में चला जाए। इससे आर्य भारत की सीमाएँ प्रकट होती हैं।

सामाजिक जीवन

यह जाति-प्रथा पर निर्भर था, किन्तु जाति और व्यवसाय का संबंध सख्त नहीं था। उपनिषदों में विद्या को ब्राह्मणों की बपौती नहीं माना गया। उनमें अनेक विद्वान् राजाओं और क्षत्रियों की चर्चा है जिन्होंने ब्राह्मणों तक को दीक्षा दी। उदाहरणार्थ, राजा जनक ने युवक याज्ञवल्क्य को शिक्षा दी, पंचाल के प्रवाहण जैवली, काशी के अजातशत्रु और अश्वपति कैकय ने ब्राह्मणों को उपदेश दिया।

वैदिक साहित्य में वैश्य और शूद्र ऋषियों का उल्लेख नहीं है। ऐतरेय ब्राह्मण में व्यवसायों के अनुसार जातियों का परिगणन इस प्रकार हुआ है: ब्राह्मण की जीविका दान पर आधारित है (आदायी), क्षत्रिय भूमि का स्वामी है, वैश्य कर का देने वाला (बलिकृत) है और अपने क्षत्रिय स्वामी का असामी है और शूद्र को सेवा से जीवन व्यतीत करना है।

अर्थ-व्यवस्था

यह कृषि-प्रधान थी। उस समय भी आज की तरह बहुत-सी फसलें उगाई जाती थीं। चावल (व्रीही), जौ (यव), मूँग (मुद्ग), उड़द (माष), 'तिल', गेहूँ (गोधूम), मसूर आदि अन्नों की तालिका वाजसनेयी-संहिता (१८।१२) में दी हुई है। शतपथब्राह्मण (१।६।१।३) में हल चलाने, बीज बोने, फसल काटने और गाहने-उड़ाने की आदि की कृषि-प्रक्रियाओं का वर्णन है।

उद्योग दस्तकारी पर केन्द्रित थे। टोकरी, रस्सी, रंग, मिट्टी के भाण्ड और धातु की वस्तुएँ स्थानीय रूप से बनाई जाती थीं और उनसे ग्रामीण लोगों

की आवश्यकताएँ पूरी होती थीं। गाँव का राज गाँव में अग्नि की प्रतिष्ठा के लिए निश्चित आकार और स्वरूप की वेदी बनाता था। इसमें १०,८०० ईंटें लगती थीं और यह पंख फैलाये हुए पक्षी के आकार की होती थी।

नौ-निर्माण का ज्ञान था। नाविक को 'नावज' कहते थे, ढाढा और मस्तूल पर कार्य करने वाला 'शम्बी' होता था, पतवार का नाम 'अरित्र' था। १०० पतवारों के जहाज (शतारित्र) द्वारा समुद्रयात्रा का उल्लेख मिलता है। (वही ३।१।७ ; मेरा ग्रन्थ 'भारतीय सभ्यता' लन्दन पृ० ९६)।

सोने, चाँदी, काँसे (अयस्), लोहे (श्याम-अयस) ताँबे (लोह) सीसे (सीस) और टिन (त्रपु) की वस्तुएँ बनाई जाती थीं। सोने और चाँदी के सिक्के और जेवर बनते थे। सिक्कों के लिए सोने की नापतोल होती थी, जैसे १०० कृष्णाल का शतमान।

राज्य का रूप एकराट् था। साम्राज्यवाद के राजकीय आदर्श को द्योतित करने वाली, परिभाषाएँ भी मिलती हैं। राजाधिराज को 'एकराट्', 'सम्राट्', राजाधिराज आदि विशेषणों से पुकारते थे। अथर्ववेद (३।१।४।१) में पूर्वी प्रदेशों के एकराट् (प्राङ विशाम्पतिः) का उल्लेख है जो मौर्य साम्राज्य का पूर्ववर्ती था। साम्राज्य-वाद अश्वमेघ, वाजपेय आदि यज्ञों में प्रतिबिम्बित है। साहित्य में दौष्यन्ति भरत और सात्राजित भरत नामक सम्राटों की चर्चा है जिनकी बराबरी मनुष्य न पहिले कर सके न बाद में। एतरेय ब्राह्मण में एकराट् की परिभाषा 'सीमाओं तक समस्त देश का एकमात्र अधिपति' की गई है। राजनीतिक आदर्शवाद की भावना से समस्त विश्व के सम्राट् (सार्वभौम) की भी कल्पना की गई है।

राज्य : साम्राज्यवाद

वैदिक राजा वैधानिक राजा था। उसकी स्वेच्छाचारिता पर अनेक लोक-तंत्रीय नियंत्रण थे। अथर्ववेद में उसके निर्वाचन, निष्कासन और पुनःसंस्थापन का वर्णन है। निर्वाचित राजा को विशपति कहते थे। उसे धर्म और सत्य (नियम और विधान) के प्रति सत्यसंघ रहने की शपथ लेनी पड़ती थी, जो राष्ट्र के वास्तविक प्रभु माने जाते थे। वह केवल धर्म की प्रतिष्ठा और आचरण के लिए दण्ड का कार्य करता था।

दण्ड की प्रभुता

राजा को अपनी मंत्रिपरिषद् का परामर्श लेना पड़ता था। मंत्रिपरिषद में (१) पुरोहित, (२) महीषी (सब से बड़ी रानी), (३) सेनानी (प्रधान सेना-पति), (४) क्षत्ता (प्रतिहारी), (५) संग्रहीता (कोशा-ध्यक्ष), (६) भागदुध् (कराधिकारी), (७) राजा (साम-न्तों का प्रतिनिधि), (८) सूत (चारण), (९) रथ कार

मंत्रिपरिषद

(सेना का प्रतिनिधि), (१०) कर्मार (उद्योगों का प्रतिनिधि) और (११) ग्रामणी (ग्राम्य जनता और हितों का प्रतिनिधि) शामिल होते थे। मंत्रियों को 'राजकृत' (राजा को बनाने वाले) कहा गया है (अथर्व ३।५।७) जो उनकी शक्ति का परिचायक है।

ये लोकसंस्थाएँ ऋग्वैदिक युग से ही भारतीय शासनपद्धति की मौलिक संस्थाओं के रूप में कार्यशील थीं। अथर्ववेद में उन्हें प्रजापति की दो पुत्रियों के रूप में प्रस्तुत करके उनके महत्व को प्रतिपादित किया गया है। भाव यह है कि इनका अभ्युदय सभ्यता के आविर्भाव के साथ हुआ। उत्तर वैदिक काल के ग्रन्थों में उनकी कार्य-पद्धति के विषय में कुछ सूचनाएँ मिलती हैं। अध्यक्ष (स्पीकर) को 'सभापति', आरक्षक (सारजेन्ट) को 'सभापाल' और सदस्य को 'सभासद्' कहते थे। इसका आदर्श यह था कि सब सदस्य आनन्दपूर्वक एक वाणी बोलें (सवाचसः)। सभा के विरुद्ध किये गये अपराधों और इनके नियमों के उल्लंघन से 'तिरस्कार' (सामाजिक बदनामी) होता था। बहुसंख्यक वर्ग की सम्मति (वोट) को 'नरिष्ठा' कहते थे जो सायण की व्याख्या के अनुसार 'अलंघ्य' होती थी क्योंकि यह अधिक जन की वाणी थी (अथर्ववेद ७।१२।३ बहवः सम्भूय यदि एकं वाक्यं वदेयुः तत् हि न परैः अतिलंघ्यम्)।

सभा और समिति

समिति जन की बड़ी परिषद् होती थी जिसे राजा के निर्वाचन का अधिकार था।

अथर्ववेद में लिखा है कि शिष्य की शिक्षा का श्रीगणेश 'उपनयन' से होता है जिससे आचार्य उसे दूसरा आध्यात्मिक जन्म दिलाता है। तब वह 'द्विज' 'अन्तेवासी' (आचार्य के साथ रहने वाला) और 'ब्रह्मचारी' (अनुशासन के नियमों का पालन करने वाला) हो जाता है। काले मृग की खाल पहने प्रतिदिन अग्नि की उपासना के लिए जो उसके अन्तःकरण को उद्भासित और प्रकाशित करता है और उनके मन में दिव्यज्योति जाग्रत करता है, ईन्धन इकट्ठा करने के लिए वह वन को जाता है। इसके बाद वह विद्यालय के लिए भिक्षाटन करने जाता है, जो सामाजिक सेवा की प्रथम शिक्षा है। उसे अपने आचार्य के पशुओं और घर-बार की देख-भाल करनी पड़ती थी। इस प्रकार इस शिक्षापद्धति से एकदम उसका प्रकृति, समाज और व्यावहारिक शिक्षा से संबंध होता था।

शिक्षा पद्धति

उपनिषदों में शिक्षा-पद्धति का विशद वर्णन मिलता है। शिक्षा का अर्थ व्यक्तित्व का 'शिक्षण' है, जिसका अर्थ विद्यार्थी की प्रतिभा का विकास होता है। इसका लक्ष्य विद्यार्थी के मन को शिक्षित करना था जिससे उसमें सत्य को

ग्रहण करने की क्षमता उत्पन्न हो सके और वह केवल बाह्य ज्ञान के संग्रह का भण्डार मात्र न बन जाए। ज्ञान के साधन के रूप में मनुष्य का मस्तिष्क शैक्षणिक उपचार का प्राथमिक उपादान है। उपनिषदों में शिक्षा के तीन स्तरों की चर्चा है: (१) श्रवण (आचार्य के वचनों को सुनना)। इस प्रकार आचार्य विद्यार्थी को व्यक्तिगत रूप से ज्ञान बताता था जिससे वह उसे अपने मस्तिष्क में संग्रहीत रक्खें और लेखबद्ध न करे। इसका सिद्धान्त यह था कि शब्द ही ब्रह्म है। जिन ग्रन्थों में ज्ञान का संग्रह था उन्हें 'श्रुति' कहते थे जिसका अर्थ था 'वह जो सुना जाए'। आचार्य उसके ज्ञान का कोश और मूर्तिमान् आकार अथवा एक जीता-जागता चलता-फिरता पुस्तकालय था। (२) मनन—श्रवण के बाद मनन आता था। श्रुति के अर्थ को विद्यार्थी स्वतंत्ररूप से सोचता था। (३) उसके बाद निदिध्यासन अथवा सत्य में पूर्ण निमग्नता उत्पन्न होती थी। इस प्रकार शिक्षा एक उच्च नैतिक प्रक्रिया, भूत से मन की बढ़ती हुई तटस्थता की प्रक्रिया थी (वैराग्य), जिससे मनुष्य का तटस्थ मन आत्मा का चरमसत्य के रूप में साक्षात्कार करके और ब्रह्म सत्य और जगन्मिथ्या का अनुभव प्राप्त करके उसे एकाग्रभाव से आत्मसात् करता था।

घरेलू विद्यालय अथवा ऋषियों के आश्रम के अतिरिक्त शिक्षा के प्रसार के अन्य माध्यम भी थे। 'चरक' अथवा विद्वान् प्रवचनों और शास्त्रार्थों द्वारा जनता को शिक्षित करने के अभिप्राय से, उत्साह से, देशाटन और भ्रमण करते रहते थे। परिषदों (अकादमी) में विद्वान् पारस्परिक विचार-विमर्श द्वारा ज्ञान-साधना के लिए एकत्रित होते थे। ऐसी ही एक परिषद् 'पांचाल परिषद्' थी, जिसमें वहाँ का विद्वान् राजा 'प्रवाहण जैवली' प्रतिदिन जाता और भाग लिया करता था। तीसरे, राजाओं द्वारा आयोजित विद्वत्समाजों द्वारा ज्ञान का प्रसार होता था। ऐसा ही एक समाज विदेह के राजा जनक ने आयोजित किया था। उसमें अनेक विद्वान्; विशेषकर कुरु-पांचाल देश के विद्वान्, जो विद्वानों का घर (विदुषां बाहुल्यं) माना जाता था, अपने याज्ञवल्क्य, उद्यालकआरुणि और गार्गी आदि आचार्यों के नेतृत्व में एकत्रित हुए थे। विभिन्न दार्शनिक सम्प्रदायों के आचार्यों ने शास्त्रार्थ में भाग लिया। समाज में याज्ञवल्क्य की दार्शनिक महत्ता स्वीकार की गई और उसे १००० गायों का समूह जिसमें प्रत्येक गाय के सींगों में पाँच 'पाद' या स्वर्ण-मुद्राएँ बँधी थीं, राजकीय पुरस्कार के रूप में प्रदान किया गया। समाज का उद्देश्य विभिन्न सम्प्रदायों के सिद्धान्तों के आधार पर उनके आचार्यों की व्याख्या के अनुसार हिन्दू-दर्शन को निर्धारित करना था।

ज्ञान के दो स्वरूप थे—आध्यात्मिक और लौकिक। पहिले को 'पराविद्या' (परम ज्ञान) और दूसरे को 'अपराविद्या' (अविद्या) कहते थे। वेद तक यदि 'पराविद्या' की शिक्षा न दें तो उन्हें भी 'अपराविद्या' माना जाता था। यह नारद जैसे ऋषि के उदाहरण से स्पष्ट हो जाता है जिसने हताश हो कर सनत्कुमार की शरण ली जिस पर राजा ने उसे कहा कि वह केवल 'मंत्रविद्' अथवा वेद के शब्दों में निष्णात् है और जब तक वह 'आत्मविद्' नहीं होता और आत्मा का ज्ञान प्राप्त नहीं करता, तब तक उसका सब ज्ञान व्यर्थ है।

पराविद्या

छान्दोग्य उपनिषद् में तात्कालिक ज्ञान और अध्ययन के विषयों की तालिका मिलती है। इसमें चार वेद, इतिहास, पुराण, व्याकरण, राशी (गणित), निधि, वाकोवाक्य (तर्कशास्त्र), भूतविद्या (जीवशास्त्र), क्षत्रविद्या (सैनिक विज्ञान), नक्षत्रविद्या और देवजनविद्या (कला और उद्योग) शामिल थे।

अध्ययन के विषय

उत्तर वैदिक ग्रन्थों का विशेषतः उपनिषदों का युग भारतीय ज्ञान का स्वर्ण-युग है। हम देख चुके हैं कि उपनिषद् ऋग्वेद् की व्याख्याएँ हैं। इनमें उसके विचारों के बीज व्याख्यात्मक गद्य और कथोपकथन के द्वारा विकसित हुए हैं। इस माध्यम से इसकी प्रमुख विशेषताएँ पूर्णतः प्रस्फुटित हुई हैं और इसका धर्म निर्धारित हुआ है। अथर्ववेद (१२।१।१) में धर्म की धारणा को निम्नलिखित लक्षणों द्वारा अभिव्यक्त किया गया है: (१) सत्य—ऋग्वेद (१०।८५।१) में लिखा है कि 'सत्य द्वारा पृथ्वी स्थिर है'। इसे मुण्डकोपनिषद् (३।१।५) में इस प्रकार व्यक्त किया गया है "केवल सत्य द्वारा आत्मा का साक्षात्कार किया जा सकता है" (सत्येन लभ्यः), "केवल सत्य की विजय होती है, झूठ की नहीं", (सत्यमेव जयते नानृतम्)। सत्य को 'बृहत्' (सब वस्तुओं को अपने भीतर समाने वाला) कहा गया है। (२) ऋत्—यह 'उग्र', कठोर, कठिन और अलंघ्य है; सौर-शासन अथवा प्रकृति के नियमों में कोई परिवर्तन सम्भव नहीं है, (३) दीक्षा—आचार्य द्वारा विद्यार्थी का आदर्शोन्मुख जीवन के लिए दीक्षित होना। (४) तप अथवा ब्रह्मचर्य संयमित जीवन का अनुशासन जिसकी चर्चा ऊपर की जा चुकी है। (५) ब्रह्म अथवा स्वाध्याय—वेद का अध्ययन, और (६) यज्ञ जो आत्मबलिदान पर आधारित था जैसा कि ऊपर कहा जा चुका है और विभिन्न प्रतिमाओं और शक्तियों के अनुरूप जिसके विविध स्वरूप और प्रकार थे। भगवद्गीता में इन्हें

धर्म की धारणा

(१) तप, (२) योग, (३) ब्रह्म (वैदिक ज्ञान), (४) ज्ञान, और (५) दान के यज्ञ कहा गया है।

उपसंहार रूप में यह उल्लेखनीय है कि श्रम अथवा उद्योग को धार्मिक जीवन का आधार माना गया है। ऋग्वेद (४।३३।११) में लिखा है कि 'देवता उसकी सहायता नहीं करते जो स्वयं उद्योग नहीं करता' (न ऋते श्रान्तस्य सखाय देवा:) । उपनिषद् ने इसी बात पर जोर देते हुए कहा है : न हि आत्मा बल-हीनेन लभ्यः 'शक्तिहीन मनुष्य आत्मा (का साक्षात्कार) प्राप्त नहीं कर सकते। यह भाव यजुर्वेद में पूर्णतः पल्लवित और प्रस्फुटित हुआ है। वहाँ लिखा है कि धार्मिक व्यक्ति के गुण निम्नलिखित हैं : —(१) तेज, (२) वीर्य, (३) बल, (४) ओज, (५) मन्यु (शक्ति), (६) मह (उदात्तभाव) और (७) सह (सहिष्णुता और धैर्य)। धर्म जीवन की परिपूर्णता है ; यह प्रमादी और दुर्बल के लिए नहीं है।

पाँचवाँ अध्याय

वैदिकोत्तर युग

(लगभग १५०० ई० पू० ६०० ई० पू०)

इस इतिहास की झांकी इन साहित्य-कृतियों में मिलती है : रामायण और महाभारत, श्रौत और गृह्य सूत्र, जिनमें वैदिक और घरेलू धार्मिक उपचारों का

साधन वर्णन है और धर्मसूत्र जिनमें न्याय और शासन का उल्लेख है। धर्मसूत्रों के बाद स्मृतियों का स्थान है।

ऐतिहासिक दृष्टि से रामायण का विषय आर्य नेता राम द्वारा एक हिंस्र युद्ध में अनार्य नेता रावण के वध के परिणामस्वरूप लंका तक दक्षिण में आर्य

रामायण-महा-भारत-कालीन सभ्यता सभ्यता का विस्तार है। यह केवल शस्त्रों का संघर्ष ही नहीं था वरन् विचारधाराओं का द्वन्द्व भी था। आर्यों का उद्देश्य महाभारत के युग में पूर्ण हुआ। इस ग्रन्थ में 'धर्म युद्ध' (पाप के विरुद्ध पुण्य के द्वन्द्व) का वर्णन है। युधिष्ठिर और श्रीकृष्ण के नेतृत्व में पाण्डव और दुर्योधन के नेतृत्व में कौरव क्रमशः पुण्य और पाप के प्रतिनिधि हैं। कुरु-क्षेत्र के युद्ध में समस्त भारत सम्मिलित हुआ और इसके बड़े प्रदेश के राजाओं ने पाण्डवों का साथ दिया। अन्त में युधिष्ठिर और उसके वीर भ्राता अर्जुन और भीम के नेतृत्व में सत्य की जय हुई और धर्म का राज्य स्थापित हुआ जिसके लिए स्वयं भगवान् ने कृष्णावतार लिया।

यह उल्लेखनीय है कि ३२३ ई० पू० से पहले के राजवंशों के पुराणों में दिये गये राज्यकाल की गणना के अनुसार कुरुक्षेत्र के युद्ध का काल १५२५

ई० पू० के लगभग माना जा सकता है।

रामायण और महाभारत सांस्कृतिक इतिहास के लिए महत्वपूर्ण हैं। रामायण में घरेलू जीवन के आदर्श, आदर्श पत्नी, भाई, मित्र, भक्त आदि उपस्थित किये गये हैं। महाभारत में महत्वपूर्ण राजनीतिक सामग्री है। इसमें उस युग के गणों (रिपब्लिक) का उल्लेख है जिनमें बहुसंख्यक वर्ग प्रभुसत्तासम्पन्न होता था। इसमें गणों के संघ (संघातसंघ) की भी चर्चा है। गण को संघ भी कहते थे, जैसे वृष्णिसंघ। कृष्ण को संघातगण का 'संघ-मुख्य' कहा गया है।

ग्रामीण प्रशासन १०,२०,१०० से लगाकर १००० तक ग्रामों के संघों के अध्यक्षों (मुखिया) की परम्परा द्वारा व्यवस्थित था। राज्य की ओर से कुल,

ग्रामीण स्वायत्तता

जाति श्रेणी (दस्तकारों का संघ) पूग (विभिन्न जातियों और दस्तकारों का संघ अर्थात् पूरा ग्रामसमाज), जनपद (समूचा प्रान्त अथवा प्रदेश) आदि संस्थाओं द्वारा जनता के प्राकृतिक सम्मेलनों को प्रोत्साहन मिलता था। ये संस्थाएँ स्वायत्त होती थीं और अपने नियम स्वयं निर्धारित करती थीं जिन्हें राज्य भी स्वीकृति प्रदान करता था।

महाभारत में गणतंत्रों की दुर्बलताओं और उनकी आन्तरिक भेद की प्रवृत्तियों का भी उल्लेख मिलता है।

पाणिनि को निम्नलिखित प्रशासनिक विभागों का ज्ञान था (१) ग्राम (२) नगर (३) विषय (जिला) (४) जनपद (राष्ट्र)। इनमें एक के बाद

पाणिनि-कालीन भारत

दूसरा अधिक विस्तृत था। पाणिनि को गण या संघ ; जैसे 'मालव संघ' का भी ज्ञान था। उस काल में गणों के संघ भी थे जैसे 'अन्धक-वृष्णि-संघ'। गणतंत्र में दलों का अनिवार्य विधान था। दल को 'वर्ग' कहते थे। नेता के नाम के अनुसार 'वर्ग' का नाम होता था जैसे 'वासुदेव-वर्ग्य'। कभी-कभी गण अपनी सेनाएँ मिला लेते थे जैसे 'क्षुद्रक-मालवी-सेना'।

आचार्यों के प्रति विद्यार्थियों की भक्ति उनकी अपने-अपने आचार्यों के नाम के अनुसार अभिहित करने की प्रवृत्ति से परिलक्षित होती है। जैसे पाणिनीय (पाणिनि के विद्यार्थी)।

वैदिक शाखाओं को 'चरण' कहते थे। उनमें कन्याएँ भी प्रविष्ट हो सकती थीं। उदाहरण के लिए वेद की कठ शाखा में अध्ययन करने वाली कन्या या स्त्री को 'कठी' कहते थे। ये कन्याएँ अथवा स्त्रियाँ अपने अलग छात्रावासों में रहती थीं जिनको 'छात्रीशाला' कहते थे।

पाणिनि के काल में कार्षापण, निष्क, पण, पाद, माष और शाण (एक

छोटा तामे का सिक्का) नामक मुद्राएँ प्रचलित थीं।

विज्ञान की साधना का प्रतीक पाणिनि का व्याकरण है जो इस विषय की महत्वपूर्ण कृति है। इसका परिचय वेदांग नामक सूत्रों में भी मिलता है जिनमें निम्नलिखित विषय शामिल हैं : (१) शिक्षा (ध्वनिशास्त्र), (२) कल्प (वैदिकउपचार), (३) व्याकरण (शब्दशास्त्र), (४) निरुक्त (व्युत्पत्तिशास्त्र), (५) छन्द (छन्दशास्त्र) और (६) ज्योतिष (ज्योतिषशास्त्र)। इनमें (१), (३) (४) और (५) भाषाशास्त्र के विविध पक्षों से संबंधित हैं। (४) की प्रसिद्ध कृति 'यास्क' का निरुक्त है। (६) का विषय भौतिक विज्ञान है। (२) से तीन कक्षाओं के सूत्र साहित्य की उत्पत्ति हुई है। यह उल्लेखनीय है कि 'सूत्र' शब्द स्वयं वैज्ञानिक पदावली के विकास की प्रगति का प्रतीक है जिसका आदर्श थोड़े शब्दों में अधिक भावों की अभिव्यक्ति है। इस शैली का सर्वश्रेष्ठ निदर्शन पाणिनि के सूत्र हैं। इनमें वैदिक मंत्रों की शैली है जिसमें अकेले 'ओ३म' शब्द में जिज्ञासुओं के लिए विस्तृत अर्थ-जगत् प्रच्छन्न है।

ज्ञान-विज्ञान

सूत्रों में उनका वर्णन है। जीवन के मोड़ों पर उनका अनुष्ठान आवश्यक है। प्रत्येक उपचार में आध्यात्मिक महत्व प्रच्छन्न है जिसे भूलना नहीं चाहिए। उदाहरण के लिए उपनयन का अर्थ शिक्षा द्वारा नया जन्म है और विवाह एक अटूट धार्मिक संबंध और साहचर्य है। सूत्रों में सामान्य उपचारों का वर्णन है जिनका प्रचार प्रायः सब जगह था। उन्हें पंच-महायज्ञ कहते हैं। उनमें (१) देव (देवयज्ञ), (२) पितृ (पितृयज्ञ), (३) ऋषि (ऋषियज्ञ), (४) नर (नृयज्ञ) और (५) जीवन (भूतयज्ञ) संबंधी उपचार संग्रथित हैं। विभिन्न यज्ञों का अभिप्राय व्यक्ति के समष्टि में अधिकाधिक प्रवेश करने की प्रक्रिया को व्यक्त करना है जो धर्म के उच्चतम आदर्श के रूप में समस्त-भूत-जगत् के साथ एकत्व और सान्निध्य की अनुभूति में विकसित होती है।

उपचार

सूत्रों में सामाजिक विधान के अपने निराले सिद्धान्त हैं जिनके अनुसार समाज को व्यवसायों के अनुरूप स्थूलरूप से चार भागों में बांटा जाता है। ये भाग बाद में जाति या वर्ण के रूप में कड़े हो जाते हैं। प्रथम भाग ब्राह्मणों का है जो विद्या और शिक्षा का कार्य सम्भालते हैं। उन्हें सांसारिक जीवन से दूर तटस्थ वातावरण में वैराग्य की भावना से अनुप्राणित होकर एकाग्र चिन्तन द्वारा विद्या और ज्ञान को बढ़ावा देना और उन्हें सम्पन्न करना पड़ता है और फिर अपने जीवन द्वारा उन सत्यों का प्रसार करना पड़ता है। देश की संस्कृति की रक्षा एक बहुत बड़ा दायित्व था।

वर्णाश्रम-धर्म

दूसरा भाग क्षत्रियों का है जो राज्य के संचालन और देश की रक्षा का कार्य करते हैं जिसके लिए उन्हें अपने जीवन तक का बलिदान करना पड़ता है (संग्रामे संस्थानम्)। तीसरा भाग वैश्यों का है जो (१) कृषि, (२) पशुपालन (पाशु-पाल्य), वाणिज्य (व्यापार) और कुसीद (बैंकिंग) द्वारा देश के आर्थिक हितों का सम्पादन करते हैं। चौथा भाग शूद्रों का है जो सेवा (परिचर्या) मजदूरी (वृत्ति) और दस्तकारी (शिल्पादिवृत्ति) से जीविकोपार्जन करते हैं।

जीवन वर्णों और आश्रमों में विभक्त था। पहिला आश्रम ब्रह्मचर्य था जिसका पालन सब जातियाँ समान रूप से करती थीं और जिसका आदर्श संयमित विद्यार्थी-जीवन था। यह सार्वजनिक अनिवार्य-शिक्षा-पद्धति थी। दूसरा आश्रम गृहस्थ था ; तीसरा वानप्रस्थ था जिसमें भिक्षु तटस्थ जीवन व्यतीत करके अन्त की तैय्यारी करता था। वह 'अनिचय' (बचत न करता हुआ) 'उर्ध्वरेता' (पूर्ण यौन-संयम का पालन करता हुआ) और 'समोभूतेषु' (सब प्राणियों में एक जैसा मनोभाव रखता हुआ) रहता था। अन्तिम आश्रम संन्यासी या परिव्राजक का था जिसकी व्याख्या आपस्तम्ब (२।९।२१।१३) ने इस प्रकार की है: "संन्यासी वह है जो सत्य और असत्य, सुख और दुःख, वेद, जगत और स्वर्गापवर्ग के विचार को छोड़ कर केवल आत्मा को खोजता है।"

छठवाँ अध्याय

उत्तरी भारत

(६५० ई० पू०—३२५ ई० पू०)

इस युग में जैनधर्म और बौद्धधर्म नामक दो महान् धर्मों का अभ्युदय हुआ। जैनधर्म का संस्थापक वर्धमान महावीर था। जैन परम्परा के अनुसार उससे पहिले २३ आचार्य या तीर्थंकर और हुए जिनमें सब से पहिला ऋषभ और अन्तिम पार्श्व था।

जैन धर्म

महावीर ज्ञातृकों के अधिपति का पुत्र और लिच्छवी-मुख्य चेटक का भतीजा था। उसके पिता ने लोकमंगल के कार्यों द्वारा उसका जन्मोत्सव मनाया : कर, चुंगी और जब्ती माफ की गई, लोगों के घरों में पुलिस का घुसना रोका गया और बन्दी मुक्त किए गये। ३० वर्ष तक वैवाहिक जीवन व्यतीत करने के अनन्तर उसने संसार का परित्याग किया और १२ वर्ष की कठोर तपस्या के पश्चात् निर्वाण प्राप्त करके 'जिन' और 'केवली' का पद प्राप्त किया। तत्पश्चात् उसने चम्पा, वैशाली, राजगृह, नालन्दा, मिथिला, लाढ (राढ़) श्रावस्ती और पावा, जहाँ उसका निधन हुआ, आदि स्थानों पर घूम-घूम कर अपने धर्म का प्रचार किया। उसके जीवनकाल का एक तिक्त अनुभव यह था कि उसके साथी गोशाल के साथ उसका विरोध हो गया जिसके फलस्वरूप उसने महावीर के धर्म के विपरीत अपना एक अलग सम्प्रदाय खड़ा कर दिया। उसके निधन पर तात्कालिक ३६ गणतंत्रों ने सामूहिक रूप से जो दीपावलि मनाई उससे उसकी

ख्याति का पता चलता है।

जैन सिद्धान्त

जैन सिद्धान्त कर्म और इसके परिणाम आवागमन में विश्वास करता है। आवागमन को कर्म-क्षय द्वारा रोका जा सकता है। इच्छाओं के निग्रह से कर्म का अन्त होता है। इच्छाओं का निग्रह, व्रत, समिति (अभ्यास) और गुप्ति (नियन्त्रण) द्वारा सम्भव है।

वीर-निर्वाण

परम्परा के अनुसार महावीर का निर्वाण विक्रमादित्य के जन्म से ४७० वर्ष पूर्व हुआ। विक्रम के जन्म से १८ वर्ष बाद ५८ ई० पू० में विक्रम-संवत् जारी हुआ। इस प्रकार वीर निर्वाण ४७० + ५८ + १८=५४६ ई० पू० में हुआ। बौद्ध परम्परा के अनुसार महावीर का निर्वाण बुद्ध के परिनिर्वाण से पहले हुआ। बुद्ध निर्वाण की तिथि ५४३ ई० पू० है।

गौतम बुद्ध

बौद्ध धर्म का संस्थापक गौतम राजकुमार था। वह शाक्यों के मुख्य शुद्धोदन का पुत्र था। परम्परा के अनुसार ६२४ ई० पू० में कपिलवस्तु नामक स्थान पर लुम्बिनी वन में, जहाँ अशोक ने एक स्तम्भ खड़ा कर उस पर यह लेख खुदवाया कि यहाँ 'बुद्ध शाक्यमुनि' का जन्म हुआ, तथागत का आगमन हुआ था। इस बात की भविष्य-वाणी की गई कि वह संन्यास लेगा। उसके पिता ने भोग-विलास की सामग्री से उसके जीवन को परिवृत्त करके इस बात को रोकने की चेष्टा की। किन्तु बालक गौतम का मन जीवन की अनिवार्य विभीषिकाओं, जैसे रोग, जरा और मृत्यु को देखकर इतना द्रवित हुआ कि जीवन में उसकी समस्त रुचि समाप्त हो गई। १६ वर्ष की आयु में उसका विवाह हुआ। २९ वर्ष की आयु में जब उसकी पहली सन्तान (पुत्र) उत्पन्न हुई तो उसे ऐसा लगा कि उसके लिए बन्धन तैयार हो गया है। अतः उसी अर्धरात्रि में उसने बच्चे को अपनी छाती से चिपकाये हुए अपनी पत्नी को छोड़कर गृहत्याग किया। वह अपने प्रिय साईस छन्न को साथ लेकर अपने घोड़े कन्थक पर चढ़कर कपिलवस्तु से बाहर निकल गया। सूर्योदय के समय अनोमा नदी पर पहुँच कर उसने अपने बाल कटवा दिए और भिक्षुओं का काषाय वस्त्र धारण कर लिया।

इस राजकुमार के लिए संन्यासी जीवन सरल नहीं था। भिक्षुओं जैसा भोजन करने पर उसे ऐसा लगा कि उसका पेट पलटा जा रहा है और उसकी आँतें बाहर निकली जा रही हैं। उसने बताया है कि नीरवता में रहना और आनन्द लेना और वहाँ के भय पर विजय पाना कितना कठिन है।

सत्य की खोज के लिए उसे गुरु ढूंढना था। राजगृह के निकट उसे आलार मिला, जो ध्यान में इतना निमग्न था कि 'सड़क पर बैठे हुए वहाँ से जाती हुई

५०० गाड़ियों की गड़गड़ाहट भी उसे सुनाई न दे सकी।' शीघ्र ही उसने अपने शिष्य को अपना सम्पूर्ण उपदेश दे दिया। इसके बाद उसे दूसरे गुरु की तलाश हुई। उद्रक रामपुत्र को उसने अपना दूसरा गुरु बनाया।

इसके बाद वह तपश्चर्या करने के लिए जैन-शास्त्रों के अनुसार उरुवेला नामक ग्राम में बैठ गया। उसका शरीर त्वचा और अस्थि-मात्र रह गया। उसका भोजन बहुत सूक्ष्म था। पत्तों का रस या हथेली-भर दाल ही उसके जीवन-यापन का साधन था। वह तपश्चर्या के भार को वहन नहीं कर सका और अचेत हो गया। अतः उसने अधिक भोजन लिया। इस पर उसके साथी पाँच ब्राह्मण, जो उसकी बुद्धत्व-प्राप्ति की आशा से उसके साथ रहते थे, उसे छोड़कर चले गये। तब वह अकेला ही बोधि का मार्ग ढूँढ़ना रहा और बुद्ध गया में बोधि-वृक्ष के नीचे छः वर्ष के अनुसन्धान के पश्चात् ३५ वर्ष की आयु में उसे प्राप्त करने में सफल हुआ। उसका ध्यान और मनन इतना गम्भीर और एकाग्र था कि युगपत् सौ बिजलियों के गिरने से भी भंग नहीं हो सकता था।

प्रथम उपदेश

अनुत्तर ज्ञान प्राप्त करने के बाद वह सुपात्र शिष्यों की खोज में रहा जो उसे ग्रहण कर सकें। उसका ध्यान उन पाँच ब्राह्मणों पर गया जो उसके साथ रहते थे और उसे छोड़कर चले गये थे और तब से सारनाथ में इसिपतन में रहते थे। बुद्ध बोध गया से चलकर सारनाथ पहुँचा और उन्हें 'धर्मचक्रप्रवर्तनसूत्र' का उपदेश दिया, जिसमें उसने चार आर्यसत्य—अर्थात् (१) दुःख, (२) इसका कारण (समुदय या तृष्णा), (३) इसका निरोध, और (४) इसका मार्ग (प्रतिपदा)—की व्याख्या की। उसके अनुसार दुःख के कारण के निरोध का मार्ग 'मध्यमा प्रतिपदा' है जिससे मनुष्य भोग और तप की सीमाओं को छोड़कर रुचि का मार्ग अपनाता है। यह मार्ग 'आर्याष्टांगिक मार्ग' कहलाता है। ये आठ मार्ग हैं : सम्यक् दृष्टि, सम्यक् संकल्प, सम्यक् वचन, सम्यक् आजीव, सम्यक् कर्म, सम्यक् व्यायाम, सम्यक् स्मृति और सम्यक् समाधि।

बुद्धचर्या

इसके बाद बुद्ध की श्रमपूर्ण परिचर्या प्रारम्भ हुई जिसके सिलसिले में उसने पूर्वी भारत के सब प्रसिद्ध स्थानों की यात्रा की। उसके चारों ओर अनेक श्रावक, भिक्षु और उनके नेता एकत्रित होने लगे। इनमें वाराणसी का साहूकार यश और उसके ५० अनुयायी, १,००० भिक्षुओं का जटिल संघ और उसका नेता कस्सप, जिसने उरुवेला में उसका धर्म स्वीकार किया था, सारिपुत्र और मोग्गल्लान नामक दो पुरोहित और २५० भिक्षुओं का संजय का दल शामिल थे।

इन अनेक लोगों के बौद्ध धर्म में दीक्षित होने से मगध में सनसनी फैल गई

और लोग इस बात की शिकायत करने लगे कि श्रमण गौतम वैधव्य, निःसन्तानता और परिवार-समाप्ति का प्रचार करता है। उसने कपिलवस्तु जाकर अपने पुत्र राहुल और चचेरे भाई नन्द को, जो अपने माँ-बाप का इकलौता पुत्र था, अपने संघ में दीक्षित किया। उसके श्रमण बन जाने पर उसके पिता का कोई वारिस नहीं रहा। यशोधरा के कहने पर राहुल ने अपने पिता बुद्ध से अपना दाय माँगा। उत्तर में बुद्ध ने राहुल को भी भिक्षु बना कर बौद्ध संघ में प्रविष्ट करा दिया। यह एक आध्यात्मिक साम्राज्य का दाय था।

इसके बाद अन्य स्थानों पर अनेक लोगों को दीक्षा मिली। इनमें अनुरुद्ध, उपालि और राजगृह के निकट के एक गाँव का निवासी आनन्द प्रमुख थे। आनन्द ने परम भक्ति के साथ बुद्ध के वैयक्तिक परिचारक के रूप में उनके साथ रह कर उनकी सेवा की।

श्रावस्ती में उसने वहाँ के धनकुबेर सुदत्त अनाथपिण्डक को दीक्षा दी। उसने बुद्ध के संघ के लिए राजकुमार जेट से १८ कोटि स्वर्णमुद्राओं से उसके उद्यान की भूमि को ढँककर और इस प्रकार उसकी मुँहमाँगी कीमत देकर जेतवन खरीदा। भरहुत की खुदाई में इस महादान का अंकन है। इसमें चौकोर मुद्राओं से भरे एक छकड़े को चित्रित किया गया है और उनसे ढंकी हुई भूमि दिखाई गई है।

बुद्ध की शिक्षा-दीक्षा के प्रमुख केन्द्र राजगृह, श्रावस्ती, कौशाम्बी और वैशाली के विहार थे।

बुद्ध ने अपने जीवन के अन्तिम क्षण तक यात्रा की और धर्मोपदेश किया। उसने आनन्द को कहा "मैं वृद्ध, दुर्बल और श्रान्त हूँ, मैं यात्रा के अन्त और जीवन की सीमा पर पहुँच चुका हूँ। मेरी आयु ८० वर्ष है।" (संयुक्तनिकाय पृ० १५२-५४)। उसने यह भी कहा "अब से तीन महीने के बाद तथागत का परिनिर्वाण होगा" (वही २५८-६३)। अस्सीवें वर्ष में पावा में वे जब चुण्ड नामक कर्मकार के अतिथि थे, बीमार पड़े। रोग पर नियंत्रण प्राप्त कर वे कुशीनारा के शालवन तक पहुँच गये जहाँ उन्होंने अंतिम बार आराम किया। अपना अंत सन्निकट जान उन्होंने अपने शिष्यों को यह अन्तिम उपदेश दिया, "भिक्षुओ! अपने दीपक स्वयं बनो, अपनी शरण स्वयं बनो, किसी बाह्य शरण को मत खोजो। मेरे जाने के बाद संघ के विनय और सूत्रों को अपना गुरु मानो।"

बुद्ध की महानता

ओल्डनबर्ग ने बुद्ध के ४५ वर्ष के जीवन और चर्या का वर्णन इस प्रकार किया है—"उस समय जब उसकी ख्याति चरम सीमा पर पहुँच चुकी थी और उसका नाम भारत भर में अग्रगण्य था यह दैनिक दृश्य देखने को मिलता था कि वह

मनुष्य, जिसके सामने राजाओं का सिर झुक जाता था, हाथ में भिक्षापात्र ले कर सड़कों पर घर-घर घूमता था और नीचे दृष्टि किये हुए, वाणी से बिना शब्द निकाले, चुपके चुपके खड़ा प्रतीक्षा करता था जब तक कि लोग उसके पात्र में कुछ भोजन न डाल दें।"

इस प्रकार बुद्ध नैसर्गिक और प्राकृतिक रूप से साधारण मनुष्य की तरह जीवन बिताता था और ऐसा उदाहरण प्रस्तुत करता था जिससे मनुष्य सम्यक् दृष्टि और संकल्प द्वारा जीवन की सामान्य परिस्थितियों से ऊपर उठकर देवता के स्तर तक पहुँच सके। उसने परिपक्व यौवन में राजकीय भोग-विलास को तिलांजलि देकर, देवत्व का दावा किए बिना, श्रद्धालु, शिष्यों, अधिकारियों और भिक्षुओं को सदैव पूर्ण विश्वस्तता के साथ यह याद दिलाया 'परीक्षावीक्ष्य ग्राह्यं मद्वचो न तु गौरवे वा' (तुम मेरे वचन को मेरे प्रति श्रद्धा के भाव से ग्रहण मत करो वरन् इसके आन्तरिक महत्व के कारण सूक्ष्म परीक्षा करके अपनाओ)। उसके अंतिम शब्द ये थे कि उसने जिन सत्यों और तथ्यों की शिक्षा दी है वे ही गुरु तुल्य हैं।

उत्तर भारत के तात्कालिक राजनीतिक इतिहास पर जैन और बौद्ध ग्रन्थों और पुराण आदि संस्कृत ग्रन्थों से प्रचुर प्रकाश पड़ता है। उस समय उत्तरी भारत बहुत से राज्यों में विभक्त था जिन्हें महाजनपद कहते थे और जिनकी संख्या १६ थी। पालि ग्रन्थ 'अंगुत्तरनिकाय' में उनकी गणना इस प्रकार की गई है—(१) अंग (पूर्वी बिहार), जिसकी राजधानी चम्पा थी, (२) मगध (दक्षिणी बिहार), (३) काशी, (४) कोशल (अवध) (५) वज्जी (उत्तरी बिहार), (६) मल्ल (गोरखपुर जिला), (७) चेटी (चेदी, यमुना और नर्मदा के नीचे), (८) वंश (वत्स) (इलाहाबाद प्रदेश), (९) कुरु (थानेसर, देहली और मेरठ जिले), (१०) पांचाल (बरेली, बदायूँ और फर्रुखाबाद जिले), (११) मच्छ (मत्स्य) (जयपुर), (१२) शूरसेन (मथुरा), (१३) अस्सक (अश्मक) (गोदावरी नदी पर स्थित जिसकी राजधानी पोतन, प्रतिष्ठान—पैठान थी), (१४) अवन्ती जिसकी राजधानी माहिस्सति—माहिष्मती थी, (१५) गन्धार, पाकिस्तान के पेशावर और रावलपिण्डी जिले, और (१६) काम्बोज (दक्षिण-पश्चिमी कश्मीर और काफिरिस्तान के कुछ भाग)। कुछ ग्रन्थों में इन सोलह राज्यों के अतिरिक्त (१७) कलिंग (जिसकी राजधानी दन्तपुर थी), (१८) सोवीर (जिसकी राजधानी रोरुक थी) और (१९) विदेह (जिसकी राजधानी मिथिला थी) का भी उल्लेख मिलता है। जैन ग्रन्थ 'भगवतीसूत्र' में मालव, कोच्छ (कच्छ) पाढ़ (पुण्ड्र) लाढ़ (बंगाल में राढ़) और मोली (मल्ल) का जिक्र है। ये राज्य

राजनीतिक इतिहास

बहुत छोटे थे ।

यह उल्लेखनीय है कि यद्यपि देश इतने छोटे राज्यों में विभक्त था। इस विभाजन का अर्थ देश का पृथक्-पृथक् टुकड़ों में विघटन नहीं था । ये भारतीय विचारधारा और समाजपद्धति के समान सांस्कृतिक बंधन से परिबद्ध थे । राज-नीतिक दृष्टि से वे पृथक् राज्य थे किन्तु वे भारतीय शासनपद्धति के समान ढांचे के अन्तर्गत् थे जो सत्ता के विकेन्द्रीकरण और स्वयंशासित संस्थाओं के रूप में जनता के स्वाभाविक वर्गीकरण के द्वारा स्थानीय स्वायत्तता की रक्षा पर अवलम्बित था, जैसा कि ऊपर लिखा जा चुका है ।

प्रमुख राज्य

इन राज्यों में निम्नलिखित प्रमुख हो गये—(१) अवन्ती, (२) वत्स, (३) कोसल और (४) मगध ।

अवन्ती

यह पालि ग्रन्थों में वर्णित चण्ड पज्जोत (प्रद्योत) महासेन के राज्यकाल में प्रसिद्ध हो गया जो अपनी क्रूरता के लिए बदनाम था । अपने पुरोहित महाक-च्चायन के प्रभाव के कारण उसने बौद्ध धर्म ग्रहण किया । इसके बाद अवन्ती महाकच्चायन, धम्मपाल और सोन आदि आचार्यों के कारण बौद्ध धर्म का प्रसिद्ध केन्द्र बन गया । उन्होंने प्रचलित लोकभाषा में धर्म प्रचार किया जो पालि भाषा का मूल बनी और मागधी से भिन्न थी ।

वंस (वत्स)

यह राज्य राजा उदयन के राज्यकाल में प्रसिद्ध हो गया । इसकी राजधानी कौशाम्बी थी । परम्पराओं के अनुसार प्रद्योत की पुत्री राजकुमारी वासव-दत्ता, (२) मगध की राजकुमारी पद्मावती, (३) अंग की राजकुमारी और (४) वासवदत्ता की सेविका साग-रिका से उसका प्रेम-संबंध था । अन्त में उसे घोषिताराम विहार के भिक्षु पिण्डोल ने बौद्ध-धर्म में दीक्षित किया । कौशाम्बी और उसके अनेक विहार बौद्ध धर्म के प्रमुख केन्द्र थे, जहाँ बुद्ध ने धर्मोपदेश किया । यह उल्लेखनीय है कि कौशाम्बी से प्राप्त एक शिलालेख में घोषिताराम के विहार का उल्लेख मिलता है ।

कोशल

राजा प्रसेनजित के राज्यकाल में कोशल प्रसिद्ध हो गया । प्रसेनजित् बुद्ध का अनुयायी और उसकी अवस्था का था । उसने काशी को अपने राज्य में मिलाया किन्तु अजातशत्रु के राज्यकाल में मगध से उसका संघर्ष हुआ । उसके पापी पुत्र विडूढम ने जो निरीह शाक्यों की हत्या के कारण कुख्यात था अपने दुष्ट साथियों के साथ मिलकर उसे गद्दी से उतार दिया । किन्तु विडूढम और उसके साथी श्रावस्ती में बाढ़ से बह गये ।

बौद्ध ग्रन्थों के अनुसार हर्यंक वंश के राजा बिम्बिसार और अजातशत्रु के राज्यकाल में मगध एक शक्तिशाली सत्ता थी। किन्तु पुराणों में शिशुनाग द्वारा संस्थापित एक भिन्न वंश को इसकी महानता का श्रेय दिया गया है। इतिहासकार बौद्ध साक्ष्य पर अधिक बल देते हैं, जिसका अनुसरण यहाँ किया गया है।

मगध

बिम्बिसार (६०३-५५१ ई० पू०) ने राजनीतिक महत्व के वैवाहिक संबंध स्थापित किए। उसने कोशल राजकुमारी, लिच्छवी मुख्य की पुत्री और वैदेही राजकुमारी वासवी से विवाह किया। उसके अनेक पुत्र थे जिनमें कुणीक अजातशत्रु प्रसिद्ध हुआ।

बिम्बिसार

उसकी राजधानी गिरिव्रज थी जो पाँच दीवारों से सुरक्षित थी। इसकी बड़ी-बड़ी दीवारें आज तक खड़ी हैं और प्राचीनतम भारतीय पाषाण स्थापत्य का निदर्शन प्रस्तुत करती हैं। बाद में राजधानी राजगृह पहुँचाई गई जिसकी योजना महागोविन्द नामक स्थपति ने बनाई थी।

उसकी राजधानी

बिम्बिसार ने अंग और उसकी राजधानी चम्पा पर विजय प्राप्त करके अपने राज्य का विस्तार किया। उसने कुणीक को वहाँ का राज्यपाल नियुक्त किया। उसके राज्य में ८०,००० गाँव थे जिनका क्षेत्रफल ३०० लीग था और जो उसके पुत्र अजातशत्रु की विजय के पश्चात् ५०० लीग और बढ़ गया था।

उसका राज्य

उसके प्रमुख कर्मचारी महामात्र कहलाते थे। राज्य शासन को चलाने वाले कर्मचारियों को 'सर्वार्थक' कहते थे। न्यायाधिकारी 'व्यावहारिक' कहलाते थे और सेनापति की उपाधि 'सेनानायक' थी। ८०,००० ग्रामों के मुखिया परिषद् में आकर इकट्ठे हुआ करते थे।

शासन

बिम्बिसार आरम्भ में जैन था। उसने महावीर से प्रार्थना की थी कि 'उसके देश को सर्दी के संकट से बचाने का आशीर्वाद दें।' उसने अपनी पुरानी राजधानी गिरिव्रज में गौतम के दर्शन किए और जब वह बुद्ध होकर अपने शिष्य कस्सप-बन्धुओं और उनके साथ रहने वाले १००० जटिलों के समूह के साथ राजगृह पहुँचे तो फिर उनका साक्षात्कार किया। श्रेणीय बिम्बिसार तुरन्त उनका शिष्य बन गया और राजमहल में समस्त संघ को निमंत्रित करके अपने हाथों से भोजन परोसा। उसने बुद्ध को वेलुवन नामक अपना प्रसिद्ध उद्यान दान कर दिया जिससे तथागत वहाँ ध्यान-मनन कर सकें। अपने राजवैद्य जीवक को उसने तथागत और संघ की परिचर्या-चिकित्सा के लिए नियुक्त किया।

धर्म

बौद्ध परम्परा के अनुसार बिम्बिसार के पुत्र अजातशत्रु ने उसकी हत्या की और बाद में बुद्ध की शरण में जाकर खेद प्रकट किया। किन्तु जैन किंवदन्ती यह है कि उसने बन्दीगृह में, जहाँ उसे अजातशत्रु ने डाल रक्खा था, स्वयं आत्महत्या कर ली।

उसका अन्त

वह एक योद्धा नरपति था और अपने राज्य के प्रसार में दत्तचित्त था। उसने पहिले प्रसेनजित के राज्यकाल में कोशल पर चढ़ाई की। वहाँ के राजा ने उसके साथ अपनी कन्या का विवाह करके शान्ति स्थापित की।

अजातशत्रु (लगभग ५५१-५१९ ई०पू०)

उसके बाद उसने गंगा के उस पार लिच्छवियों से युद्ध छेड़ दिया। यह युद्ध लम्बा था क्योंकि लिच्छवी जैसे गणतंत्र को जिसकी शक्ति सर्वोत्तम जनतंत्र की परम्पराओं पर आधारित थी जीतना कोई सरल काम नहीं था। इस गणतंत्र में लोगों की "परिषदें पूर्ण रहती थीं और बारम्बार हुआ करती थीं, नीति और सम्मति की एकता थी, प्राचीन परम्पराओं और संस्थाओं की रक्षा होती थी, वृद्धों, स्त्रियों और सन्यासियों का आदर होता था", जैसा कि बुद्ध का विचार था। अतः इसकी आन्तरिक एकता सुदृढ़ थी।

लिच्छवि-युद्ध

अजातशत्रु को ऐसे शत्रुओं से लड़ने के लिए काफी तैय्यारी करनी पड़ी। उसने पहिले नदी के किनारे एक नयी राजधानी बनाई जहाँ से युद्ध का संचालन किया जा सकता था। इस प्रकार पाटलिपुत्र की नींव रक्खी गई जिसके भावी नागरिक और व्यापारिक महत्व की भविष्यवाणी स्वयं बुद्ध ने की। इसके बाद उसने गणतंत्र के नागरिकों की एकता के नैतिक आधार को नष्ट करने के लिए निकृष्ट उपाय अपनाये और उनमें भेद उत्पन्न किया। इस काम के लिए उसने अपने मंत्री वस्सकार को वैशाली में नियुक्त किया। उसकी योजना सफल हुई और युद्ध के समय लिच्छवी सैनिकों में इस बात पर फूट पड़ गई कि आगे लड़ने के लिए कौन जाय। अन्त में अजातशत्रु ने रथमुसल नामक उत्कृष्ट युद्ध-यंत्र का प्रयोग करके लिच्छवियों को परास्त किया।

उसे राजगृह में अपने राज्य की दूसरी सीमा की किलाबन्दी को मजबूत करना पड़ा जिससे वह अवन्ती के राजा प्रद्योत के आक्रमण को रोक सके जो उसकी बढ़ती हुई शक्ति से ईर्ष्या करता था।

पहिले वह जैन धर्म की ओर प्रवृत्त था और वैशाली और चम्पा में महावीर से मिला। पितृहत्या के अपराध से शान्ति पाने के लिए उसने गोशाल आदि श्रमणों की भी शरण ली, किन्तु यह व्यर्थ रहा। बाद में वह बुद्ध और उसके संघ से मिला और उनकी शान्ति और

धर्म

ध्यान की एकाग्रता से बड़ा प्रभावित हुआ। भरहुत की मूर्त्तियों में राजा को अपने अनुयायियों के साथ बुद्ध को नमस्कार करते हुए दिखाया गया है। इस पर 'अजातशत्तु भगवतो बन्दते' यह लेख अंकित है। कुशीनगर में बुद्ध के निर्वाण के बाद वह शीघ्रता से उसके अनुयायी के रूप में उसके अवशेषों का भाग प्राप्त करने के लिए, जो महाकस्सप के पास थे, उस स्थान पर पहुँचा।

उनमें से बहुत से केवल नाममात्र हैं जिनका कोई इतिहास नहीं मिलता।

उसका उत्तराधिकारी उदायीभद्र था जो (लगभग ५१९-५०३ ई० पू०) में चम्पा का उपराजा था और जिसने कुसुमपुर नामक नगर का निर्माण कराया था।

अजातशत्रु के उत्तराधिकारी

उसका अवन्ती के राजा पालक के साथ बराबर युद्ध रहा। पालक के एक एजेंट ने उसकी हत्या की। उसके अन्य उत्तराधिकारी अनुरुद्ध, मुण्ड और नागदासक थे जिसकी पहचान पुराणों में वर्णित राजा दर्शक (लगभग ४९५-४७१ ई० पू०) से की जाती है।

उसके बाद सुसुनाग (लगभग ४७१-४५० ई० पू०) गद्दी पर बैठा। पुराणों में उसे शिशुनाग कहा गया है और उसे बिम्बिसार के पूर्ववर्ती के रूप में वंश का प्रतिष्ठापक बताया गया है। किन्तु बौद्ध परम्परा अधिक विश्वसनीय है और यहाँ उसी का अनुसरण किया गया है। सुसुनाग ने 'अमात्य' बन कर काम शुरू किया। बाद में पौरजानपद ने उसे राजपद पर अभिषिक्त किया।

उसके बाद कालाशोक (लगभग ४५३-४२५ ई० पू०) ने राज्य किया। कालाशोक के बाद उसके दस लड़के गद्दी पर बैठे और उन्होंने ४०० ई० पू० तक मिलकर राज्य किया।

बाण ने हर्षचरित् में यह कथा लिखी है कि शैशुनागी काकवर्णी को एक हत्यारे ने मार दिया था। सिकन्दर के आक्रमण के एक यूनानी लेखक ने यह लिखा है कि वह हत्यारा रानी का प्रेमी एक नाई था। उसने काकवर्णी कालाशोक के सब पुत्रों का वध करके स्वयं राज्य छीन लिया।

पालि ग्रन्थ महाबोधिवंस में कालाशोक के अन्तिम दो पुत्रों का नाम नन्दिवर्धन और पंचमक बताया गया है। पुराणों में उसे महानन्दी कहा गया है। उस समय से पुराणों का साक्ष्य अधिक महत्वपूर्ण हो जाता है।

पुराणों में राज्य को हड़पने वाले इन राजाओं को नन्दवंशीय कहा गया है। उनके अनुसार इस वंश का प्रथम राजा महापद्म था जो अन्तिम शैशुनाग राजा महानन्दी का शूद्र स्त्री के गर्भ से उत्पन्न पुत्र था। अतः नन्द-

नन्दवंश

राजाओं को शूद्र कहा जाने लगा। किन्तु यूनानी कथा के अनुसार उसका पिता शूद्र था और उसकी माता एक भ्रष्टा-

चारिणी क्षत्रिय रानी थी। जैन परम्परा के अनुसार प्रथम नन्दराजा गणिका के गर्भ से उत्पन्न नाई (नापितदास) का लड़का था। इस प्रकार उसके माता-पिता दोनों भ्रष्ट बताए गये हैं।

बौद्ध परम्परा में इससे भिन्न कथानक मिलता है। इसके अनुसार प्रथम नन्द उग्रसेन था जो 'प्रत्यन्तवासी' अर्थात् सीमा प्रान्त का रहने वाला था और अपने भाइयों के साथ डकैती का काम करता था जिससे वे 'चोर-पुब्बा' कहलाए। उसने मगध के राजा को जबरदस्ती निकाल बाहर किया। इस कथा में नन्द राजाओं की उत्पत्ति को भ्रष्ट अथवा हीन नहीं बताया गया है।

पुराणों और जैन और बौद्ध ग्रन्थों में नौ नन्दों की चर्चा है। पुराणों में पिता और उसके आठ पुत्र नौ नन्द कहलाते हैं किन्तु अन्य परम्पराओं के अनुसार नौ नन्द आपस में भाई थे। ये तीनों परम्पराएँ इस बात पर सहमत हैं कि नन्द राजाओं की संख्या नौ थी।

महाबोधिवंस में नौ नन्द राजाओं के नाम दिए गये हैं। सब से पहिला उग्रसेन था और अन्तिम का नाम धननन्द था। इन भाइयों ने अवस्था के अनुसार एक दूसरे के बाद राज्य किया।

यूनानी लेखकों ने अन्तिम नन्द राजा का नाम अग्रामेस (कर्टियस) अथवा जन्द्रायस (दियोदोरस)—संस्कृत चन्द्रमस, लिखा है, जो एफ० डब्ल्यु० टॉमस के मतानुसार धननन्द का वैयक्तिक नाम था (केम्ब्रिज हिस्ट्री आव इण्डिया भाग १)। उनके लिखे अनुसार अग्रामेस का पिता नाई था।

अब हम पुराणों के अनुसार नन्दवंश की चर्चा करते हैं। उनमें नन्दराजाओं को अधार्मिक कहा गया है। प्रथम नन्द को महापद्मपति बताया गया है। इस नाम से उसके अतुल धन अथवा विशाल सेना का संकेत मिलता है जिसकी सहायता से उसने अपने युग के सभी क्षत्रिय राज्यों को—पांचाल, काशी, कलिंग, अश्मक आदि को जीत कर एकराट् अथवा एकछत्र का पद प्राप्त किया था।

कलिंग के राजा खारवेल के हाथीगुम्फा के शिलालेख से नन्द राजा की कलिंग-विजय का प्रमाण मिलता है। इसमें उसने नन्दराजा का उल्लेख किया है जिसने वहाँ जल-बाँध बनवाया था और जो वहाँ से विजय के चिह्न के रूप में जिन-मूर्ति अथवा जिन-पद-चिह्न मगध उठा ले गया था।

यूनानी लेखकों ने उसे गन्गरिदे (गंगा की उपत्यका के निवासी) और प्रासी (प्राच्य या पूर्वी प्रदेश के निवासी) का राजा बताया है और उसकी राजधानी पाटलिपुत्र बताई है।

बौद्ध ग्रन्थों में उसे धननन्द कहा गया है जिससे उसकी धन-सम्पत्ति का उल्लेख मिलता है। उसने यह धन कृपणता से या प्रजा पर भारी कर लगाकर

इकट्ठा किया था।

मैंने इस ग्रन्थ में जो कालक्रम अपनाया है उसके अनुसार प्रथम नन्द राजा ने ४०३ ई० पू० में राज्य किया। उस समय उसकी आयु २० वर्ष रही होगी। इससे प्रकट होता है कि उसका जन्म ४२३ ई० पू० में हुआ होगा। पुराणों के अनुसार सब नन्दराजाओं ने १०० वर्ष तक राज्य किया। इस प्रकार वे ४२३ ई० पू० से ३२३ ई० पू० तक गद्दी पर रहे। यह तथ्य उनके बाद राज्य करने वाले मौर्यों के कालक्रम से भी प्रतिपादित हो जाता है। इस प्रकार पौराणिक कालक्रम और मौर्यकाल के सुनिश्चित कालक्रम की संगति बैठ जाती है।

इन नृपतंत्रों के अतिरिक्त पूर्वी और बौद्ध भारत में गणतंत्रों का भी पर्याप्त विकास हुआ था। जैन ग्रन्थ भगवतीसूत्र में तात्कालिक पूर्वी भारत के इन गण-

गणराज्य

राज्यों का उल्लेख मिलता है: (१) वज्जी-विदेहपुत्र, (२) नौ मल्लकी, (३) नौ लिच्छवी और (४) काशी-कोशल प्रदेश के १८ राज्य। इस प्रकार उनकी कुल संख्या ३६ थी।

बौद्ध ग्रन्थों में निम्नलिखित गणतंत्रों का वर्णन मिलता है:

इन सभी गणतंत्रों में लिच्छवि गणतंत्र अग्रगण्य था। इसकी जनसंख्या १,६८,००० (८४,००० की दुगनी) थी और इसकी राजधानी वैशाली में थी

लिच्छवि

जिसके २ भाग थे (१) अभ्यंतर या नगर का मुख्य भाग और (२) बाहिर (उपनगर) अथवा बृहत्तर वैशाली। इस गणतंत्र में ७७०७ राजाओं और इतने ही उपराजाओं का वर्ग राज्य करता था। उनके मातहत कर्मचारियों का समूह कार्य करता था: सैनिक कर्मचारी 'सेनानायक' के अधीन थे, प्रशासनिक कर्मचारी 'भण्डागारिक' के अधीन थे और न्याय-कर्मचारियों में 'विनिश्चयमहामात्र' (अन्वेषण कार्यालय के कर्मचारी), 'व्यवहारिक' (वकील) और 'सूत्रधार' अथवा न्यायाधीश सम्मिलित थे। विभागीय अध्यक्षों के ऊपर अट्ठकुलक नामक कार्याधिष्ठाता होते थे। यह आठ अधिकारियों की परिषद् होती थी और परराष्ट्रसंबंधी विषयों की देखभाल करती थी। इसके अतिरिक्त एक नौ सदस्यों की परिषद् उच्चतम न्यायालय का काम करती थी।

बुद्ध ने लिच्छवियों को कष्टसह बताया है जिनमें 'आलस्य और विलासिता नहीं थी, जो मुलायम गद्दों-तकियों के बजाय लकड़ी के लट्ठों के सिरहानों पर सोया करते थे। ये तीर चलाने, हाथियों को साधने और कुत्तों से शिकार करन में सिद्धहस्त थे।' वे बुद्ध के भक्त थे और उन्होंने उनसे वैशाली पधारने की प्रार्थना की जिससे उनकी पावन उपस्थिति से वहाँ फैली प्लेग की बीमारी दूर

हो जाए। नदी तट पर उसके मार्ग को धो कर साफ किया गया, मालाओं, पताकाओं और कढ़ाई के वस्त्रों से सजाया गया और उस पर फूल बिखेरे गये और इस प्रकार बुद्ध का राजकीय स्वागत किया गया। बुद्ध ने लिच्छवियों को उपदेश दिया कि अपने गणतंत्र की सुरक्षा के लिए उन्हें अपना आन्तरिक मेल-मिलाप दृढ़ करना चाहिए और इसके गुणों को बढ़ावा देना चाहिए, वृद्धों, स्त्रियों और साधुओं का सत्कार करना चाहिए और मन्दिरों और प्राचीन संस्थाओं को अक्षुण्ण रखना चाहिए।

शाक्य

शाक्यों के गणतंत्र में ८०,००० परिवार थे। विश्व को इनकी सब से बड़ी देन बुद्ध हैं। इनकी संसद शाक्य-परिषद् कहलाती थी जिसमें ५०० सदस्य होते थे और जिनका मुख्य राजा कहलाता था। जब कोशल के राजकुमार विडूडभ ने शाक्य-गणतंत्र पर आक्रमण किया तो वहाँ की संसद् ने यह निश्चय किया कि आक्रमणकारी का विरोध न किया जाय। फलतः निरीह शाक्य जनता का कत्ले-आम हो गया। शाक्य सुसंस्कृत लोग थे। उनमें उपालि नाई और गोतमी और नन्दा आदि थेरियाँ तथा बौद्धधर्म के कई प्रसिद्ध नेता उत्पन्न हुए।

मल्ल

मज्झिम निकाय (१।२३१) में मल्ल राज्य को संघराज्य कहा गया है। इसकी दो शाखाएँ प्रतीत होती हैं। इनमें से एक की राजधानी पावा थी जहाँ महावीर का निधन हुआ; दूसरी की राजधानी कुशीनगर थी जहाँ बुद्ध का निर्वाण हुआ। पावा के मल्लों ने एक नया संसद्-भवन बनवाया। इसको 'उब्भटक' कहते थे। बुद्ध ने इसका उद्घाटन किया था।

मल्ल गणतंत्र को आनन्द और अनुरुद्ध नामक दो प्रसिद्ध बौद्ध नेताओं को जन्म देने का श्रेय प्राप्त है।

ज्ञातृक (नाय)

महावीर का जन्म इन्हीं के बीच हुआ था। इनके पिता इस गण के मुख्य थे। उनकी राजधानी कोल्लाग थी जिसे नाय-कुल 'ज्ञातृकों का निवास' कहा गया है। बौद्ध ग्रन्थों में कोलिय और मोरिय नामक गणतंत्रों और मिथिला के विदेहों की चर्चा है। किन्तु उनके विषय में अधिक तथ्यों का ज्ञान नहीं है।

तात्कालिक बौद्ध और जैन ग्रन्थों में वर्णित सभ्यता

जैन और बौद्ध ग्रन्थों में तात्कालिक भारतीय सभ्यता की झाँकियाँ मिलती हैं।

तात्कालिक बस्तियों के जीवन में काफी प्रगति हो चुकी थी जो सभ्यता

का आधार है। धर्म ग्रन्थों में अनेक निवास-केन्द्रों का उल्लेख है। प्रशासन की सब से छोटी इकाई ग्राम था। ग्राम और उससे बड़ी इकाइयों की चर्चा एक ग्रन्थ में इस प्रकार आई है : (१) ग्राम, (२) खर्वट, (२०० ग्रामों का संघ), (३) द्रोणमुख (भृगुकच्छ या ताम्रलिप्ति जैसे बन्दरगाह अथवा कौटिल्य के अनुसार ४०० गाँवों का संघ), (४) पत्तन (व्यापार अथवा खानों का केन्द्र), (५) मतम्ब (१०,००० ग्रामों और दुर्ग का समूह), (६) नगर, (७) निगम (व्यापारियों की बस्ती) और (८) राजधानी।

बस्तियां

यह जाति-व्यवस्था पर आधारित थी। चार वर्णों के अतिरिक्त बौद्ध ग्रन्थों में 'हीन जाति' और 'हीनसिप्प' का उल्लेख मिलता है। आदिमवासियों अथवा अनार्यों को 'म्लेच्छ' कहते थे। विदेशी अथवा सीमावासी लोगों का भी उल्लेख मिलता है जिनमें योन, कम्बोज प्रमुख थे। इनमें आर्य (मालिक) और दास ये ही दो वर्ग होते थे। जहाँ तक ब्राह्मणों का प्रश्न है सभी ब्राह्मण अपनी जाति के आदर्शों का पालन नहीं करते थे। बुद्ध ने निम्नलिखित पाँच प्रकार के ब्राह्मणों का उल्लेख किया है (१) 'ब्रह्मसमा' (ब्रह्म के समान), (२) 'देवसमा' (देवता के समान), (३) 'मरियदा' (जाति के गौरव के अनुरूप कार्य करने वाले), (४) 'सम्भिन्नमर्याद' (जो अपनी मर्यादाओं से च्युत हो चुके हैं) और (५) ब्राह्मण-चाण्डाल (जो चाण्डालों की तरह पतित हैं)। अधिकतर ब्राह्मण पहिले तीन प्रकार के थे। सामान्यतया ब्राह्मणों को अपने आश्रमों में तापस या इसि (ऋषि) के रूप में निवास करते दिखाया गया है। कुछ ब्राह्मण सरकारी नौकरी करते थे। और पुरोहित, अमात्य, महामात्र, दूत ही नहीं सेनापति, युद्धाजीव (वेतनभोगी सैनिक) भी थे। कुछ चिकित्सक, दवाफरोश, ज्योतिषी, स्थपति और चारण भी होते थे।

सामाजिक व्यवस्था

अर्थ व्यवस्था ग्राम पर केन्द्रित थी। सुरक्षा के लिए इसके चारों ओर दीवारों का घेरा बनाया जाता था जिनमें ग्रामद्वार (ग्राम में घुसने का रास्ता) होता था। गाँव का मुख्य ग्रामभोजक कहलाता था। गाँव के चलते खेतों में (ग्रामक्षेत्र) खेती होती थी जिन्हें झाड़-झंखाड़ की बाड़ लगाकर और रखवालों द्वारा पशु-पक्षियों से बचाया जाता था। बड़े-बड़े फार्म भी थे जिनमें ५०० हलों की खेती होती थी और मजदूर (भतिका) काम करते थे। किन्तु सामान्यतः काश्तकार अपनी अलग-अलग खेती करते थे।

आर्थिक परिस्थिति

ग्राम-नियोजन में चरागाहों का विचार किया जाता था जहाँ गोपालक पशु चराते थे और जहाँ सन्यासियों के रहने के निमित्त वन होते थे। उनसे

परे जंगलों की पट्टी होती थी जहाँ से जलाने के लिए लकड़ी

ग्राम-नियोजन मिलती थी । कृषि-योग्य भूमि पर 'बलि' (सेस) और 'भाग' (राज्य या मालिक का हिस्सा) लिया जाता था। उपज से अकाल से बचने के लिए राजकीय संग्रहालयों में अन्न भेजा जाता था। बेगार का रिवाज था। कृषक राजा को उपहार देते थे।

कृषि के साथ-साथ दस्तकारी का काम भी होता था जिनसे कृषकों को फसली काम से अवकाश मिलने पर धंधा मिल जाता था। वे स्थानीय उपभोग की वस्तुएँ बनाते थे। कारीगरों के अपने पृथक् गाँव भी होते

दस्तकारी थे। कुम्हारों के गाँव, बढ़इयों के गाँव, लोहारों के गाँव आदि के उल्लेख मिलते हैं। ग्रामों और नगरों में कारीगरों की अलग बस्तियाँ और गलियाँ होती थीं जैसे तन्तुवायथानु (जुलाहा का वार्ड), दन्तकार-बीथी (हाथीदाँत का काम करने वालों की गली), रंजनकार बीथी (रंगरेजों की गली) आदि।

व्यापार के अलग-अलग मार्ग थे। सड़कों, नदियों और समुद्र से व्यापार चलता था। चम्पा, सुवर्णगीरि पाटलिपुत्र, ताम्रलिप्ति और वहाँ से लंका को व्यापार होता था। काशी से गंगा नदी के माध्यम से होकर

व्यापार-मार्ग समुद्र तक नावें जाती थीं। भरुकच्छ (भडौंच) से सिंहल होकर समुद्र के किनारे-किनारे सुवर्णभूमि (बर्मा) तक जहाज जाते थे जिनमें ५०० से ७०० यात्री तक यात्रा कर सकते थे।

गाड़ियाँ और सार्थ (कारवाँ) स्थल-मार्गों पर चलते रहते थे और एक स्थान से दूसरे स्थान पर सामान पहुँचाते थे। ये मार्ग राजगृह और श्रावस्ती से सुदूर प्रतिष्ठान तक जाते थे और दक्षिणापथ में पहुँचते थे और दूसरी ओर सिन्ध तक चले जाते थे जहाँ के घोड़े और गधे प्रसिद्ध थे। एक चौथा मार्ग, उत्तरापथ जो 'ग्राण्ड ट्रंक रोड' की तरह था और राजगृह, श्रावस्ती, वाराणसी और साकेत को तक्षशिला से जोड़ता था।

नाव गंगा और यमुना में कौशाम्बी तक देशी बेड़े चलते थे।

कारवाँ राजस्थान की मरुभूमि के पास सितारों के सहारे थल-निय्यामक

कारवाँ (कप्तान) के नेतृत्व में चलते रहते थे।

पश्चिमी तट के बन्दरगाहों के परे व्यापारी खुले समुद्र में घुसकर भूमि से ओझल हो जाते थे और बावेरू (बाबुल) तक से व्यापार करते थे और वहाँ

समुद्री व्यापार मोर ले जाया करते थे (देखिए मेरी हिन्दुसभ्यता में दिए गये ग्रन्थ-संकेत)

नगर के बाहर सफाई और स्वच्छता के दृष्टिकोण से बाजार बनाए जाते

बाजार

थे। सावत्थी के द्वार पर मछली उत्तर-पंचाल के द्वार पर हरी सब्जी (पर्णिका), बनारस के बाहर चौराहों पर (संघाटक) हिरण का मांस बिकने व बूचड़खाने (शुण्ड) के होने के उल्लेख मिलते हैं। नगर के भीतर दुकानों पर पंसारहटा, तेल, अन्न, कपड़ा और जवर बिकते थे।

मुद्रा

मुद्रा का प्रयोग होता था। मुद्रा को सामान्यतः कार्षापण कहते थे। पाद, मासक, काकणिक आदि विभिन्न नाम, मोल और तोल के सिक्के चालू थे। सोने के सिक्कों को सुवर्ण या निष्क कहते थे। ताँबे और काँसे के भी सिक्के बनते थे। विनय पिटक (३।४५) के एक अवतरण से ज्ञात होता है कि देश और काल के अनुसार मुद्राओं के दाम में अन्तर था। इसमें लिखा है कि बिम्बिसार और अजातशत्रु के राज्यकाल में राजगृह में ५ मासक का १ पाद होता था।

श्रेणियाँ

उद्योग-धंधे श्रेणियों द्वारा व्यवस्थित थे। श्रेणियों के पदधिकारियों में मुख्य थे इनके प्रमुख (प्रधान), जेट्ठक (वरिष्ठ अधिकारी) और भाण्डागारिक (कोशाध्यक्ष) ये साहित्य में वर्णित हैं। बिना श्रेणियों के संघटित उद्योग का संचालन जेट्ठक करते थे। व्यापार प्रमुख सेट्ठी कहलाता था। कई श्रेणियों अथवा व्यापारों के संघ का मुखिया महासेट्ठी होता था। बुद्ध का भक्त अनाथपिण्डक ऐसा ही महासेट्ठी था जिसके अधीन ५०० अनुसेट्ठी (मातहत सेठ) थे।

व्यापार-मार्गों के संकट

उस समय जंगली जानवरों, डाकुओं, खतरनाक स्थानों और भोजन, जल, पड़ावों, घाटों और मार्गों की जानकारी की कमी के कारण व्यापार करना कठिन था। इन दिक्कतों को दूर करने के लिए लम्बी यात्राओं के निमित्त कारवाँ बनाये जाते थे जिन्हें सार्थ कहते थे। इनमें व्यापारियों की विविध मण्डलियाँ शामिल होती थीं और एक सार्थवाह (नेता) के नेतृत्व में रास्ता तै करती थीं। सार्थवाह को मार्गों का काफी ज्ञान होता था। एक ऐसे सार्थ का भी वर्णन मिलता है जिसमें ५०० व्यापारी थे। इनके नेता को सार्थवाह जेट्ठक कहा गया है। सार्थों के अपने चौकीदार (आरक्खक) होते थे। इसी प्रकार चोरों के भी अपने संघटन थे। उनका मुखिया 'चोर जेट्ठक' होता था और उनकी बस्तियाँ 'चोरगामिक' कहलाती थीं। इन वर्णनों से उस काल की यात्राओं और यातायात पर अच्छा प्रकाश पड़ता है।

जातियों के नियम ऐसे थे कि उनसे ऊपर से नीचे और बराबर-बराबर सभी स्तरों पर मनुष्य अपने व्यवसाय अदल-बदल सकते थे। उस काल के ग्रन्थों से पता चलता है कि एक राजकुमार अपना काम छोड़कर व्यापार करने लगता

था अथवा कुम्हार, धनुर्धारी आदि का व्यवसाय ग्रहण कर लेता था।

जाति और व्यवसाय इनसे यह भी ज्ञात होता कि है शाक्य और कोलिय क्षत्रिय खेती करते थे। उनमें लिखा है कि ब्राह्मण जीविकोपार्जन के लिए व्यापारी और बढ़ई का धंधा पकड़ लेते थे। एक उल्लेख के अनुसार पिता अपने पुत्र को लेख (क्लर्क का काम) गणना (मुनीमी) अथवा रूप (सर्राफी) कोई भी व्यवसाय चुनने को कहता है। किन्तु इस लोच और उदारता के होते हुए भी पैतृकता आर्थिक जीवन का एक प्रमुख तत्व था। एक बौद्ध ग्रन्थ के अवतरण के अनुसार ब्राह्मण का व्यवसाय भिक्षाटन था। क्षत्रिय का धनुष-बाण चलाना और युद्ध करना था, वैश्य का कृषि और पशुपालन और शूद्र का हल और हँसिया चलाना था।

प्राचीन काल से भारत और ईरान का सांस्कृतिक संबंध था। अवस्ता में भारत को हिन्दु कहा गया है जो संस्कृत शब्द सिन्धु से निकला है। इसमें पंजाब का नाम दृप्त-हिन्दु है जो ऋग्वेद के सप्तसिन्धवः के समकक्ष

ईरानी आक्रमण है। ई० पू० की छठीं शती में यह सांस्कृतिक संबंध राजनीतिक संबंध में परिणत हो गया। दारा प्रथम (५२२-४८६ ई० पूर्व) के राज्यकाल में हि(न्) दु उसके साम्राज्य का एक भाग था जैसा कि उसके शिलालेखों में लिखा है। उत्तरपश्चिमी भारत उसके साम्राज्य का बीसवाँ प्रान्त था और वहाँ से उसकी आय का एक तिहाई हिस्सा प्राप्त होता था। क्ष्यार्ष (४८६-४६५) ई० पू० के राज्यकाल में इस प्रदेश पर ईरानी लोगों का अधिकार दृढ़ हो गया। उसने यूनान से लड़ने के लिए अपनी सेना में भारतीय सैनिक भरती किए। उन्हें गन्दारी (गन्धार के निवासी) और हिन्दी (सिन्धु प्रदेश के निवासी) कहा गया है।

भारत और ईरान के संबंध के कारण यहाँ ईरानी मुद्रा प्रचलित हुई। फारसी स्वर्णमुद्रा 'देरिक' कहलाती थी और रजतमुद्रा सिगलोई (शेकल) कहलाती थी। स्वर्णमुद्रा की अपेक्षा रजतमुद्रा अधिक प्रचलित थी।

ऐसा लगता है कि सीमा प्रान्तों में ईरानी उपनिवेश थे। अशोक ने फारसी-अरामी लिपि में तक्षशिला में एक शिलालेख खुदवा कर फारसी प्रभाव को मान्यता दी। पाणिनि (लगभग ५०० ई० पू०) ने इस लिपि को यवनानी (यवनों की लिपि) कहा है। उत्तरी-पश्चिमी प्रदेश में बाद में जो खरोष्ट्री लिपि प्रचलित हुई उसे भी अरामी-लिपि का रूपान्तर माना जाता है। कुछ विद्वानों के अनुसार अशोक द्वारा अखामनी सम्राटों की तरह स्तम्भों और शिलाओं पर खुदवाई गई घोषणाएँ और इन स्तम्भों के घण्टाकार शीर्ष फारसी प्रभाव का साक्ष्य प्रस्तुत करते हैं।

सिकन्दर का आक्रमण (३२७ ई०पू०)

सिकन्दर मकदूनिया का राजा था और अरस्तू का शिष्य था। उसकी सैनिक प्रतिभा अनुपम थी। उसने एशिया में विस्तृत विजय यात्राएँ कीं। ३३३-३२७ ई० पू० के बीच में उसने फारसी साम्राज्य, मिस्र और बक्त्र पर विजय प्राप्त की और भारत पर आक्रमण किया। उसकी पिछाड़ी को बचाने के लिए उसने अपनी प्रगति के मार्ग में यूनानी सैनिकों की छावनियाँ बसाईं। भारत में अभियान करने से पूर्व उसने स्थानीय राजाओं को समर्पण करने का आवाहन किया। सीमाप्रान्त के सिसिकोतस (शशिगुप्त) और तक्षशिला के राजा आम्भी ने उसका निमंत्रण स्वीकार किया।

सब से पहिले सीमाप्रदेश के एक राजा अस्टीज (अष्टक) ने यूनानी आक्रमणकारी का विरोध किया किन्तु यह निरर्थक रहा।

उत्तर में 'अस्यसिओई' (अश्वायन) और 'अस्सकेनोई' (अश्वकायन) गणतंत्रों के लोग उससे लड़े। जब तक उनका एक भी व्यक्ति जीवित रहा उन्होंने युद्ध जारी रक्खा। पूर्वी अश्वकायनों ने अपने मसग (मशक) नामक दुर्ग से राजमाता क्लियोफिस (कृपा?) के नेतृत्व में सिकन्दर का कड़ा मुकाबला किया। उस जाति की स्त्रियाँ भी अपने देश की रक्षा के लिए लड़ीं।

इन लोगों ने ओरनोस (वरणा) के नगर पर भी यूनानियों का डट कर विरोध किया किन्तु असफल रहे। इन पहाड़ी लोगों को हरा कर सिकन्दर ने सिन्धु को पार किया और तक्षशिला में प्रवेश किया जहाँ का राजा पहिले ही उसके समक्ष आत्मसमर्पण कर चुका था।

इसके बाद झेलम को पार करना था। वहाँ के राजा पोरस (पौरव) ने उसका डट कर विरोध किया। किन्तु रात के अन्धकार में जब आँधी और वर्षा बहुत तेज थी यूनानियों ने झेलम पार कर ली और पौरव उसे रोकने में असमर्थ रहा। उसने ३०,००० पैदल, ४,००० घोड़ों, ३०० रथों और २०० हाथियों की एक विशाल सेना एकत्रित की। किन्तु खराब मौसम के कारण यह सब निष्फल रहा। वर्षा के कारण भूमि पर फिसलन हो गई। घोड़ों के चलने और दौड़ने में दिक्कत हो गई। रथ कीचड़ में अटक गये। भारतीय घोड़े और हाथी मकदूनी घोड़ों का धावा नहीं सह सके और उन्होंने अपनी ही सेना में खलबली मचा दी। पौरव अन्तिम क्षण तक दृढ़ रहा। उसकी वीरता से सिकन्दर प्रभावित हुआ। उसने उससे मित्रता का संबंध स्थापित किया और उसे उसका राज्य लौटा दिया और साथ ही ५,००० नगर और असंख्य ग्रामों का प्रदेश और १५ गणतंत्रों का इलाका उसके राज्य में मिला दिया। गणतंत्रात्मक जाति 'ग्लौसाई' (ग्लौचुकायन) जिनके पास ३७ नगर थे, चिनाब और रावी के बीच का समस्त

प्रदेश पौरव के राज्य का अंग बन गया।

रावी के पार सिकन्दर ने 'अद्रोस्तोई' (अधृष्ट) और 'कठोई' (कठ) को जीत लिया और उनके विरोध को निष्फल कर दिया। उसने पास के राजा 'सोफाइटिस' (सौभूति) और फेगेलस (मगल) के राज्यों को भी जीत लिया।

इसके बाद सिकन्दर हिफैसिस (व्यास) नदी पर आया जहाँ उसकी विद्रोही सेना ने आगे बढ़ने से इनकार कर दिया

उसकी वापसी

३२६ ई० पू० में सिकन्दर ने अपनी सेना को उसी मार्ग से जिससे वह झेलम से आगे आया था वापस जाने का आदेश दिया। झेलम से उसने रास्ता बदला और सिन्धु नदी में १,००० नावों के बेड़े के द्वारा, जिनमें वहीं की बनी हुई सामान भरने की किश्तियाँ, घोड़े ले जाने के बेड़े और युद्ध-पोत थे और जिनके दोनों ओर किनारों पर रक्षा के लिए सेना नियुक्त थी, आगे बढ़ना शुरू किया। जैसे यह बेड़ा झेलम और चिनाब के संगम पर पहुँचा मल्लोई (मालव) और ओक्सीद्रकोई (क्षुद्रक) के नेतृत्व में गणतंत्रों के एक संघ ने सिकन्दर का कड़ा विरोध किया। एक नगर में ब्राह्मण रहते थे जिन्होंने लेखनी को छोड़कर तलवार उठाई और लड़ते-लड़ते वीरगति को प्राप्त हुए।

सिकन्दर की वापसी आसान नहीं थी। शिबि, ज़ेथ्री (क्षत्रिय), ओस्साडिओई(वसाती), सोग्डि (शूद्र) आदि गणतन्त्रों ने उसका विरोध किया। एक ही नगर में २०,००० नागरिकों ने अपने बाल-बच्चों के साथ आत्म-समर्पण करने के बजाय अग्नि की गोद में कूदना पसंद किया।

इस प्रदेश के ब्राह्मणों ने आक्रमणकारी के विरुद्ध अपना संघर्ष जारी रखा। उन्होंने राजा भूषिक और एक अन्य राजा 'ओक्सीकेनोस' को शत्रु से लड़ने और निरादर के स्थान पर मृत्यु का आलिंगन करने की मंत्रणा दी।

३२५ ई० पू० में सिकन्दर भारत से चला गया। गैड्रोसिया के सूखे रेतीले मैदान में उसकी सेना को महान् कष्ट हुआ।

परिणाम

यूनानी इतिहासकारों में सिकन्दर के भारतीय आक्रमण को अतिरंजित महत्व देने की प्रवृत्ति दृष्टिगत होती है। इनसे पंजाब में कोई स्थायी असर नहीं पड़ा। इसके विपरीत यह महत्वपूर्ण तथ्य सामने आया कि विभिन्न स्थानों पर विविध गणतंत्रों, जातियों और राजाओं ने उसका डट कर मुकाबला किया। सिकन्दर एक-एक करके उन राज्यों को परास्त करने में सफल हुआ। वे शत्रु के विरुद्ध राष्ट्रीय एकतापूर्ण मोर्चा नहीं बना सके। प्रकृति ने भी भारतीय हाथियों और रथों को, जो भारतीय सेना के संबल थे, युद्ध-भूमि में विफल करके शत्रु की सहायता की।

यूनानी विजेता की सब से बड़ी कठिनाई यह थी कि वह मकदूनिया की राजधानी से बहुत दूर हो गया था। एक सन्यासी ने एक सूखे चमड़े के एक कोने पर पैर रख कर जिससे दूसरा कोना ऊपर उठ गया बड़े चित्रमय ढंग से इस तथ्य पर प्रकाश डाला। दूरवर्ती प्रदेश को संग्रथित करना सरल नहीं था।

सिन्धु के पूर्व में भारत के भीतर यूनानी क्षत्रप नियुक्त करने का सिकन्दर को साहस न हुआ। उसने उन्हें सिन्धु के पश्चिम में रखा। उसकी वापसी पर विरोधी तत्व उमड़ पड़े। उसके परम शक्तिशाली क्षत्रप फिलिप की हत्या कर दी गई इससे पहिले अश्वायनों ने क्षत्रप निकेनोर का वध किया।

यूनानी क्षत्रप

सिकन्दर के आक्रमण के यूनानी लेखकों ने भारतीय जीवन के कुछ रोचक तथ्य लिखे हैं। पंजाब में नागरिक जीवन उन्नति कर रहा था। वहाँ बहुत-से नगरों का विकास हो रहा था। इनमें मसग और ओरनोस के दुर्ग सुरक्षा और युद्ध के काम में आते थे। मसग (मशक) का दुर्ग एक पहाड़ की चोटी पर स्थित था। इसके चारों ओर बड़ी दीवार और खाईं थी जिसके कारण वहाँ शत्रु का पहुँचना बहुत कठिन था। मल्लोई (मालव) लोगों ने बहुत से नगर बसाए जिनकी किलेबन्दी बहुत मजबूत थी। इस प्रकार भारतीय स्थापत्य का माध्यम लकड़ी के साथ-साथ पत्थर भी था।

यूनानी लेखकों द्वारा भारतीय जीवन के उल्लेख

पंजाब पशुओं के लिए भी प्रसिद्ध था। अश्वक प्रदेश से सिकन्दर ने अच्छी नसल के २,३०,००० बैल मकदूनिया भेजे। तक्षशिला के राजा ने उसे ३००० बैल और १०,००० भेड़ें भेंट कीं।

पशु-संपत्ति

भारतीय सामाजिक जीवन की एक विशेषता सन्यासियों का समूह था। सिकन्दर को उनसे मिलने की अभिलाषा थी। किन्तु वे उससे मिलने को तैयार न थे। उनके एक नेता ने साफ तौर से कहा था "कोई भी व्यक्ति योरोपिय सैनिक भूषा—घुड़सवारी का चोगा, चौड़ा छज्जेदार टोप और घुटनों तक के जूते—पहन कर, जैसे कि मकदूनी पहने हुए थे, भारतीय ज्ञान नहीं सीख सकता। इसके लिए उसे नंगा होकर गर्म पत्थरों पर उनके बराबर बैठना चाहिए" (केम्ब्रिज हिस्ट्री भाग १, पृ० ३५८)। एक अन्य संन्यासी ने जिसका नाम यूनानियों ने दण्डमिस् (दण्डि-स्वामी ?) लिखा है, यह कह कर कि "मुझे न किसी का भय है न किसी से वर माँगने की इच्छा है, जो कुछ सिकन्दर मुझे दे सकता है वह मेरे लिए व्यर्थ है, ब्राह्मणों को न धन का लोभ है न मृत्यु का भय है" सिकन्दर के पास जाने से इन्कार कर दिया और मौत की कोई परवा नहीं की। ये शब्द भारतीय विचार-धारा और आध्यात्मिकता के सुन्दर निदर्शन हैं।

संन्यासी

सातवाँ अध्याय

मौर्य साम्राज्य

चन्द्रगुप्त मौर्य (३२३-२९९ ई० पू०)

३२५ ई० पू० में सिकन्दर के भारत से वापिस लौटने पर भारतीय स्वतंत्रता का आंदोलन, जिसके चिह्न अनेक स्थानों पर यूनानी राज्यपालों की हत्या के रूप में प्रस्फुटित हो चुके थे, जोर पकड़ गया। उसी समय इस आन्दोलन का नेतृत्व करने वाला और समय का इंगित पहचानने वाला एक समुचित व्यक्ति सामने आया। उसका नाम चन्द्रगुप्त था। इसे ही यूनानी लेखकों ने सैन्द्रोकोतस कहा है। इस पहचान से भारतीय इतिहास का एक महत्वपूर्ण कालक्रमसंबंधी तथ्य प्राप्त हुआ है।

चन्द्रगुप्त के कृत्यों के विषय में जस्टिन का उल्लेख

ऐसा प्रतीत होता है कि युवावस्था में चन्द्रगुप्त सिकन्दर से मिल चुका था। उसने उसके आक्रमण को अपनी आँखों से देखा था और उससे समुचित निष्कर्ष और उपदेश ग्रहण किए थे। इस घटना-चक्र को जस्टिन ने इन शब्दों में व्यक्त किया है: "सिकन्दर के निधन के बाद भारत ने, ऐसा लगता है, कि परतंत्रता के जुवे को अपनी गर्दन से उतार फेंका और यूनानी राज्यपालों को मौत के घाट उतार दिया। इस स्वतंत्रता का नेता सैन्द्रोकोतस (चन्द्रगुप्त) था। इस व्यक्ति का जन्म सामान्य घर में हुआ था किन्तु दिव्य प्रेरणा से उसे राज्यशक्ति प्राप्त करने का प्रोत्साहन मिला था। इसके बाद उसने 'लुटेरों' का एक गिरोह अपने साथ इकट्ठा किया और भारतीय जनता को तात्कालिक (यूनानी) राज्य को

पलट देने की प्रेरणा दी।"

पंजाब को विदेशी शासन से स्वतंत्र करने के चन्द्रगुप्त के संकल्प की सफलता उसकी सेना पर निर्भर थी जिसे उसने उन गणतंत्रों की वीर सैनिक जनता से एकत्रित किया था; जिन्होंने अपनी स्वतंत्रता की रक्षा के लिए सिकन्दर से अन्तिम दम तक युद्ध किया था। इन रंगरूटों को जस्टिन ने 'लुटेरा' कहा है जिसका अभिप्राय पंजाब के अराजक गणतंत्रात्मक जनों से है जिन्हें भारतीय ग्रन्थों में 'आरट्ट' अथवा 'अराष्ट्रक' कहा गया है। महाभारत में इन आरट्टों का जिक्र है और उन्हें पाचनद अथवा पाँच नदियों की भूमि पंजाब का निवासी बताया गया है। किन्तु चन्द्रगुप्त केवल इन स्थानीय रंगरूटों पर ही निर्भर नहीं रहा। उसने सैनिक सामग्री के सभी साधनों का उपयोग किया और एक मिली-जुली सेना तैय्यार की जिसमें मुद्राराक्षस नाटक के अनुसार शक, यवन, किरात, कम्बोज, पारसीक और बाह्लीक आदि विविध जातियों के सैनिक सम्मिलित थे।

चन्द्रगुप्त की मुक्ति-सेना के सैनिक

स्वतंत्रता-संग्राम से देश में हलचल मच गई। इस के युद्ध-नीति के विषय में लोककथाएँ प्रचलित हो गईं। एक कथा के अनुसार चन्द्रगुप्त ने देश के आन्तरिक भाग में आक्रमण किया और सीमाप्रदेश को नहीं जीता, जिस प्रकार एक बालक रोटी के किनारों को छोड़ कर अन्दर का भाग खाता है। इससे उसे यह अनुमान हुआ कि वह सीमाप्रदेश पर और अपनी पिछाड़ी को सुरक्षित करने के लिए सशक्त सैनिक-दल नियुक्त करे और तब मगध पर आक्रमण करे। ऐसा ही करके उसने मगध की राजधानी पाटलिपुत्र का घेरा डाल दिया और वहाँ के राजा धननन्द का वध किया, जैसा कि बौद्धग्रन्थ महावंशटीका से ज्ञात होता है।

स्वतंत्रता-संग्राम की कथाएं

नन्दों के विशाल राज्य को जीत कर चन्द्रगुप्त पंजाब से मगध तक के विस्तृत प्रदेश का सम्राट् बन गया। बाद में जब उसकी शक्ति चरम सीमा पर पहुँच चुकी थी तो ३०४ ई० पू० में सीरिया के सम्राट् सेल्युकस ने सिकन्दर के आदर्शों का अनुकरण करते हुए भारत पर आक्रमण करने की मूर्खता की। किन्तु उसे इस बात का पता नहीं था कि अब नया भारत एक शक्तिशाली सम्राट् के तत्वावधान में राजनीतिक एकता प्राप्त कर चुका था। उसे संधि का प्रस्ताव करना पड़ा और चन्द्रगुप्त को अपने राज्य का समस्त पूर्वी प्रदेश, जिसमें अराकोसिया (कन्दहार), एरिया (हेरात) पेरोपोमेसदे (काबुल) और गेड्रोसिया (बलूचिस्तान) शामिल थे, समर्पित करने पड़े। इस प्रकार चन्द्रगुप्त का राज्य ईरान तक फैल गया और इस बृहत्तर भारत पर वह जम गया।

सेल्युकस का आक्रमण

प्लूटार्क के अनुसार सेल्युकस पर विजय पाने के पश्चात् चन्द्रगुप्त ने ६००,००० सैनिकों की सेना लेकर समस्त भारत को जीत कर अपने अधीन कर लिया। तमिल कथानकों में मौर्यों द्वारा दक्षिणी प्रदेश के आक्रमण के उल्लेख मिलते हैं। स्थानीय जातियों ने जिन्हें कोशर और वाड्कर कहा गया है मौर्यों की सहायता की। एक जैन परंपरा के अनुसार चन्द्रगुप्त ने सिंहासन छोड़कर जैन आचार्य भद्रबाहु के साथ मैसूर के निकट श्रवणबेलगोला में प्रस्थान किया और वहाँ सन्यासी-जीवन बिताया। शिलालेखों और स्थापत्य से इस किंवदन्ती के सत्य की पुष्टि होती है। उस स्थान पर चन्द्रगुप्त बस्ती नामक मन्दिर भी इस तथ्य का साक्ष्य देता है। अतः यह अनुमान किया जाता है कि वह अपने राज्य के ही एक भाग में बस गया था। अतः उसके पौत्र अशोक ने अपने दूसरे शिलालेख में सतियपुत्र और केरलपुत्र को चोल, पाण्ड्य के साथ अपने दक्षिणी पड़ोसी बताया है जिससे उसके साम्राज्य की दक्षिणी सीमा का संकेत मिलता है। दक्षिणी प्रदेश की विजय का श्रेय अशोक को नहीं है क्योंकि उसने केवल कलिंग को जीता था।

दक्षिणी विजय

शक राजा रुद्रदामा (१५० ई०) के शिलालेख से पता चलता है कि पश्चिमी भारत पुष्पगुप्त नामक वैश्य के अधीन चन्द्रगुप्त के साम्राज्य का भाग था। रुद्रदामा के शिलालेख के अनुसार सौराष्ट्र और आनर्त मौर्य राज्य में शामिल थे। इसी कारण अशोक ने गिरनार (जूनागढ़) और सोपारा में अपने दो शिलालेख खुदवाए जो पश्चिमी भारत पर उसके राज्य का साक्ष्य देते हैं।

पश्चिमी विस्तार

यह उल्लेखनीय है कि चन्द्रगुप्त के राज्य-निर्माण का समस्त इतिहास वस्तुतः उसके गुरु चाणक्य, कौटिल्य अथवा विष्णुगुप्त का कार्य था। पुराणों में लिखा है कि "कौटिल्य ब्राह्मण अधार्मिक नन्दों का निर्मूलन करेगा और उनके स्थान पर चन्द्रगुप्त का राज्याभिषेक करेगा।" कौटिल्य के अर्थशास्त्र के अन्त में भी यह वाक्य मिलता है कि "उसने शास्त्र शस्त्र और मातृभूमि को नन्द-राज्य से मुक्त किया। इस प्रकार कौटिल्य का यह संकल्प था कि वह शूद्र नन्द राजा के अत्याचार का अन्त करके वहाँ वर्णाश्रम धर्म के संरक्षक क्षत्रियवंशोद्भूत न्यायोचित राजा को अभिषिक्त करे। बौद्ध ग्रन्थों के अनुसार कौटिल्य की चन्द्रगुप्त से भेंट आकस्मिक हुई थी। उसकी माता ने निर्धनता के कारण अपने पुत्र चन्द्रगुप्त को एक पशुपालक के हाथ बेच दिया था जिससे उसे एक शिकारी ने खरीद लिया था। उधर से गुजरते हुए चाणक्य ने उस बालक को राजक्रीड़ा (राजा का खेल) करते हुए देखा। उसे उसके महान् भविष्य का आभास मिला और उसने उसे शिकारी से खरीद

चाणक्य

कर तुरन्त अपने निवासस्थान तक्षशिला की ओर प्रस्थान किया। वहाँ उसने उसे आठ वर्ष तक शास्त्र और शिल्प की उच्च शिक्षा दी। चाणक्य पहिले ही नन्द राजा के सभाभवन में अपमानित होकर नन्द राजा के उन्मूलन की प्रतिज्ञा कर चुका था। इन तथ्यों से उस राजनीतिक क्रान्ति की पृष्ठभूमि का पता चलता है जिससे चाणक्य और चन्द्रगुप्त एक दूसरे के सम्पर्क में आए।

चन्द्रगुप्त मौर्य के राज्य-शासन पर सेल्युकस द्वारा नियुक्त यूनानी राजदूत मेगेस्थनीज के वर्णन से और उसके महामंत्री चाणक्य के 'अर्थशास्त्र' से जिसे मौर्य इतिहास का ग्रन्थ माना जाता है; प्रचुर प्रकाश पड़ता है। अर्थशास्त्र का काल निश्चित नहीं है, किन्तु एफ० डब्ल्यु० टोमस ने 'केम्ब्रिज हिस्ट्री' में इसे मौर्यकालीन माना है।

शासन

मेगेस्थनीज ने चार प्रकार के अधिकारी गिनाए हैं जो (१) जिला, (२) नगरपालिकाएँ, (३) विभाग और (४) सेना का काम करते थे। नगरों में नगरपालिकाएँ काम करती थीं जिनमें पाँच-पाँच सदस्यों की छः समितियाँ होती थीं जो क्रमशः (१) कार्यालय (कारखानों) (२) विदेशियों के निवास की व्यवस्था व निवास-गृहों की देखभाल (३) आवश्यक आँकड़े एकत्रित करने (४) बाजार (५) पण्य और (६) विक्रय कर की प्राप्ति का कार्य करती थीं।

शासन के विभाग

ये छः समितियाँ मिलकर अथवा समूची नगरपालिका परिषद् बन्दरगाहों, मन्दिरों, सार्वजनिक स्थानों और कार्यों और पण्यों के मूल्यों की व्यवस्था करती थीं।

सामान्य प्रशसन उच्चाधिकारियों (कौन्सिलरों और असेसरों) के हाथ में था। इन्हीं में से राज्यपाल, राजकीय परामर्शदाता, कोशाध्यक्ष, न्यायाधीश, सेनापति, विभागाध्यक्ष और प्रशासक (मैजिस्ट्रेट) और खुफिया पुलिस के कर्मचारी (गुप्तचर) लिए जाते थे।

सामान्य प्रशासन

मेगेस्थनीज ने शस्त्र-निर्माण, औजारों और जहाजों के राष्ट्रीकृत उद्योगों के विभागों का उल्लेख किया है। इनमें काम करने वाले मजदूर और कारीगर कर से मुक्त होते थे। सिंचाई-विभाग 'नदियों की देखरेख' और पानी खोलने के नालों और नाकों का, जिनसे पानी नहरों और राजबाहों में होकर भूमि में पहुँचता था, संरक्षण करता था। कर-प्राप्ति का एक अलग विभाग था।

विभाग

सैनिक कार्यालय को एक विशाल सेना का प्रबन्ध करना पड़ता था जिसमें प्लिनी के अनुसार ६००,००० पैदल सिपाही, ३०,००० घुड़सवार, ९००० हाथी और लगभग ८०० रथ थे। यह कार्यालय पाँच-पाँच सदस्यों

सेना की ६ समितियों में विभक्त था जो (१) पैदल सेना, (२) घुड़सवार सेना, (३) युद्ध के रथ, (४) हाथी, (५) आवागमन, रसद और चिकित्सा और (६) नौसेना की व्यवस्था करती थीं।

कौटिल्य ने मेगेस्थनीज के वर्णन को अधिक विस्तार दिया है। यहाँ उसकी सूक्ष्म रूपरेखा अंकित की जाती है। उसने निम्नलिखित शासन-विभागों और

कौटिल्य का वर्णन : विभाग

उनके अध्यक्षों का उल्लेख किया है। (१) समाहर्त्ता (कर-अधिकारी) का विभाग, (२) सन्निधाता (कोशाध्यक्ष) का राजस्व विभाग, (३) भण्डार, (४) शस्त्रास्त्र, (५) बन्दीगृह, (६) अक्षपटल (लेखा), (७) सीताध्यक्ष (कृषि-विभाग), (८) खनिज पदार्थ, (९) लोहाध्यक्ष (धातुओं के नियंत्रण का विभाग), (१०) लक्षण अथवा टंकशालाध्यक्ष (टकसाल), (११) नमक, (१२) वन, (१३) पशु, (१४) विवीताध्यक्ष (चरागाहों का विभाग), (१५) मुद्राध्यक्ष (पासपोर्ट विभाग), (१६) नावध्यक्ष (नावों और जहाजों का विभाग), (१७) पत्तनाध्यक्ष (बन्दरगाहों का विभाग), (१८) पण्याध्यक्ष (व्यापार संचालन का विभाग), (१९) संस्थाध्यक्ष (व्यापारमार्गों का विभाग), (२०) शुल्काध्यक्ष (चुंगी विभाग), (२१) अन्तपाल (सीमाप्रदेश की देखभाल करने का विभाग), (२२) सुराध्यक्ष (आबकारी तथा मद्य-पदार्थों का कर लेने वाला विभाग), (२३) पौतवाध्यक्ष (बाँट-तराजू और माप की जाँच करने वाला विभाग), (२४) सूत्राध्यक्ष (रुई कातने और कपड़ा बुनने के उद्योग के संचालन का विभाग), (२५) महामात्रापसर्ण (गुप्तचर और खुफिया पुलिस का और सूचना का विभाग), (२६) राजदूत, (२७) धार्मिक संस्थाओं का विभाग (देवताध्यक्ष)।

इन विभागों से पता चलता है कि राजकीय कार्यों का क्षेत्र बहुत विस्तृत था। आधुनिक लोक-कल्याण-राज्य (वेलफेयर स्टेट) की तरह यह राज्य भी अनेक साधनों से लोकमंगल की ओर दत्तचित्त था।

शासन में राजा का सब से अधिक महत्वपूर्ण स्थान था। वही इसका अध्यक्ष था। मेगेस्थनीज का राजा से जो गहरा संबंध रहा उससे उसके वर्णन का मूल्य

राजा

बहुत बढ़ जाता है। उसने राजा के कार्यकलाप को इन शब्दों में व्यक्त किया है :—वह भव्यता, गौरव और ऐश्वर्य की सामग्रियों और साधनों से परिवृत था। उसके साथ सशस्त्र स्त्रियों का अंगरक्षक-दल चलता था। २४ हाथी औपचारिक अवसरों पर उसे अभिवादन करते थे।

वह शिकार, दौड़, खेल, पशु-युद्ध, शृंगी-पशुओं के संघर्ष, बैल, मेढ़े, गैंड़ और हाथियों की टक्करों का शौकीन था।

गंगा और शोण के संगम पर ९ मील लम्बी दूरी में और १ मील की चौड़ाई में पाटलिपुत्र का नगर बसा था। इसके चारों ओर एक गहरी खाई थी जिसमें नावें चला करती थीं और शोण नदी से पानी आता था। एक विशाल लकड़ी के लट्ठों की शहरपनाह इसके बचाव के लिए बनाई गई थी। उसमें छिद्र बने हुए थे जिनमें से सैनिक बाण छोड़ते थे। इसमें ६४ द्वार और ५७० बुर्ज थे। पटना के संग्रहालय में इस लकड़ी की चहारदीवारी के अवशेष मौजूद हैं। नगर की नालियाँ शोण में गिरती थीं। नगर अधिकतर लकड़ी का बना था जिससे बाढ़ से सुरक्षित रह सके।

सामाजिक जीवन

मेगेस्थनीज ने जातियों, व्यवसायों और उद्योगों का वर्णन किया है। उसने ब्राह्मणों का वर्गीकरण विभिन्न कार्यों की दृष्टि से किया है (१) विद्यार्थी, (२) गृहस्थ, (पुरोहित और आचार्य), (३) सन्यासी अथवा श्रमण जो फल-पत्ती खाकर रहते थे, (किन्तु जो बौद्ध नहीं थे), (४) प्रमनई (प्रामाणिक) अथवा स्वतंत्र-विचारधारा के विद्वान्, (५) गिमनेतई अथवा जैन साधु जैसे नग्न तपस्वी। उसने क्षत्रियों को सैनिक वर्ग और वैश्यों को कृषक और व्यापारी बताया है। उसने शूद्रों का इस नाम से उल्लेख नहीं किया है। उनके व्यवसाय जैसे दस्तकार, शस्त्रकार, नौकार, शिकारी, गोपाल आदि की चर्चा की है जिन्हें नकद या जिंसों के रूप में वेतन मिलता था।

उसने इन शब्दों में जाति-प्रथा का वर्णन किया है : "एक सैनिक कृषक नहीं बन सकता, न एक कारीगर दार्शनिक बन सकता है। कोई व्यक्ति अपनी जाति से बाहर विवाह और अपने व्यवसाय या धंधे के अतिरिक्त कोई और काम नहीं कर सकता।"

बिन्दुसार (२९९-२७४ ई० पू०)

चन्द्रगुप्त के बाद उसका पुत्र बिन्दुसार गद्दी पर बैठा जिसे यूनानी लेखकों ने अमित्रघात (शत्रुओं का वध करने वाला) बताया है। यह पता नहीं चलता कि उसके शत्रु वास्तव में कौन थे? तक्षशिला की प्रान्तीय राजधानी के लोगों ने उसके विरुद्ध विद्रोह किया, जिसका दमन करने के लिए उसने अपने पुत्र सुसीम को भेजा और फिर अपने दूसरे पुत्र अशोक को नियुक्त किया। उसी समय उसकी मृत्यु हो गई और अशोक ने मंत्री राधगुप्त की सहायता से अपने अन्य भाइयों को हरा कर स्वयं सिंहासन पर अधिकार कर लिया। बौद्ध परम्परा के अनुसार उसके भाइयों की संख्या ९९ थी और उसने उन सब को मार कर 'चण्डाशोक' की उपाधि प्राप्त की थी किन्तु उसके शिलालेखों में इसके विरुद्ध साक्ष्य मिलता है। इन लेखों में उसके भाइयों और बहनों का उल्लेख

है जिनके साथ उसके अच्छे संबंध थे और जिन्हें उसने पाटलिपुत्र आदि प्रान्तीय राजधानियों में नियुक्त किया था। उसने अपने शिलालेखों में इस बात पर भी जोर दिया है कि धर्म का अर्थ अपने संबंधियों के साथ अच्छे संबंध (समप्रतिपत्ति) रखना है। किन्तु उसके राज्यारोहण और राज्याभिषेक में ४ वर्ष का अन्तर रहा। इससे इस बात का खुलासा हो जाता है कि अशोक को उत्तराधिकार के लिए युद्ध करना पड़ा होगा।

एक परम्परा के अनुसार चाणक्य बिन्दुसार का भी मंत्री रहा। उसने कठोरता से शासन किया और १६ नगरों के राजाओं और सामन्तों को जिन्होंने स्वतंत्र होने की कोशिश की, निर्मूल करके पूर्वी और पश्चिमी समुद्रतटों तक उसका साम्राज्य सुदृढ़ कर दिया। बिन्दुसार के राज्यकाल में साम्राज्य के विस्तार में कोई कमी नहीं हुई। सीरिया के सम्राट् अन्तीओकस प्रथम सोतर ने उसके पद को मान्यता दी और उसकी सभा में डाइमेकस को अपना दूत बनाकर भेजा। प्लिनी के मतानुसार मिस्र के राजा टोलेमी (२८५-२४७ ई० पू०) ने जिस भारतीय राजा की सभा में अपना दूत दायोनीसस भेजा वह सम्भवतः बिन्दुसार या अशोक था, क्योंकि अशोक ने तेरहवें शिलालेख में टोलेमी को अपना समकालीन बताया है। यूनानी राजा ने बिन्दुसार की सेवा में 'अंजीर, किशमिश और शराब' का उपहार भेजा जिसे उसने बहुत पसन्द किया।

अशोक (लग० २७४-२३६ ई० पू०)

अशोक के जीवन का इतिहास उसके शिलालेखों से प्राप्त किया जा सकता है जो उसकी आत्मकथा जैसे लगते हैं। आख्यानिक साहित्य से भी इस विषय में जानकारी होती है।

कालक्रम

महावंश के अनुसार अशोक को उसके पिता ने १८ वर्ष की आयु में अवन्ती राष्ट्र का शासक नियुक्त किया था। उसकी राजधानी उज्जयिनी थी। वहाँ उसने विदिशा की शाक्य राजकुमारी महादेवी से विवाह किया। उससे महेन्द्र नामक पुत्र और संघमित्रा नाम की कन्या का जन्म हुआ। पुराणों के अनुसार चन्द्रगुप्त ने २४ वर्ष अर्थात् ई० पू० ३२३ से २९९ तक राज्य किया और बिन्दुसार ने २५ वर्ष अर्थात् ई० पू० २७४ तक राज्य किया। इस प्रकार अशोक २७४ ई० पू० में गद्दी पर बैठा होगा। महावंश के अनुसार उसका राज्याभिषेक ४ वर्ष बाद अर्थात् २७० ई० पू० में हुआ। इस ग्रन्थ के अनुसार उसके अभिषेक से ६ वर्ष बाद अर्थात् २६४ ई० पू० में उसका ज्येष्ठपुत्र महेन्द्र बौद्ध धर्म में दीक्षित हुआ। उस समय उसकी आयु २० वर्ष थी। अतः महेन्द्र का जन्म २८४ ई० पू० में माना जाना चाहिए। यह अनुमान किया जा सकता है कि उस के जन्म के समय

उसके पिता की आयु २० वर्ष होगी। अतः अशोक का जन्म ३०४ ई० पू० में हुआ होगा।

अशोक को एक विशाल साम्राज्य विरासत में मिला था जिसे उसके दादा चन्द्रगुप्त ने विभिन्न प्रदेशों को जीत कर निर्मित किया था। अशोक का साम्राज्य फारस की सीमा से सुदूर दक्षिण तक और ताम्रपर्णी (लंका) तक फैला हुआ था।

साम्राज्य का विस्तार

उसके साम्राज्य की सीमाएँ स्तम्भों और पर्वतों की चट्टानों पर खुदे उसके शिलालेखों की स्थिति से स्पष्ट होती हैं। उसके चट्टानों वाले शिलालेख निम्नलिखित स्थानों पर मिलते हैं: (१) पेशावर के निकट शाहबाजगढ़ी में, (२) उसी प्रान्त के मानसेहरा में, (३) देहरादून के निकट कालसी में, (४) जूनागढ़ के निकट गिरनार में, (५) बम्बई राज्य के सोपारा में, (६) भुवनेश्वर के निकट धौली में, (७) गंजाम जिले के जौगड़ में, (८) मैसूर राज्य के चितलदुर्ग में, जहाँ सिद्धपुरा, जटिंगरामेश्वर, और ब्रह्मगिरि नामक तीन स्थानों पर लघु शिलालेख भी मिले हैं, (९) जबलपुर के निकट रूपनाथ में, (१०) बिहार प्रान्त के सहसराम में, (११) जयपुर के निकट बैराट में, (१२) बैराट की अन्य पहाड़ी भाब्रू पर, (१३) हैदराबाद राज्य के मास्की नामक स्थान में, (१४-१५) हैदराबाद राज्य के कोपबाल तालुक के गोवीमठ और पालकीगुण्डु स्थानों पर, (१६) कुरनूल जिले के येरीगुडी नामक स्थान पर, (१७) मध्यप्रदेश के गुज्जरा नामक स्थान पर, जहाँ लघु शिलालेख मिले हैं, (१८) तक्षशिला में अरॉमी लिपि में लिखा हुआ लेख, (१९) कन्दहार के निकट जहाँ यूनानी और अरॉमी दो लिपियों में लिखा हुआ शिलालेख हाल ही में प्राप्त हुआ है।

शिलालेखों के स्थान

उसने पाषाण स्तम्भों पर भी अपनी विज्ञप्तियाँ खुदवाई जो निम्नलिखित स्थानों पर मिलती हैं: (१) अम्बाला के निकट तोपरा, (२) मेरठ। इन दोनों स्तम्भों को फीरोजशाह तुगलक देहली ले आया था। (३) कौशाम्बी, इस स्तम्भ को शायद अकबर ने इलाहाबाद के किले में रखवाया था। (४) लौरिया अरराज (चम्पारन जिले के राधिया नामक स्थान पर), (५) लौरिया नन्दनगढ़ (उसी जिले के मथिया नामक स्थान पर), (६) रामपुरवा (उसी जिले में), (७) साँची (भोपाल के निकट), (८) सारनाथ (बनारस के निकट), (९) लुम्बिनी (नेपाल में), (१०) निगाली सागर (नेपाल में)।

स्तम्भ लेख

शिलालेखों में उसके राज्य की सीमाओं का उल्लेख है। दक्षिण में चोल, पाण्ड्य, सतियपुत्र, केरलपुत्र और उसके बाद ताम्रपर्णी (लंका) उसके पड़ोसी थे

सीमाएँ और उत्तर में सीरिया का अन्तियक योनराजा (अन्तिओकस द्वितीय थियोस २६१-२४६ ई० पू०) उसका पड़ोसी 'अन्त' कहा गया है। अशोककालीन भवनों के अवशेष कश्मीर, नेपाल, बंगाल और चोल-द्रविड़ प्रदेशों में पाये जाते हैं।

प्रशासन साम्राज्य का अधिपति राजा था। उसकी सहायता के लिए (१) उपराजा, (२) युवराज, (३) कुमार, जिन्हें वह प्रान्तों में नियुक्त करता था, (४) 'राजूक' अथवा 'प्रादेशिक' (गवर्नर) और (५) परिषत् (समिति) होते थे। उच्च पदाधिकारी 'महामात्र' कहलाते थे। तक्षशिला, उज्जैनी, तोसली (उड़ीसा) और सुवर्णगिरि (मैसूर) नामक प्रान्तीय राजधानियों में कुमार (वाइसराय) नियुक्त किए जाते थे।

राजूक शत-सहस्र-प्राणियों पर शासन करते थे और शान्ति एवं न्याय की रक्षा करते थे।

राजा के वैयक्तिक सचिव 'प्रतिवेदक' कहलाते थे। वे राजा को प्रत्येक समय और प्रत्येक स्थान पर जनता की स्थिति से अवगत रखते थे। उसके राजदूत दूत कहलाते थे।

प्रधानमंत्री को 'अग्रामात्य' कहते थे और अन्य मंत्री महामात्र कहलाते थे। ये अपने-अपने विभागों के अध्यक्ष होते थे। धर्ममहामात्र, जिन्हें अशोक ने सर्व-प्रथम नियुक्त किया था, नैतिक आचार के मंत्री थे।

राजकीय कर्मचारी, जिन्हें 'पुरुष' कहते थे, तीन श्रेणियों के होते थे: उच्च, मध्यम और अधम (स्तम्भलेख १)। निम्न श्रेणी के कर्मचारी 'युक्त' कहलाते थे।

दौरे (अनुसंधान) महामात्र 'ग्रामावास' (ग्राम के निवासियों के घर), 'सेतु' (सार्वजनिक कार्य), 'शाला' (तालाब और भवन, जैसा कि बुद्धघोष की व्याख्या से प्रतीत होता है) के निरीक्षण के लिए दौरा करते थे। उपराजाओं को पाँच वर्षों में और राज्यपालों को तीन वर्षों में अपने-अपने दौरे पूरे करने पड़ते थे (शिलालेख १ और ३)।

धर्मयात्रा राजा का दौरा धर्मयात्रा कहलाता था। यह एक प्रकार की तीर्थयात्रा होती थी (शिलालेख ८), जिसमें राजा गाँव का दौरा करता था, वृद्धों और संन्यासियों को दान देता था, गाँव-वस्ती की हालत देखता था (जानपदस्य जनस्य दर्शनम्) और धर्म-संबंधी प्रवचन करता था। अशोक ने संबोधि (बोध गया, जहाँ बुद्ध ने संबोधि प्राप्त की थी), लुम्बिनी (जहाँ उनका जन्म हुआ था) और बुद्ध कोनाकमन (कनक मुनि) के स्तूप आदि बौद्ध तीर्थों की यात्रा की। इस राज-यात्री की पाटलिपुत्र से इन स्थानों की यात्रा की प्रगति के सूचक स्तम्भ अब तक विद्यमान

हैं और उसके विभिन्न चरणों की साक्ष्य देते हैं।

नैतिक मंत्रालय

धर्म महामात्र के अधीन इस मंत्रालय का कार्य सब वर्गों, श्रेणियों, सम्प्रदायों और स्तरों के लोगों का नैतिक उत्कर्ष करना था। इस कार्य का क्षेत्र उन्हीं लोगों तक सीमित नहीं था जो अशोक की प्रजा थे वरन् उन तक भी फैला हुआ था जो उसके राज्य की सीमाओं पर रहते थे, जैसे उत्तर के योन, कम्बोज, गन्धार और पश्चिम के अपरान्त तथा राष्ट्रिक और पितिनिक आदि।

सार्वजनिक कार्य

अशोक सामान्य मनुष्य का हितैषी था जिसके लिए उसने विविध प्रकार के सार्वजनिक उपयोगिता के कार्य किए थे। उसने सड़कों के किनारे आम और बरगद-जैसे उपयोगी वृक्ष लगवाकर, आधे-आधे कोस पर कुएँ और सरायें बनवाकर यात्रा को सुखद बनाया। पशुओं और मनुष्यों की चिकित्सा के लिए उसने चिकित्सालय खुलवाए और उनमें औषधियों की समुचित व्यवस्था की। इसके लिए उसने बहुत-सी जड़ी-बूटियाँ और फलों के पेड़ बाहर से मँगवाकर लगवाये। चिकित्सालयों में चिकित्सकों का समुचित प्रबन्ध किया गया (शिलालेख २)। उसकी दूसरी पत्नी चारुवाकी (कारुवाकी) ने आम्र-वन, भिक्षुओं के लिए आराम और दानगृहों के दान दिये (रानी का लेख)।

पश्चिमी देशों में कल्याण-मंडल

अशोक ने पाश्चात्य देशों को भी अपने मानवीय कार्यों की परिधि में सम्मिलित किया और तेरहवें शिलालेख में वर्णित (१) अन्तियोक (सिरिया का अन्तिओकस द्वितीय थियोस २६१-२४६ ई० पू०), (२) तुरमय (मिस्र का टोलेमी द्वितीय २८५-२४७ ई० पू०), (३) अन्तिकिनि (मकदूनिया का एन्टीगोनस गोनेतस, २७८-२३९ ई० पू०), (४) यक (सिरीन का मगस ३००-२५८ ई० पू०) और (५) अलिकसुदरो (एपरिस का एलेग्जेण्डर, २७२-२५८ ई० पू०) नामक पाँच पाश्चात्य राजाओं के राज्यों में दुःख-निवारण के निमित्त चिकित्सकों के मण्डल भेजे।

धर्म-विजय

अशोक ने इन पाश्चात्य राज्यों में अपने दूत भेजे जो उसकी धर्म-विजय के संदेश-वाहक थे। धर्म-विजय—हिंसा और घृणा से परिपूर्ण सैनिक विजय के विपरीत भ्रातृत्व-भाव से समन्वित नैतिक विजय का पर्याय था। उसने धर्मघोष द्वारा भेरीघोष को बन्द कर दिया (शिलालेख ४)। रण-दुन्दुभि का निनाद शान्ति की घण्टियों की टन-टन में विलीन हो गया। अशोक ने इस प्रकार युद्ध का बहिष्कार करके विश्वशान्ति के प्रथम प्रवर्त्तक का पद प्राप्त किया।

कलिंग विजय

धर्म विजय का यह सिद्धान्त उस नैतिक क्रान्ति का फल था जो कलिंग की विजय और उसकी हिंसामयी विभीषिकाओं से अशोक के मन में उत्पन्न हुई थी। उसने स्वयं कहा है: "जब कोई अविजित देश जीता जाता है तो वहाँ वध, मरण और अपवाह (देशनिकाला) का बोलबाला हो जाता है"। इस हिंस्र विजय में जितनी हत्याएँ आदि हुईं उनका वर्णन इन शब्दों में किया गया है: "एक लाख पचास हजार व्यक्ति बन्दी बनाए गये, एक लाख मारे गये, और इन से कई गुने युद्ध में लगे घावों से मर गये।" युद्ध से उत्पन्न इस भयंकर नर-संहार से उसे असीम वेदना हुई। अशोक का मन पश्चात्ताप से इतना आप्लावित हो गया कि उसने सदा के लिए युद्ध को तिलांजलि देकर अहिंसा का धर्म ग्रहण कर लिया।

नैतिक प्रचार

उसने जीवन के प्रत्येक क्षेत्र में इस नवीन धर्म का प्रयोग किया। राजकीय रसोई में पशुवध को बन्द करके उसने अपना घरेलू जीवन पवित्र किया। उसके समय में मनोरंजन के लिए समाज होते थे। इन समाजों में पशुओं और पक्षियों की लड़ाई होती थी। नृत्य-संगीत के साथ भोज के लिए पशु-पक्षियों का वध किया जाता था। अशोक ने यह समाज बन्द करा दिये। प्रत्युत् उसने उन तमाशों को प्रोत्साहन दिया जिनसे धर्म और सदाचार को प्रेरणा मिलती थी जैसे सदाचारी व्यक्तियों के स्वागत के लिए खड़े दिव्य रूपों का प्रदर्शन आदि।

उसने यह नियम बना दिया कि कुछ जीवों को छोड़कर शेष जीवधारियों को भोजन के निमित्त न मारा जाए। न ही धार्मिक कृत्यों में उनका वध किया जाए। एक स्तम्भ लेख में ऐसे पशुओं की तालिका है जिन्हें न मारा जा सकता था न बधिया किया जा सकता था।

प्रतिवर्ष राजा की वर्ष-गाँठ पर बन्दी मुक्त किए जाते थे।

उसने सब मनुष्यों को कानून की दृष्टि से समान घोषित किया (व्यवहार समता) और सब को न्याय और दण्ड की समानता (दण्ड-समता) का वरदान दिया।

राजकीय दान

ग्रामों और तीर्थों में उसके दौरे दान के लिए प्रसिद्ध थे। हम देख चुके हैं कि अशोक अपनी धर्मयात्राओं में ब्राह्मणों, श्रमणों और वृद्धों को बहुत दान देता था। अभिषेक के बीसवें वर्ष में (२५० ई० पू०) लुम्बिनी ग्राम (जहाँ भगवान बुद्ध का जन्म हुआ था) की तीर्थयात्रा करते हुए उसने विशिष्ट दान दिए। उसने उस स्थान की पवित्रता के स्मारक के रूप में वहाँ एक स्तम्भ ही नहीं खड़ा कराया, जिस पर यह लेख खुदा हुआ था कि यहाँ तथागत का जन्म हुआ, वरन् उस गाँव के सब

वलि (शुल्क) माफ कर दिए (उबालिके) और वहाँ के लगान को सदा के लिए उपज की एक चौथाई से घटाकर आठवाँ हिस्सा कर दिया। उसने आजीविकों के लिए तीन स्थानों पर गुफाओं में निवास बनवाकर दान दिये।

व्यक्तिगत रूप से अशोक बौद्ध था। यास्की के शिलालेख में उसने अपने आपको बुद्ध-शाक्य कहा है। भब्रू के धर्म लेख में उसने बौद्ध त्रिरत्न को नमस्कार किया है और बौद्ध शास्त्रों से चुने हुए अंश उद्धृत किए हैं। सांची, सारनाथ और कौशाम्बी के अभिलेखों में वह संघ की एकता के प्रतिपादक के रूप में सामने आता है और संघभेद करने वालों को संघ से निकाल बाहर करने की धमकी देता है।

धर्म

किन्तु अपने धर्मलेखों में उसने उस धर्म का प्रचार किया है जो सब लोगों को ग्राह्य हो। यह धर्म सार्वत्रिक नैतिक कर्तव्यों पर आधारित है। इनकी गणना वह इस प्रकार करता है: (१) माता-पिता, वृद्ध, आचार्य और ऊँचे स्तर के व्यक्तियों की आज्ञाओं का पालन करना, (२) संबंधियों, मित्रों, सेवकों और परिचारकों और निर्धन और दुःखी व्यक्तियों और सन्यासियों और घरेलू पशुओं के प्रति सद्व्यवहार करना, (३) दान, (४) अहिंसा, (५) दया, सत्य, शौच (अंदर और बाहर की) मार्दव, साधुता, संयम, भावशुद्धि और समाचरण (सब के प्रति समान व्यवहार करना) का अभ्यास करना।

इससे यह स्पष्ट हो जाता है कि अशोक ने धर्म में कर्मकांड को कम महत्व दिया और सदाचार और नैतिक व्यवहार को बहुत बल दिया जो वास्तविक धार्मिक कर्मकांड (धर्म-मंगल) हैं।

इसी प्रकार दान में उसने धर्मदान (नैतिक उपदेश के दान) को भौतिक नश्वर पदार्थों के दान से अधिक महत्व दिया है।

अशोक ने धार्मिक जीवन की आवश्यकताओं का भी निर्देश किया :—(१) धर्म-नियम (नैतिक जीवन का संयम), (२) निझति (ध्यान जिसमें आत्म-चिन्तन अथवा आत्म-परीक्षा भी शामिल है) और (३) सब कुछ छोड़ कर पराक्रम (अत्यन्त परिश्रम जिससे सब बातों का त्याग किया जाए)

धार्मिक विविधता के इस देश में अशोक ने उनकी एकता के आधार अथवा मौलिक सार पर जोर दिया। विभिन्न धर्मों के प्रवचनों को सुनने के लिए (बहुश्रुत होने के लिए) समितियों में एकत्रित होकर (समवाय) और धार्मिक आलोचना की प्रवृत्ति को नियंत्रित करके (वचोगुप्ति) धार्मिक सहिष्णुता साध्य होती है (शिलालेख १२)।

महावंश जैसे साहित्यिक ग्रन्थों में अशोक के विषय में कुछ ऐसे तथ्य मिलते हैं जो उसके अभिलेखों में अप्राप्य हैं। उदाहरण के लिए उनसे पता चलता है कि

तीसरी बौद्ध संगीति

उसके राज्य की महत्वपूर्ण घटना पाटलिपुत्र में मोग्गलिपुत्त तिस्स की अध्यक्षता में तीसरी बौद्ध संगीति का आयोजन था। इस समिति (संगीति) में कथावत्थु तैय्यार की गई और त्रिपिटकों के पारायण के लिए १००० स्थविरों की एक विशेष संगीति नियुक्त की गई।

इसके बाद संगीति ने भारत और विदेशों में—भारत में कश्मीर, गन्धार, हिमालय, यवन या वनवासी में और उससे बाहर लंका और सुवर्णभूमि (दक्षिणी वर्मा और सुमात्रा अथवा समस्त मलय प्रायद्वीप) में—बौद्ध सिद्धान्तों के प्रचार के लिए प्रचारकों के दल भेजे। हिमालय में मज्झिम, अपरान्तक में धर्मरक्षित (यवन) और लंका में युवराज महेन्द्र भेजे गये। उन्हें शिलालेख १३ में दूत कहा गया है। मोग्गलिपुत्त और मज्झिम के नाम साँची के द्वितीय स्तूप की एक अस्थि-मंजूषा पर खुदे हुए मिले हैं। शिलालेख ५ में अपरान्तक प्रदेश का भी वर्णन है। ऐसे प्रदेश में योन, कम्बोज, राष्टिक, पितिनिक आदि रहते थे। इस प्रकार शिला-लेखों से कथानकों की यथार्थता सिद्ध होती है। धर्मलेखों में अशोक को प्रायः 'देवानां पिय पियदसि लाजा' कहा गया है। यास्की के लेख में उसका नाम अशोक मिलता है। भब्रू लेख में अशोक ने अपने आप को 'पियदसि लाजा मागधे' अर्थात् 'मगध का प्रियदर्शी' राजा कहा है।

कला और स्थापत्य

अशोक अपनी स्थापत्य-संबंधी-कृतियों के लिए प्रसिद्ध है। परम्परा के अनुसार उसने कश्मीर में श्रीनगर नामक नगर की स्थापना की और वहाँ ५०० बौद्ध भिक्षुओं को बसा कर उनके लिए विहार बनवाए। इनमें से कुछ को शताब्दियों बाद श्वान-चाङ्ग ने देखा था। उसन अपनी पुत्री चारुमती को नेपाल भेजा और वहाँ उसके लिए देव-पतन नामक नगर बसाया। उसने पाटलिपुत्र नगर में भी सुन्दर भवन बनवाए जिन्हें ६०० वर्ष बाद चीनी यात्री फा-ह्यान् ने देखा। उसने इस नगर का वर्णन इन शब्दों में किया "देवताओं ने पत्थरों को उठा-चढ़ा कर दीवारें और द्वार बनाए और उनमें सुन्दर पच्चीकारी और खुदाई-भराई का ऐसा उत्कृष्ट काम किया कि संसार में किसी भी व्यक्ति का हाथ उसे सम्पन्न करने में असमर्थ है।"

अशोक ने अनेक स्तूप बनवाए जिनमें से ८० को श्वान-चाङ्ग ने अपनी आँखों से देखा।

अशोक की महत्तम कृति स्तम्भ हैं। ये सभी एकाश्मक अर्थात् पत्थर के एक ही टुकड़े से काटकर बनाये गये हैं। इनकी पालिश (चिकनाहट) के रहस्य को आज के कारीगर भी नहीं समझ सके। ये इतना चमकदार हैं कि कुछ योरोपीय यात्रियों में कुछ ने इन्हें 'पीतल' का समझा, कुछ ने इन्हें किसी 'धातु' का ढला हुआ जाना अथवा 'संगमरमर' का बना समझा। स्तम्भ शीर्ष से सुसज्जित होता है

जिसकी चोटी सिंह, हाथी, साण्ड आदि पशुओं के आकार की होती है। सारनाथ में यह शीर्ष और उसकी चोटी चक्र के आकार की है जो चार सिंहों पर टिका है और शक्ति के स्थान पर सत्य तथा बल की जगह विधि के राज्य का प्रतीक है। यह शीर्ष सारनाथ में बुद्ध द्वारा दिए गये धर्म चक्र प्रवर्तन सूत्र नामक प्रवचन के सार की पत्थर में अभिव्यक्ति है। सिंहों से नीचे बर्गा (एवेकस) पर पाँच मूर्तियाँ हैं जो बुद्ध के जीवन की महत्वपूर्ण घटनाओं के सूचक हैं। हाथी, बैल, घोड़ा और सिंह क्रमशः दिव्य बालक के गर्भाधान, जन्म निष्क्रमण और सिद्धि के परिचायक हैं। उनके बीच में दिखाया हुआ चक्र बुद्ध के आचार्यत्व का प्रतीक है।

ये सभी स्तंभ चुनार के पत्थर के बने हैं। इनका निर्माण पाटलिपुत्र के किसी कारखाने में हुआ था। इनकी डिजाइन एक ही प्रकार की है। इनकी ऊँचाई लगभग ५० फुट और भार लगभग ५० टन होता था। मेरठ जैसे सुदूर स्थानों में जो लगभग १००० मील हैं, ये स्तम्भ स्थापित किए जाते थे। भारी यंत्रों और वाहनों के द्वारा ही इतने विशाल और भारी स्तंभों को एक जगह से दूसरी जगह भेजा गया होगा।

गुहावास

अशोक ने गया के निकट बाराबर और नागार्जुनी की पहाड़ियों में चट्टानें काट कर गुफाएँ बनवाई थीं। इनमें से ४ के साथ अशोक का और तीन के साथ उसके पौत्र दशरथ का नाम जुड़ा हुआ है जैसा कि उनपर खुदे लेखों से प्रकट होता है। समस्त पहाड़ी को खलतिक पर्वत कहा गया है। शिला लेखों से पता चलता है कि अशोक ने ये गुफाएँ आजीविक श्रमणों के लिए बनवाकर अपनी उदारता का परिचय दिया था। इन गुफाओं की दीवारों और छतों पर मौर्यकालीन पालिश (चिकनाहट और चमक) मिलती है।

सुदर्शन झील

मौर्य अभियन्ताओं ने सुवर्ण-सिकता, पलाशिनी आदि नदियों के जल को रोककर दुर्जयंत पर्वत पर एक बाँध बनाया था जिससे एक बहुत बड़ी झील वन गई थी जहाँ सिचाई के लिए जल इकट्ठा किया जाता था और नालियों (प्रणालियों) द्वारा इसे खेतों तक पहुँचाया जाता था। जैसा कि १५० ई० पू० के शक राजा रुद्रदामा के शिलालेख से ज्ञात होता है, यह झील सौराष्ट्र में स्थित थी जहाँ अशोक का राज्यपाल यवन राजा तुपाष्प का शासन था। यह तुषाष्प विदेशी था। अशोक ने अपनी उदारता का परिचय देकर इसे इतने दायित्वपूर्ण पद पर नियुक्त किया था।

शिलालेखों में केवल उसकी दूसरी पत्नी चारुवाकी का जो राजकुमार तीवर की माता थी, और उसके पौत्र दशरथ का उल्लेख मिलता है। ग्रन्थों से

सारनाथ का अशोक स्तम्भ : अपने प्राचीन स्वरूप में (पर्सी ब्राऊन की पुस्तक "इण्डियन आर्कीटेक्चर" के चित्र ५ पर आधारित) इसमें धर्म-चक्र चार सिंहों के कन्धों पर स्थित है, सिंहों की पीठ एक दूसरे की पीठ से मिली है (बनारस के सारनाथ म्यूजियम में भी ऐसा ही है)। प्राचीन असली चक्र स्तम्भ से पृथककर लिया गया था और टुकड़ों के रूप में म्यूजियम में रखा है। इसे (धर्म-चक्र को) भौतिक और पाशविक शक्तियों (सिंह जिनके प्रतिनिधि के रूप में हैं) से महान् माना गया है और यह इस बात का प्रतीक बन गया था।

अशोक के संबंधी

उसके निम्नलिखित संबंधियों का पता चलता है : उसकी पत्नी देवी का पुत्र महेन्द्र और पुत्री संघमित्रा, उसकी पत्नी पद्मावती का पुत्र कुणाल, उसका अन्य पुत्र जलौक, उसका पौत्र और कुणाल का पुत्र सम्प्रति और उसकी दो अन्य पत्नियाँ असंधिमित्रा और तिष्यरक्षिता ।

अशोक का अन्त

कथाओं के अनुसार अशोक का अन्त दुःखद हुआ । अपने पौत्र सम्प्रति को राज देकर वह स्वर्ग सिधारा । सम्प्रति ने उसके अन्तिम दिनों में बौद्ध-संघ को दिए गये दान बन्द कर दिए और प्रतीक रूप में उसका भत्ता आधा आमलक (आमला) मात्र निश्चित किया ।

उत्तराधिकारी

उसके उत्तराधिकारियों के जैसे, कुणाल, जलौक, दशरथ सम्प्रति (जो जैन धर्म का संरक्षक था) आदि के नाममात्र मिलते है। पुराणों के अनसार अन्तिम मौर्य सम्राट शालिशुक और बृहद्रथ थे । शालिशुक के दुर्बलता-पूर्ण राज्यकाल में पाटलिपुत्र पर यवनों ने धावा किया था। बृहद्रथ के सेनापति पुष्यमित्र ने उसे हटाकर शुंगवंश का राज्य स्थापित किया । पुराणों में लिखा है कि "सेनापति पुष्पमित्र (पुष्यमित्र) अपने स्वामी की हत्या करके चन्द्रगुप्त के राज्याभिषेक के १३७ वर्ष बाद (अर्थात् १८६ ई० पू०) में राज्य करेगा" । यह कथा बाण के हर्षचरित में दोहराई गई है जिसमें लिखा है कि " पुष्यमित्र ने एक सैनिक प्रदर्शन में अपने स्वामी की हत्या की ।"

मौर्य साम्राज्य का अन्त

कुछ विद्वानों के मतानुसार मौर्य साम्राज्य के पतन का कारण अशोक की शान्तिप्रिय नीति थी जिसके फलस्वरूप उसने भेरी-घोष को धर्मघोष में परिवर्तित कर दिया। किन्तु अशोक के आदर्श महान थ । वह युद्ध बंद कर तथा जोर-जबर्दस्ती के स्थान पर न्याय और कानून के राज्य की स्थापना कर के मानवता को हिंसा के अभिशाप से बचाना चाहता था । आज भी मानवता इन आदर्शों तक पहुँचने का प्रयत्न कर रही है, इसलिए इन महान आदर्शों के लिए हम अशोक को दोषी नहीं ठहरा सकते । अशोक ने अपनी सैनिक शक्ति को अक्षुण्ण रखा जिससे वह आटविक जैसी विद्रोही जंगली जातियों जैसे असामाजिक तत्वों के आघातों से सत्य के राज्य की रक्षा करने में सफल हुआ। अतः हम उसे इन जातियों को नैतिक जीवन के आदर्श से च्युत न होने की चेतावनी देते पाते हैं । सत्य यह है कि साम्राज्य अपने विधान की दुर्बलताओं के फलस्वरूप ही नष्ट हुआ । शासक अपने वैयक्तिक गुण विरासत में अपने उत्तराधिकारियों को नहीं दे सकता । अशोक के बाद सिंहासन पर बहुत छोटे स्तर के व्यक्ति आए जो उसके महान् व्यक्तित्व की संयोजक शक्ति के हट जाने पर इतने विस्तत साम्राज्य को एक सूत्र में बाँधकर न रख सके ।

आठवाँ अध्याय

मौर्योत्तर राज्य

(१) शुंग-वंश (लगभग १८६-६५ ई० पू०)

साहित्यिक कृतियों से पुष्यमित्र के राज्यकाल पर प्रकाश पड़ता है। कालिदास के नाटक मालविकाग्निमित्र का नायक युवराज अग्निमित्र है। उसके साले वीरसेन ने जो नर्मदा प्रदेश का अन्तपाल था विदर्भ से मौर्य अधिकारी यज्ञसेन को निकाल बाहर किया।

पुष्यमित्र (लगभग १८६-१५० ई० पू०)

अपनी शक्ति को दृढ़ करके पुष्यमित्र ने अपने प्रभुत्व की पुष्टि के लिए अश्वमेध यज्ञ किया। यूनानियों ने उसके प्रभुत्व को चुनौती दी। अग्निमित्र के वीरपुत्र वसुमित्र ने इस चुनौती को स्वीकार किया और १०० सामन्तों को साथ लेकर सिन्धु तट पर (जो चम्बल या यमुना की सहायक नदी है अथवा रमेशचन्द्र मजूमदार के मतानुसार सिन्धु नदी है) यूनानियों से युद्ध किया।

यूनानी आक्रमण

वैय्याकरण पतंजलि ने अपने 'महाभाष्य' में यवनों द्वारा साकेत और माध्यमिका के घेरे का उल्लेख किया है (अरुणत् यवनः साकेतम्; अरुणत् यवनः माध्यमिकाम्)। गार्गी-संहिता के युगपुराण में दुष्ट और विक्रान्त यवनों द्वारा पाटलिपुत्र अथवा कुसुमध्वज की विजय के उद्देश्य से साकेत, पंचाल और मथुरा

के लोगों के साथ मिलकर मध्यदेश पर आक्रमण करने का (प्राप्स्यंति) उल्लेख है। अभयनन्दी की महावृत्ति में अरुणन्महेन्द्रो मथुराम् वाक्य मिलता है। पंचाल और मथुरा के इन राजाओं (पार्थिवों) का पता उनकी मुद्राओं से चलता है जिन्हें मित्र-मुद्राएँ कहते हैं। हाल ही में मिले एक मुद्रा-संग्रह में पंचाल-वंश के २१ मित्र राजाओं की मुद्राएँ मिली हैं। स्त्राबों के विवरण से ज्ञात होता है कि यवन गंगा और पालीबोथ्रा (पाटलिपुत्र) तक बढ़ आये थे। सौभाग्यवश ये आक्रमणकारी आपस में लड़ पड़े और मध्यदेश से वापिस लौट गये।

पुष्यमित्र नें यूनानी आक्रामकों को पीछे ढकेल दिया (परान् पराजित्य) और अपनी महान् विजय के उपलक्ष में एक दूसरा अश्वमेध यज्ञ किया जिसमें पतंजलि ने स्वयं पुरोहित का कार्य किया जैसा कि महाभाष्य के अवतरण इह पुष्यमित्रं याजयामः (हम पुष्यमित्र के लिए यहाँ (विदिशा में) यज्ञ कर रहे हैं) से प्रकट होता है। इस वाक्य से यह भी प्रतीत होता है कि यज्ञ के जटिल उपचार उस समय तक चल रहे थे जब यह लिखा गया।

संभवतः इसके बाद पुष्यमित्र कलिंग के राजा खारवेल के साथ संघर्ष में सन्नद्ध हो गया। खारवेल के हाथीगुम्फा शिलालेख में इसकी ओर इशारा है। इसमें लिखा है कि अपने राज्य के आठवें वर्ष में खारवेल ने राजगृह (मगध) के राजा को भगा दिया और गोरथगिरि (बाराबर पहाड़ी) के दुर्ग पर धावा बोला। मगध के राजा का नाम बहसपतिमित (बृहस्पतिमित्र) लिखा है जो पुष्यमित्र का रूपान्तर है क्योंकि पुष्य और बृहस्पति पर्यायवाची हैं। यह शिलालेख मौर्यकाल के १६५ वें वर्ष में अर्थात् १५८ ई० पू० में लिखा हुआ माना जाता है।

अयोध्या के एक मन्दिर के शिलालेख में 'दो अश्वमेध यज्ञ करने वाले' (द्विरश्वमेधयाजी) सेनापति पुष्यमित्र का उल्लेख है और कोशल प्रदेश

साम्राज्य का विस्तार

के राजा (कोशलाधिप) धनदेव की चर्चा है जो उसके वंश की छठीं पीढ़ी में था। उसका पुत्र अग्निमित्र विदिशा का गोप्ता अर्थात् राज्यपाल था और वीरसेन नर्मदा प्रदेश का प्रशासक था। पाटलिपुत्र, अयोध्या और विदिशा नामक नगरों से उसके राज्य की सीमाओं पर प्रकाश पड़ता है। पतंजलि के अनुसार एक सभा शासन कार्यों में पुष्यमित्र का हाथ बटाती थी।

दिव्यावदान के अनुसार पुष्यमित्र एक कट्टर ब्राह्मण था और बौद्ध धर्म का पक्का शत्रु था और उसने बौद्ध विहारों पर काफी प्रहार किए किन्तु विदिशा

धर्म

के निकट भरहुत में उसने दान द्वारा अनेक बौद्ध स्तूपों का निर्माण होने दिया। यह उसकी धार्मिक सहिष्णुता का परिचायक है। भरहुत के एक 'सुगनम् राजे' शिलालेख में लिखा है कि ये स्तूप

शुंगों के राज्य में (सुगनं राजे) थे।

पुराणों में पुष्यमित्र के उत्तराधिकारियों के नाम आये हैं और उनका राज्यकाल भी लिखा है। इनकी संख्या १० है किन्तु उनमें से बहुत से नाममात्र हैं। इनमें अग्निमित्र और भाग महत्वपूर्ण थे। जैसा कि हम लिख चुके है अग्निमित्र मालविकाग्निमित्र नाटक का नायक है जिसमें उसकी 'मंत्रिपरिषद् और अमात्य परिषद्' का उल्लेख है। राजा भाग विदिशा (बेसनगर) के गरुड़-ध्वज स्तम्भ पर खुदे एक शिलालेख में वर्णित राजा भागभद्र प्रतीत होता है। इस लेख का तात्पर्य यह है कि (१) यूनानी राजा अन्तलिकित (अन्तियालसि द्रस लगभग १२० ई० पू०) ने विदिशा के इस भारतीय राजा की सभा में तक्षशिला-निवासी हेलियोदोर को अपना दूत बनाकर भेजा था और (२) यह यूनानी वैष्णव हो गया था और अपने आपको भागवत कहता था और इसने अपने इष्टदेव देवदेव वासुदेव को एक गरुड़ध्वज अर्पित किया था, जिस पर, दम (आत्मनिग्रह), छाग (त्याग) और अप्रमाद (सतर्कता), ये तीन अमर सत्य खुदवाए थे।

पुष्यमित्र के उत्तराधिकारी

यह उल्लेखनीय है कि जैसे साँची अशोक के समय से बौद्ध धर्म का प्रसिद्ध केन्द्र था वैसे ही विदिशा भागवत धर्म का प्रमुख स्थान था।

अन्तिम शुंग राजा देवभूति था जो भोग विलासिता में डूबा रहता था। उसका अमात्य वासुदेव था। उसने अपने एक भृत्य से देवभूति की हत्या करा दी और काण्वायन वंश की नींव डाली।

२. काण्वायन वंश (लगभग ७५-३० ई० पू०)

इस वंश के राजा ब्राह्मण थे और द्विज कहलाते थे। पुराणों में इस वंश के चार राजाओं का उल्लेख मिलता है और उनका राज्यकाल ४५ वर्ष बताया गया है।

३. आन्ध्र (लगभग ३०ई० पू० २५० ई० पू०)

सिमूक ने अपने साथियों के साथ मिलकर काण्वायनों को हटाकर आन्ध्रवंश का राज्य स्थापित किया।

आन्ध्र बहुत प्राचीन जाति था जिसका उल्लेख वैदिक ग्रन्थ 'ऐतरेय ब्राह्मण' (ल० २००० ई०पू०) में मिलता है। इसमें उन्हें विन्ध्य के दक्षिण में रहने वाली अनार्य जातियों में गिना गया है। अशोक के एक शिला-लेख में उन्हें अर्धस्वतंत्र जाति बताया गया है। प्लिनी के काल में (प्रथम शती ई०) उन्होंने शक्ति प्राप्त करके अपना राज्य स्थापित किया। इनके ३० दुर्ग थे। आन्ध्रों की सेना में १,००,००० पैदल २००० घुड़सवार और १००० हाथी थे।

प्रारम्भिक इतिहास

पुराणों में उन्हें आन्ध्र कहा गया है किन्तु शिलालेखों में उनका सातवाहन नाम आया है जिससे उनके कुल का आभास मिलता है।

अधिकांश पुराणों में १९ आन्ध्र राजाओं का उल्लेख है जिन्होंने कुल मिलाकर ३०० वर्ष तक (लगभग ३० ई० पू० से २५० ई०) राज्य किया। यहाँ हम उनमें से कुछ महत्त्वपूर्ण राजाओं का वर्णन करेंगे।

शातकर्णि प्रथम

यह तीसरा आन्ध्र राजा था। नानाघाट के दर्रे में कुछ उभरी हुई मूर्तियाँ मिलती हैं, जिन पर नाम खुदे हैं। इनमें एक सिमूक शातवाहन की मूर्ति है और दूसरी पर रानी नागनिका (नागमनिका) और राजा शातकर्णि के नाम खुदे हैं। शिलालेखों में शातकर्णि को दक्षिणापथपति कहा गया है। साँची के एक शिलालेख में कारीगरों की श्रेणी के एक प्रमुख कार्यकर्त्ता का उल्लेख है जो राजन् श्री शातकर्णि के यहाँ नौकरी करता था। इससे प्रकट होता है कि पूर्वी मालवा उसके राज्य में अवश्य शामिल रहा होगा। इस राजा ने अश्वमेध यज्ञ करके शातवाहनों की सार्वभौम सत्ता स्थापित की। उसकी राजधानी प्रतिष्ठान थी। वह खारवेल के शिलालेख में वर्णित शातकर्णि भी संभवतः यही राजा था।

गौतमी पुत्र शातकर्णि (लगभग ११९-१२४ ई०)

एक विदेशी जाति क्षहरातों ने, जिसका नेता नहपान (११९-१२४ ई०) था, आन्ध्र साम्राज्य की प्रगति को रोक दिया और दक्षिण में बेल्लारी जिले के शातवाहन विहार नामक उपनिवेश की ओर ठेल दिया। किन्तु आन्ध्रों ने गौतमीपुत्र शातकर्णि के नेतृत्व में अपनी खोयी हुई शक्ति और सत्ता प्राप्त की। शिलालेखों में गौतमीपुत्र शातकर्णि को शक-यवन-पह्लव और क्षहरात जाति का नाश (निसूदन, निरवशेष) करने वाला कहा गया है। उसकी सैनिक विजय का परिणाम यह हुआ कि नहपान की मुद्राओं को गौतमीपुत्र ने फिर से अपने नाम से टंकित किया। उसकी माता गौतमी बलश्री के नासिक गुहाभिलेख में उसकी विजयों का विवरण मिलता है जिसमें अस्सक (गोदावरी प्रदेश) सुराष्ट्र (दक्षिणी काठियावाड़), कुकुर (उत्तरी कोंकण), अनूप (नर्मदा-तट पर माहिष्मती प्रदेश), विदर्भ (बरार) और आकर-अवन्ति (पूर्वी और पश्चिमी मालवा) सम्मिलित हैं। उसमें लिखा है कि "उसके घोड़ों ने तीन समुद्रों का पानी पिया था"।

पुलुमावी (१३०-१५९ ई०)

पुराणों में उसे पुलोमा कहा गया है किन्तु उसके शिलालेखों में उसका पूरा नाम 'वासिष्टीपुत्र स्वामी श्री पुलुमावी' मिलता है। उसके शिलालेख नासिक, केरल, अमरावती, कृष्णा-गोदावरी प्रदेश, जिसे आन्ध्रपथ कहते हैं, और शातवाहनीय अथवा बेल्लारी के विस्त प्रदेश में मिलते हैं। यूनानी

भूगोलशास्त्री टालेमी ने उसे 'बैठान (पैठन) का सिरो प्तोलेमयोस' कहा है।

वासिष्टी पुत्र श्री शिव शातकर्णि (१५९ ई०-१६६ ई०)

उसे पुलुमावी का भाई और शक नरपति महाक्षत्रप रुद्रदामा प्रथम का दामाद माना जाता है। कन्हेरी के गुहाभिलेख के अनुसार रुद्रदामा ने उसे दो बार परास्त किया था किन्तु अविदूर सम्बन्ध के कारण उसे जीवित छोड़ दिया था।

यज्ञश्री शातकर्णि (१७४-२०३ ई०)

यह अन्तिम महान् आन्ध्र राजा था। उसके शिलालेख कन्हेरी (अपरान्त), नासिक और चिवा (कृष्णा जिला) में मिलते हैं और उसकी मुद्राएँ काठियावाड़ से कृष्णा तक के विस्तृत प्रदेश में मिली हैं। उसने एक निराले ढंग की मुद्रा चलाई जिस पर जहाज़ की आकृति बनी है। इससे प्रकट होता है कि उसका राज्य समुद्रतट तक फैला हुआ था और वह अपनी प्रजा को समुद्री व्यापार में सहायता देता था।

यज्ञश्री के बाद आन्ध्र साम्राज्य का पतन प्रारम्भ हो गया। उसके उत्तराधिकारी दुर्बल थे और उनका राज्य पूर्वी दकन और कन्नड़ प्रदेश तक सीमित था।

आन्ध्र-साम्राज्य का पतन

महाराष्ट्र पर आभीर राजा ईश्वरसेन (२३५-४० ई०) का अधिकार हो गया था। इक्ष्वाकु और पल्लव राजवंशों ने शातवाहनों को बिल्कुल ही समाप्त कर दिया।

इक्ष्वाकुओं का नाम उनके राजा वीरपुरुषदत्त के कारण प्रसिद्ध है जिसने नागार्जुनीकोण्डा के प्रसिद्ध स्तूप का निर्माण कराया।

पतन के बाद शातवाहन वंश का प्रतिनिधित्व इसकी निम्नलिखित शाखाओं ने किया : (१) कुन्तल, जहाँ का राजा हाल अपनी रचना 'गाथा सप्तशती' के कारण बहुत प्रसिद्ध है। (२) चुटुकुल, जिसका राज्य दक्षिण-पश्चिमी भारत में था। इस वंश को मुरानन्द ने परास्त किया और जिसे चुटुकुलानन्द ने गद्दी से हटाया। इसके बाद दो और राजा हुए जिनके राज्यकाल में (तीसरी शती में) पल्लवों ने आन्ध्रपथ और शातवाहनीय पर अधिकार कर लिया। (३) अकोला से प्राप्त १५०० मुद्राओं के एक संग्रह से एक अन्य शातवाहन शाखा का पता चलता है, जिसने ईसा की तीसरी शती तक राज्य किया जब वाकाटकों ने उन्हें परास्त किया। (४) मुद्राओं से दक्षिणी-मराठा-प्रदेश में शातवाहनों की एक अन्य शाखा का भी पता चलता है और उसके राजाओं के नाम मिलते हैं।

आन्ध्र-वंश की शाखाएँ

आन्ध्र शासन सुव्यवस्थित था। इसकी इकाइयाँ आहार और जनपद कहलाती थीं। प्रशासनिक अधिकारी 'अमात्य' कहलाते थे और सैनिक अधिकारियों की

आन्ध्र सभ्यता

उपाधि महासेनापति होती थी। यज्ञश्री शातकर्णि के राज्यकाल में अपरान्त में एक अमात्य शासन करता था और नासिक में महासेनापति कार्य करता था। नानाघाट में 'महारठी' नामक अधिकारी का शासन था।

धर्म

सातवाहन राजाओं ने बौद्धधर्म और ब्राह्मणधर्म के प्रति समानता का व्यवहार करके अपनी धार्मिक सहिष्णुता का परिचय दिया। शक आदि विदेशी लोगों ने बौद्ध धर्म और हिन्दू धर्म अपनाकर इन प्रदेशों में निवास ग्रहण किया। एक शिलालेख के अनुसार राजा शातकर्णि ने अश्वमेध और अन्य वैदिक यज्ञ किये तथा वासुदेव और संकर्षण आदि हिन्दू देवताओं की उपासना की। गौतमीपुत्र शातकर्णि ने बौद्ध भिक्षुओं को गुफाओं और भूमि के दान दिये। नहपान के शक जामाता उषवदात (ऋषभदत्त) ने गोवर्धन (नासिक), उज्जयिनी अथवा भरुकच्छ (भृगुकच्छ) आदि विभिन्न स्थानों पर ब्राह्मणों के लिए अनेक अनुदान दिये जैसा कि नासिक गुहा के अभिलेखों से प्रतीत होता है।

आर्थिक जीवन

आर्थिक जीवन श्रेणियों द्वारा व्यवस्थित था। ये श्रेणियाँ आजकल के बैंकों का काम करती थीं। इनमें लोग अक्षय निधियाँ स्थापित करते थे जिन्हें ये लाभ के कामों में लगाती थीं। निधि-स्थापक जिस धर्म-कार्य आदि के लिए निधियाँ स्थापित करते थे, इन निधियों के ब्याज से उन कार्यों के लिए धन दिया जाता था। उदाहरणार्थ नासिक गुहाभिलेख के अनुसार उषवदात ने जुलाहों की दो श्रेणियों (पट्टवाय श्रेणी) के पास क्रमशः २००० और १००० कापचिणों की राशियाँ जमा कीं जिन पर वे १२% और ९% ब्याज देते थे। अन्य शिलालेखों से ज्ञात होता है कि कुम्हारों (कुलरिक), यांत्रिकों (उदययांत्रिक) और तेलियों (तिलपिषक) की श्रेणियों के पास ऐसी ही निधियाँ जमा की गई थीं।

कन्हेरी की गुफाओं से प्रतीत होता है कि समुद्री मार्ग से पश्चिमी तट पर आये बौद्ध-भिक्षुओं को वहाँ शरण मिलती थी।

समुद्री व्यापार

समुद्री मार्गों से आयात-निर्यात का काफी व्यापार होता था। पेरीप्लस के अनुसार पश्चिम से आया सामान बारीगाजा (भरुकच्छ, भड़ौच) के बन्दरगाह पर उतारा जाता था और वहाँ से कल्याण, सूपरिक, वैजयन्ती आदि अन्तर्देशीय नगरों में पहुँचाया जाता था।

भारत से बहुत सा सामान बाहर जाता था। प्रतिष्ठान से मूल्यवान पत्थर और तगर से सूती सामान, मलमल और कपड़े बाहर भेजे जाते थे।

देश की शान्ति-व्यवस्था से इसके दूरवर्ती भागों के पारस्परिक यातायात को

प्रोत्साहन मिलता था। उदाहरण के लिए हम व्यापारियों को उनके निवासस्थान से दूर दान देते हुए पाते हैं। वैजयन्ती (वनवासी) अथवा सूपरिक के एक व्यापारी के कारला में दिये गए दान का उल्लेख मिलता है। नासिक के एक व्यापारी ने विदिशा में जाकर दान किया। भृगुकच्छ और कल्याण के लोगों ने गिरनार में और नासिक के निवासियों ने भरहुत में दान दिये।

शान्ति और शासन

४. कलिंग वंश

हम लिख चुके हैं कि अन्तिम नन्दराजा ने सब से पहिले कलिंग की विजय की। चन्द्रगुप्त मौर्य ने नन्द साम्राज्य को जीत लिया। कलिंग के राजा खारवेल के हाथीगुम्फा के शिलालेख से ज्ञात होता है कि नन्द राजा ने कलिंग में जल-मार्ग (प्रणाली) बनवाया और वह वहाँ से जिन की प्रतिमा उठा ले गया जो कलिंग का राष्ट्रदेव था। इसके बाद अशोक के तेरहवें शिलालेख में अशोक की कलिंग-विजय का उल्लेख है और यह लिखा है कि वहाँ के लोग उस समय तक अविजित थे। ऐसे लोगों को, जिन्हें अपनी स्वतंत्रता से प्रेम था और जो उसके लिए संघर्ष करने को तत्पर थे, बहुत मारकाट के बाद ही जीता जा सकता था। अशोक को इसका बड़ा पश्चाताप हुआ।

प्राचीन इतिहास

प्रश्न यह है कि जब कलिंग नन्द साम्राज्य का अंग था और उनकी बिरासत के रूप में मौर्य साम्राज्य में आ गया था तो अशोक को इसे फिर से जीतने की कैसे आवश्यकता आ पड़ी ? इस प्रश्न का उत्तर इस अनुमान पर आधारित हो सकता है कि चन्द्रगुप्त के राज्य में समूचा कलिंग नहीं था वरन् इसका कुछ भाग था इसका बड़ा भाग दक्षिण की ओर था और वहाँ आदिवासी या आटविक रहते थे, जिनका उल्लेख अशोक के तेरहवें शिलालेख में मिलता है और जिनके ऊपर शासन करना कलिंग शिलालेख के अनुसार, अशोक के लिए एक समस्या बन गया था। इस प्रकार अशोक ने कलिंग पर विजय प्राप्त की जिसमें गंजाम जिले और जौगड़ (सम्भवतः अशोक द्वारा वर्णित समापा) और धौली (सम्भवतः अशोक द्वारा वर्णित तोसली) के नगर शामिल थे और जहाँ अधिकतर आदिवासी रहते थे। यह उल्लेखनीय है कि मेगेस्थनीज ने चन्द्रगुप्तकालीन कलिंग के एक राजा का वर्णन किया है जो स्वतंत्र था और जिसकी सैनिक शक्ति बहुत बढ़ी हुई थी। सम्भवतः अशोक को इसी राजा या इसके किसी उत्तराधिकारी से युद्ध करना पड़ा था।

कलिंग के इतिहास के बाद के तथ्य खारवेल के उपरोक्त शिलालेख से प्राप्त होते हैं। इस लेख में उसके जीवन को बाल्यावस्था, युवराजकाल और उसके बाद राज्यकाल आदि इन तीन भागों में बाँटा गया है। जब वह युवराज था तो

खारवेल

उसे राज्योपयुक्त विषयों की अर्थात् राजाज्ञाओं के लेखन (लेख) मुद्रा-राजस्व (रूप), हिसाब-किताब (गणना), कानून (व्यवहार), प्रशासन (विधि) और अन्य विषयों (विद्या) की उच्च शिक्षा दी गई।

खारवेल चेट (चेदि) कुल का वंशज था। उसकी राजधानी कलिंग-नगरी थी। वह पक्का जैन था। अपने राज्य के दूसरे वर्ष में उसने राजा शातकर्णि के विरुद्ध पश्चिम मे एक सेना भेजी और आन्ध्रदेश के राष्ट्रिक और भोजक आदि जातियों द्वारा समर्पण और मान्यता प्राप्त की। नन्द राजा जो नहर खुदवाई थी उसने उसे तनसुलिय (तोसली) मार्ग (वाट) से राजधानी तक विस्तृत कराया। यह स्मरणीय है कि अशोक के राज्यकाल में तोसली में एक कुमार शासन करता था। इसके बाद उसने उत्तर की ओर ध्यान दिया और राजगृह के निकट गोरथ-गिरि पर आक्रमण करके वहाँ के लोगों को तंग किया (उपपीडयति) उसकी विशाल वाहिनी ने यवनराजा दिमित (देमेत्रिओस) को परास्त किया जिसने भाग कर मधुरा (मथुरा) में शरण ली। इस प्रकार उसने यूनानियों को पराजित करने में उत्तरी राज्यों का हाथ बटाया। तत्पश्चात् उसने उत्तर की ओर अभियान किया, जिसे उसके शिलालेख में भारतवर्ष कहा गया है। उसने उत्तरापथ के राजाओं को आतंकित किया, मगध पर आक्रमण किया। उस समय मगध का राजा बहसपतिमित (बृहस्पतिमित्र) था। मगध और अंग से बहुत-सा लूट का माल कलिंग पहुंचाया जिसमें कलिंगजिन की वह मूर्ति भी थी जिसे नन्द राजा कलिंग से उठा लाया था।

दक्षिण की ओर उसने पिथुण्ड (मछलिपटम के निकट) पर अधिकार किया जो उसके पूर्ववर्ती राजाओं की राजधानी थी और पाण्ड्य-प्रदेश को लूटा।

यह उल्लेखनीय है, कि इस अभिलेख के बहुत से शब्द घिस गये हैं और अब निश्चित रूप से पढ़ने में नहीं आते। उनके पाठ का अनुमान मात्र लगाया जाता है। कालक्रम के संबंध में इसमें जो अवतरण है उससे प्रतीत

कालक्रम

होता है कि यह लेख खारवेल के राज्य के तेरहवें वर्ष में लिखाया गया था जो राजा-मुरिय-काल का १६५ वाँ वर्ष था। मौर्यकाल ३२३ ई० पू० से प्रारम्भ हुआ। अतः खारवेल के राज्य का तेरहवाँ वर्ष ३२३–१६५ + १३ = १७१ ई० पू० होता है। इसके अतिरिक्त एक दूसरा कालक्रमात्मक तथ्य इस शिलालेख में तीन राजाओं का उल्लेख है जिनकी पहचान शातकर्णि, पुष्यमित्र और डेमेट्रियस् द्वितीय से की जाती है, जिन्होंन ई० पू० दूसरी शती में राज्य किया।

इस अभिलेख में वर्णित कलिंगनगरी वर्तमान शिशुपालगढ़ मानी जाती है।

नवाँ अध्याय

विदेशी आक्रमण और उनका देश में बसना

भारत में तब केन्द्रीय शासन की एकता और दृढ़ता का अभाव हो गया। फलतः यह उत्तर-पश्चिम के विदेशी आक्रमणकारियों का शिकार हो गया। इन आक्रमणों का संबंध (१) यवन, (२) शक और (३) पह्लवों से है।

यवन आक्रमण

यवनों के आक्रमण शुंग राजाओं के समय में प्रारम्भ हो चुके थे। इनका मूलस्थान बक्त्र था जिसे २५० ई० पू० के लगभग डायोडोटस द्वितीय ने सीरिया के साम्राज्य से स्वतंत्र किया था। उसका उत्तराधिकारी यूथीडेमस (लगभग २१२-१९० ई० पू०) था जिसने सीरिया के सम्राट् अन्टिओकस तृतीय की कन्या से विवाह करके अपनी शक्ति को दृढ़ किया था। इसके बाद उसने भारत की ओर अपने राज्य का विस्तार किया जैसा कि उसके सिक्कों से प्रकट होता है। उसके पुत्र डिमिट्रियस प्रथम (१९०-१६० ई० पू०) ने इस विस्तार की प्रक्रिया को अक्षुण्ण रक्खा। यूक्रेटाइडीस (१७७-१५५ ई० पू०) ने उसे बक्त्र से बाहर निकाल दिया। जैसा कि जस्टिन ने लिखा है "जब बक्त्र पर यूक्रेटाइडीस का राज्य था भारत पर डिमिट्रियस शासन कर रहा था।"

भारत के यवन राजाओं में सब से महत्वपूर्ण राजा डिमिट्रियस द्वितीय, अपोलोडोटस द्वितीय और मिनान्डर (मिलिन्द) थे, जैसा कि उनकी मुद्राओं

यवन राजा

से प्रकट होता है। उनकी मुद्राएँ बारीगाजा (भड़ौंच) तक के बाजारों में चालू थी। उनका राज्य पंजाब में था और उनकी राजधानी शाकल (स्यालकोट) थी। एक यूनानी राजा ने जिसका नाम मुद्राओं पर पतलव (पेन्टालियोन १६०-१५५ ई० पू०) अंकित है ऐसी मुद्राएँ जारी की जिन पर एक स्त्री की आकृति मिलती है जिसे फूशे ने बुद्ध की माता माया माना है।

इन यवन राजाओं के पारस्परिक संबंध का पता नहीं चलता। वे विभिन्न क्षेत्रों में राज्य करते थे।

अपोलोडोटस द्वितीय ने उत्तर-पश्चिमी-प्रदेश में अपने राज्य का कुछ भाग खो दिया। यूक्रेटाइडीस ने इस पर अधिकार करके उसकी मुद्राओं को फिर से टंकित कराया जिनपर 'कपिसिय नगर देवता' (कपिशा का नगर देवता) लेख लिखा है।।

डिमिट्रियस द्वितीय ने एक विस्तृत-प्रदेश पर राज्य किया जिसमें पाता लेने (सिन्धु-डेल्टा) सौराष्ट्र और कच्छ शामिल थे। ऐसा माना जाता है कि उसने शुंग-राज्य पर आक्रमण किया। उसकी ख्याति अंग्रेज कवि चॉसर के कानों तक पहुँची जिसने 'भारतीय राजा एमेरितस महान्' का उल्लेख किया है। सौवीर के एक नगर दत्तामित्री का नामकरण उसके नाम पर हुआ है। उसकी मुद्राओं पर खरोष्ट्री लिपि में 'महारजस अपडिहतस (अप्रतिहतस्य) दिमेत्रियस' लेख अंकित है।

मिनान्डर (लगभग ११५-९० ई० पू०)

उसने एक विस्तृत प्रदेश पर राज्य किया। उसकी मुद्राएँ गन्धार में पेरोपेमिसदे (गजनी-काबुल-उपत्यका) पुष्कलावती, तक्षशिला, उतमंजई, मदनि, चरसद्दा, हजारा, स्वात-घाटी आदि स्थानों पर मिली हैं। कुछ विद्वानों का विचार है कि १५५ ई० पू० में यूक्रेटाइडिस के बाद उसने इन प्रदेशों पर राज्य किया। १३० ई० पू० के लगभग उसका देहान्त हुआ। बजौर नामक सीमावर्ती स्थान स्थान परस्टेलाइट की बुद्ध की धातु मंजूषा मिली है जिस पर "महाराज मिनन्द्र के राज्य में" यह लेख अंकित है। इस मंजूषा को वीर्यकमित्र और उसके पुत्र विजयमित्र ने, जो स्वातउपत्यका में मिनान्दर का राज्यपाल था और जिसका उल्लेख प्रथम शती ई० पू० की शक मुद्राओं पर मिलता है, प्रतिष्ठित कराया था। मुद्राओं से पता चलता है कि मिनान्डर ने कुछ अन्य उपराजाओं अथवा राज्यपालों की भी नियुक्ति की थी। ऐसे राज्यपालों में (१) स्वात और अराकोसिया का शासक अन्टीमेकस द्वितीय (२) पेशावर और उतमंजई का शासक पोलीक्सेनस और (३) उपरली काबुल उपत्यका का शासक इपान्डर

उल्लेखनीय हैं।

पालि ग्रन्थ 'मिलिन्द-पञ्हो' में मिनान्डर को मिलिन्द कहा गया है और यह लिखा हैं कि बौद्ध आचार्य नागसेन के प्रभाव से उसने बौद्ध-धर्म स्वीकार कर लिया था। उसका भारतीयकरण उस सीमा तक पहुँच गया था कि उसने अनेक यूनानी अनुयायियों के नामों को भारतीय रूप दे दिया था उदाहरणार्थ अन्टिओकस को अनन्तकाय और डिमिट्रियस को देवमंत्रीय कहा जाने लगा था। उसकी मुद्रा पर चक्र की आकृति और डिकेओस (धार्मिक) की उपाधि अंकित मिलती है। सिक्कों की उलटी और खरोष्ठी में यह लेख खुदा है।

मुद्राओं से इस प्रदेश में राज्य करने वाले कुछ अन्य राजकुमारों का पता चलता है किन्तु उनके नामों के अतिरिक्त उनके विषय में कोई अन्य सूचना नहीं मिलती। बेसनगर के स्तम्भ-लेख में, जिसका उल्लेख पहले किया जा चुका है, यूक्रेटाइडिस के वंशज अन्टियालकिदीस का उल्लेख मिलता है। उसकी मुद्राओं की उलटी तरफ हाथी की आकृति और खरोष्ठी में महरजस जयधरस अन्तिअलिकितस लेख मिलता है।

महरजस
ध्रमिकस
मेनद्रस

इसके बाद शकों ने बक्त्र पर अधिकार कर लिया जहाँ का अंतिम यवन राजा हर्मियस (२०-३० ई०) था।

पीछे से मध्य-एशिया की जातियों के दबाव के कारण शक लोग आगे की ओर खिसकने लगे। वे सीसतान दक्षिणी अफगानिस्तान और बलूचिस्तान से होकर निचली सिन्धु-उपत्यका में आये जिसे इंडोसीथिया (शकद्वीप) कहते हैं।

शक

माओस (लगभग २० ई० पू० २२ ई०)

शक-अभियान का नेता माओस था जिसकी मुद्राओं से प्रकट होता है कि उसने गन्धार और पश्चिमी-पंजाब पर (जिसमें तक्षशिला भी शामिल था) अपना आधिपत्य स्थापित किया। उसने राजाधिराज की उपाधि ग्रहण की जैसा कि उसकी मुद्राओं से प्रतीत होता है। पह्लव सम्राट् मिथ्रिडेटिस द्वितीय (१२३-८८ ई० पू०) की मृत्यु पर, जिसका प्रभुत्व उसे पहिले मान्य था, उसने मथुरा तक का प्रदेश ७२ विक्रम संवत् = १५ ई० से पहिले जीतकर अपने राज्य में मिला लिया। इस समय काबुलघाटी में यवन राजा युक्रेटाइडिस के वंशजों और पंजाब में यवन राजा यूथीडेमिस के वंशजों का शासन था। इन दोनों वंशों में संघर्ष चल रहा था। दक्षिण सिंध के मार्ग से शकों के आ जाने से इन युद्धरत शक्तियों में एक व्यवधान पड़ गया। माओस ने इन दोनों यवन वंशों की मुद्राओं का अनुकरण किया है।

एजीस प्रथम के बाद उसका पुत्र एजिलाइसेस (अयिलिश) २८-७९ ई० के बीच में गद्दी पर बैठा और उसके बाद उसका पुत्र एजीस द्वितीय लगभग ३५-७९ ई० के बीच में राजा बना। (यहाँ 'एज ऑव इम्पीरियल यूनिटी' में डॉ० डी० सी० सरकार द्वारा उल्लिखित कालक्रम का अनुसरण किया गया है।)

इन विदेशी राजाओं का पता केवल उनकी मुद्राओं से चलता है और वे हमारे लिए नाममात्र हैं। ऐसा प्रतीत होता है कि उनमें द्वैराज्य की प्रथा थी। उन्होंने स्वयमेव भी मुद्राएँ चलाईं और अपने संबंधियों और अपने उपराजाओं के साथ मिलकर भी जारी कीं। इस प्रकार हमें उनके संबंधियों तथा उपराजाओं के नामों का पता चलता है। उदाहरण के लिए एजीस प्रथम ने अपनी मुद्राओं पर अपने साथ अपने पिता स्पलिरिसेस का नाम भी अंकित कराया। कुछ मुद्राओं पर उसके नाम के साथ-साथ उसके पुत्र स्पलगदम और उसके सेनापति (स्त्रातेगोस) अस्यवर्मा के नाम भी अंकित मिलते हैं। जैसा कि हम आगे देखेंगे इस अस्यवर्मा का नाम पह्लव राजा गोन्दोफर्नेस् के नाम के साथ भी संबंधित पाया जाता है।

उसने पूर्वी ईरान अथवा द्रागियाना में राज्य करना आरम्भ किया और शीघ्र ही अपनी मुद्राओं पर महाराजाधिराज की सम्राट्-पद-सूचक उपाधि अंकित कराई।

वोनोनीस (वनान)

इसके बाद उसके अपने संबंधियों, उदाहरणार्थ अपने दो भाइयों स्पलहोर और स्पलिरिसेस (लगभग १८-१ ई० पू०), के साथ मिलकर मुद्राएँ जारी कीं। स्पलिरिसेस उसके बाद गद्दी पर बैठा और उसने उसकी मुद्राओं को पुनः टंकित कराया। माओस ने उसे सिंहासन से उतार दिया।

उसने पार्थियन सम्राट् आर्थोग्नीज के राज्यकाल में अराकोजिया के राज्यपाल का कार्य आरम्भ किया। किन्तु बाद में उसने पार्थियन साम्राज्य के कुछ भाग तथा काबुल-घाटी और गन्धार को जीतकर अपने-आपको स्वतंत्र राजा घोषित कर दिया। मुद्राओं पर उसे महरज-रजतिरज-त्रतरस देवव्रतस गुदव्हरस (महाराज राजातिराज-त्रातुः देवव्रतस्य गुण्डुपर्णस्य) कहा गया है। इन मुद्राओं पर उसे घोड़े पर चढ़ा हुआ दिखाया गया है और यूनानी लिपि में उसका नाम 'उन्दोफर्रोन' लिखा है। उसने अपने संबंधियों, अपने भाई गुद और अपने सेनापति अस्यवर्मा के साथ मिलकर भी मुद्राएँ जारी कीं।

गोन्दोफर्नेस् (लगभग २०-५० ई०)

उसके बाद उसके वंश के लोगों ने केवल २० वर्ष तक राज्य किया। कुषाण नामक एक नवागन्तुक जाति ने उन्हें निकाल बाहर किया।

एक अभिलेख में 'गुदुह्वर' (गोन्दोफर्नेस्) के राज्यकाल के बीसवें वर्ष को विक्रम संवत् के १०३ वें वर्ष के तुल्य बताया गया है, जो १०३ + ५७ + २६

= २० ई० के बराबर होता है। चूंकि इस भारतीय संवत् के संवंध में वैशाख मास का उल्लेख है, इससे यह अनुमान किया जा सकता है कि यहाँ विक्रम संवत् अभिप्रेत है।

शक-क्षत्रप

पह्लव लोगों की प्रथा के विपरीत शकों ने देश के आन्तरिक भागों में प्रवेश करके तक्षशिला, मथुरा, नासिक और उज्जयिनी में अपने क्षत्रप-वंश प्रतिष्ठित किए और पूर्णतः भारतीय हो गए। उनमें से कुछ बौद्ध हो गये, कुछ हिन्दू। मुद्राओं और अभिलेखों से वहाँ के निम्न-लिखित राजाओं का पता चलता है—

तक्षशिला

(१) क्षत्रप लिअक कुसुलक जो राजा मोग (माओस) के राज्यकाल में तक्षशिला के निकट चुक्ष का क्षत्रप था, (२) उसका पुत्र पतिक तक्षशिला का क्षत्रप हुआ। यह एक पक्का बौद्ध था और जिसने वहाँ एक संघाराम बनवाकर उसमें बुद्ध की धातु-प्रतिमा प्रतिष्ठित करायी और रोहिणीमित्र उपाध्याय को उसका प्रवन्धक (नवकर्मिक) नियुक्त किया। अपने दान के कारण उसने महादानपति का पद प्राप्त किया। अन्य क्षत्रप, जैसे जिहुनिया का क्षत्रप अस्यवर्मा, हमारे लिए केवल नाममात्र हैं।

मथुरा

मुद्राओं तथा सिंह-शीर्ष पर उत्कीर्ण लेखों से मथुरा के शक इतिहास का पता चलता है। इनमें वहाँ के महाक्षत्रप रजुल-(=राजुल=सिक्कों का रंजुवुल) और उसके पुत्र क्षत्रप शुडिस (जिसे शूडिस, शोडास और शोण्डास भी कहते थे) का पता चलता है। शुडिस बाद में महाक्षत्रप वन गया था। उसकी मुद्राओं पर उसके पुत्र क्षत्रप तोरण (या भरण) दास का नाम तथा हगान, हगामश, शिवघोप, शिवदत्त आदि उसके अन्य क्षत्रपों के नाम भी मिलते हैं।

उक्त शिलालेखों से कुछ महत्वपूर्ण सामाजिक और सांस्कृतिक तथ्यों पर प्रकाश पड़ता है। राजुल की अग्रमहिषी (पटरानी) अयसि कम्बोज देश की रहने वाली थी और सम्राट् मोग के पुत्र युवराज खरओस्ट की पुत्री थी। वह बौद्ध धर्म में दीक्षित हो गई और उसने मथुरा में एक बौद्ध संघाराम, एक स्तूप और एक शाक्यमुनि के अवशेषों का प्रतिष्ठास्थान (मन्दिर) बनवाए। इन भवनों के निर्माण के लिए उसे उसके पुत्र शुडिस ने 'महाक्षत्रप कुसल पदिक और समस्त शकस्थान के पुण्य' के लिए भूमि प्रदान की। इससे अपनी जन्मभूमि तथा अपने नेता के प्रति उसकी भक्ति प्रकट होती है। उसने स्वयं भी एक गुहा-विहार का दान किया और वहाँ महासांघिक नय की शिक्षा देने के लिए नगर (जलालाबाद) के भिक्षु बुद्धदेव को समासीन किया। अपनी परोपकार भावना के फलस्वरूप उसे यथार्थ रूप से महादानपति की उपाधि प्राप्त हुई।

अभिलेखों से वहाँ के शक-राजा भूमक और नहयान पर प्रकाश पड़ता है जो सम्भवत: पिता-पुत्र थे और अपने आपको 'क्षहरात-क्षत्रप' कहते थे। बाद में

पश्चिमी भारत

नहयान महाक्षत्रप बन गया। शक संवत् ४१-४६ = ११९-१२४ ई० के बीच में उसने अपने शिलालेख खुदवाए थे।

नहयान का जामाता उषवदात एक योग्य व्यक्ति था। उसने उसे अपने प्रशासन में साथ रखा। उषवदात दीनिक का पुत्र था और नहयान की पुत्री दक्षमित्रा के साथ ब्याहा था। वह उसके उपराजा के रूप में शासन करता था और दक्षिण में पूना (नामाल) से उत्तर में पुष्कर, कापूर (बड़ौदा), प्रभास (दक्षिणी काठियावाड़), भृगुकच्छ, गोवर्धन (नासिक) दशपुर (पश्चिमी मालवा) और शूयरिक तक फैले हुए उसके विस्तृत राज्य के कई प्रदेशों का नियंत्रण करता था।

नहयान के निधन पर उसके वंश का राज्य समाप्त हो गया। पेरीप्लस में उसे नम्बोनेस और उसकी राजधानी को मिन्नगर = जीर्णनगर (जूनागढ़, गिरनार) कहा गया है।

चष्टन (७८-११० ई०) ने वहाँ एक शक वंश स्थापित किया और शक-संवत् (शकनृपकाल) का प्रवर्तन किया। चष्टन की एक पाषाण-प्रतिमा जिसमें

उज्जयिनी

उसे शक वेशभूषा में घुटनों तक का लम्बा कोट पहने खड़ा दिखाया गया है मथुरा से प्राप्त हुई है और मथुरा-संग्रहालय में रखी है। प्रतिमा के दोनों ओर नोकीली टोपी पहिने शक घुड़सवार योद्धा अंकित किए गये हैं। प्रतिमा पर षष्टन शब्द खुदा है जो चष्टन का रूपान्तर माना जाता है।

चष्टन के वंश का सब से महत्वपूर्ण राजा उसका पौत्र रुद्रदामा था जिसके शक संवत् ७२ = १५० ई० के गिरनार शिलालेख में उसकी विजयों और प्रशा-

रूद्रदामा

सन का सूक्ष्म वर्णन मिलता है। उसने उत्तर में यौधेयों को पराजित किया और दक्षिणापथपति गौतमीपुत्र शातकर्णि को हराया। शिलालेख में निम्नलिखित प्रदेशों पर उसकी विजय का उल्लेख है : (१) सिन्धु (निचली सिन्धु-उपत्यका का पश्चिमी भाग), (२) सौवीर (निचली सिन्धु-उपत्यका का पूर्वी भाग), (३) कच्छ, (४) आनर्त (उत्तरी काठियावाड़), (५) सुराष्ट्र (दक्षिणी काठियावाड़) जिसकी राजधानी गिरनार थी, (६) मरु (मारवाड़), (७) अपरान्त (उत्तरी कोंकण) जिसकी राजधानी शूयरिक थी), (८) आकर (पूर्वी मालवा) जिसकी राजधानी विदिशा थी, (९) अवन्ती (पश्चिमी मालवा) जिसकी राजधानी उज्जयिनी थी।

जैसा कि ऊपर लिखा जा चुका है उसने पुलुमावि के साथ अपनी पुत्री का विवाह करके आन्ध्रों के साथ संधि की।

उसने पह्लव सुविशाख को सुराष्ट्र का राज्यपाल नियुक्त किया। सुराष्ट्र में सुदर्शन-तटाक नामक प्रसिद्ध जलाशय के जीर्णोद्धार की आवश्यकता पड़ गई जिसके लिए राजा ने लोगों से बेगार (विष्टि) और चन्दा (प्रणय) या कर लिए बिना अपनी जेब से (स्वस्मात् कोशात्) काफी धन खर्च किया।

उसकी मंत्रि-परिषद् में (१) मति-सचिव (राजनीति की चर्चा करने वाले) और (२) कर्म-सचिव (प्रशासन के अधिकारी) नामक कर्मचारी होते थे।

उसने शिलालेखों में संस्कृत भाषा का और मुद्राओं पर प्राकृत-भाषा का प्रयोग किया।

उसके बाद २०० वर्ष तक के उसके वंश के इतिहास का कुछ पता नहीं चलता।

इस वंश का अन्तिम क्षत्रप रुद्रसिंह तृतीय था जिसकी मुद्राएँ मालवा और राजस्थान में २७३ शक संवत् = ३५१ ई० तक और विन्ध्य से दक्षिण में ३०१ शक संवत् = ३७९ ई० तक मिलती है। ऐसा माना जाता है कि यही वह शक राजा था जिसे गुप्त-सम्राट् चन्द्रगुप्त द्वितीय ने मार कर शक राज्य का अन्त किया था। किन्तु श्री परमेश्वरीलाल गुप्त ने हाल ही में इस मत का खण्डन करके यह सिद्ध करने की चेष्टा की है कि शक राज्य को समाप्त करने का श्रेय बलमी के मैत्रक वंशी राजाओं को है। (भारतीय विद्या १९५८ भाग १८ पृ० ८३)

कुषाण

हम ऊपर देख चुके हैं कि १७५-१६० ई० पू० के लगभग मध्य-एशिया की जातियों में एक संचरण की परम्परा चल पड़ी। एक जाति ने दूसरी को आगे ठेलना शुरू कर दिया। उनमें से कुछ भारत में आकर बस गईं।

ह्यूङ्-नू (हूण ?) जाति ने पश्चिमी चीन से यू-ची लोगों को बाहर धकेल दिया। इन हटते हुए यू-ची लोगों ने वंक्षु-उपत्यका और बक्त्र में बसे वू-सुन और शक लोगों को वहाँ से खदेड़ दिया। पीछे की जातियों के दबाव के कारण यू-ची और आगे बढ़े और उन्होंने शकों की भूमि पर अधिकार करके उन्हें भारत में आने पर विवश कर दिया। बक्त्र और सुग्ध की नवाधिकृत भूमि पर उनके पाँच दल बस गये जिनमें से एक का नाम कुषाण था और जिसके नेता (यबगू = यवौग) ने सब दलों को एकता के सूत्र में बाँध दिया था।

कुजुल कड़फाइसेस प्रथम (लगभग १५-६५ ई०)

अपनी जाति की महत्ता के इस निर्माता का नाम कदफिसस प्रथम था। उसने हिन्दुकुश के पार अपने राज्य का विस्तार करना आरम्भ कर दिया, दक्षिणी अफगानिस्तान, काबुल, कन्दहार, कि-पिन और पार्थिया के एक भाग को अपने राज्य में मिला लिया और अन्त में यवन, शक और पहलव राज्यों को आत्मसात कर लिया।

उसके इतिहास के प्रधान साधन मुद्राएँ हैं। अपनी प्रारम्भिक मुद्राओं पर सीधी तरफ यूनानी राजा हर्मियस का नाम अंकित है और उलटी तरफ उसका अपना नाम और उपाधि कुशनस-यडस कुजुल-कफस-धुम-ठितस (कुछ मुद्राओं पर सचधम-ठितस) उत्कीर्ण है। इस लेख से पता चलता है कि वह अपनी जाति का नेता (युवग) था और सत्यधर्म (धर्म) में उसकी निष्ठा थी। उसकी बाद की मुद्राओं पर उसका नाम और उपाधि इस प्रकार मिलते हैं : 'महरजस-महतस कुपाण कुयुल कफस अथवा महारजस रजतिरजस कुयुल कफस।' इस प्रकार मुद्राओं से उसके सम्राट् पद का आभास होता है और यह पता चलता है कि उसने सत्य-धर्म (वैदिक धर्म) को अंगीकार किया था। ६० ई० में ८० वर्ष की आयु में उसकी मृत्यु हुई। उसकी मुद्रा पर राजा के सिर की जो आकृति है वह रोमन सम्राट् ऑग-स्टस (२७ ई० पू०–१४ ई०), ताइबेरियस (१४-३७ ई०) अथवा क्लौदियस (४१-५४ ई०) की मुद्राओं पर अंकित आकृति से मिलती है।

विम कडफाइसस द्वितीय (लगभग ६५-७५ ई०)

अगला महत्त्वपूर्ण कुपाण राजा कडफाइसस द्वितीय था। मुद्राओं से पता चलता है कि भारत के विस्तृत प्रदेश पर उसका राज्य था। मुद्राओं पर अंकित लेखों में उसे महाराजा, राजाधिराज, सर्वलोकेश्वर और महीश्वर (पृथ्वी का स्वामी) कहा गया है और उसका नाम विम कफिश लिखा है। उसकी कुछ मुद्राओं पर द्विभुज, त्रिशूलधारी, व्याघ्र-चर्मग्राही, नन्दी-अभिमुख भगवान् शिव की आकृति अंकित है। इनसे प्रकट होता है कि उसने हिन्दूधर्म ग्रहण करके शैवमत स्वीकार किया था। महीश्वर शब्द महेश्वर का रूपान्तर हो सकता है जिससे शिवभक्ति की कल्पना होती है।

कुछ ताँबे की मुद्राओं पर यह लेख मिलता है : महारयस रयरयस-देवपुत्रस कुयुल करकफ्सस (कपस) इस लेख से कुयुल करकफस राजा के सम्राट् पद और देवपुत्र उपाधि का पता चलता है।

मथुरा जिले में विम कडफाइसेस प्रथम की एक बृहदाकार प्रतिमा मिली है। उसे सिंहासन पर बैठा लम्बी आस्तीन का चोंगा और फीतों से बँधे ऊँचे भारी बूट जूते पहने और पादपीठ पर पैर रखे दिखाया गया है। इस प्रतिमा पर निम्नलिखित लेख मिलता है: "(१) महाराज राजातिराजो देवपुत्रो, (२) कुषाणपुत्रो शाहि विमा तक्षमस्य अर्थात् सम्राट् (शाही) विम की (प्रतिमा) जिसके पास तेज घोड़े (तक्षम) है, जो कुषाण-वंशीय है, जो देवता का पुत्र है और जो राजाओं का राजा है।"

इस लेख में देवकुल (मन्दिर) और जन-कल्याण के लिए आराम (सराय),

उदयान (कुआँ) और पुष्करिणी (तालाब) बनवाने का उल्लेख है।

सन् १२२=६४ ई० के एक अभिलेख में एक महान् कुषाण (गुषण) सम्राट् का उल्लेख है। उसकी ठीक से पहचान करना कठिन है। उसे या तो कडफाइसस द्वितीय माना जा सकता है, जिसने अपने नाम का उल्लेख कराना उचित नहीं समझा या उसका उपराजा समझा जा सकता है।

शिलालेखों में कडफाइसस द्वितीय के बाद की उत्तराधिकार-तालिका इस प्रकार दी है : (१) कनिष्क प्रथम (१-२३), (२) वासिष्क (२४-२८), (३) हुविष्क (२८-४०), (४) कनिष्क द्वितीय वाझेष्क पुत्र और (५) वासुदेव (७४-९८)।

उसके उत्तराधिकारी

यह भारतीय इतिहास के महत्तम राजाओं में गिना जाता है। उसके साम्राज्य में भारत के बाहर का एक विस्तृत प्रदेश भी शामिल था। उसने चीनियों से खोतान, यारकन्द और काशगर जीत लिए थे। भारत के भीतर उत्तर-पश्चिम में कापिशा, गन्धार, कश्मीर में सिन्ध और मालवा से होकर पाटलिपुत्र तक उसका राज्य था। उत्तर-पश्चिम में लल और लाइक और पूर्वी भारत में महाक्षत्रप खरपल्लान और क्षत्रप वनस्फर उसके राज्यपाल थे, जैसा कि उसके शिलालेखों से प्रकट होता है। चूंकि उसकी मुद्राओं पर टिटस (७९-८१ ई०), ट्राजन (९८-११७ ई०) की रोमन मुद्राओं के अनुकरण के चिह्न मिलते हैं, इसलिए एलन ने अनुमान किया है कि उसका राज्य ७८ ई० के पश्चात् आरम्भ हुआ होगा।

कनिष्क प्रथम

उसने कश्मीर में कनिष्कपुर नामक नगर का निर्माण कराया, जो आजकल बारामूला के निकट कनिसपुर नामक स्थान है, और अपनी राजधानी पेशावर में एक स्तूप और विहार बनवाया जिसमें बुद्ध के अस्थि-अवशेषों को प्रतिष्ठित कराया। खुदाई से पता चला है कि इसमें बुद्ध, ब्रह्मा, इन्द्र और कनिष्क की मूर्तियाँ थीं।

परम्परा के अनुसार कनिष्क ने कश्मीर के कुण्डलवन विहार (अथवा जलन्धर ?) में आचार्य पार्श्व की अध्यक्षता में बौद्ध धर्म के विवादग्रस्त सिद्धान्तों के स्पष्टीकरण के लिए चौथी बौद्ध संगीति का आयोजन किया। उसमें उपस्थित विद्वानों ने उपलब्ध बौद्ध साहित्य की गवेषणा की और उस पर व्याख्याएँ लिखीं। वसुबन्धु के जीवनचरित्रकार परमार्थ ने लिखा है कि इस संगीति में अश्वघोष ने भाग लिया था किन्तु उसने कनिष्क का नामोल्लेख नहीं किया है।

कनिष्क के विस्तृत राज्य की विविध जातियों में जिन देवताओं की उपासना प्रचलित थी, उन सब की आकृतियाँ उसकी मुद्राओं पर अंकित हैं। इनमें (१) ब्राह्मण धर्म के देवता-महासेन, स्कन्द-कुमार-विशाख (बीज़ागो), उमा (ओम्मो), वरुण (होरोन), और भवेश

मुद्राएं

(ओएशो) (२) बौद्ध देवता–बुद्ध (बोद्दो), 'सक-मन-बोउद' (शाक्यमुनि बुद्ध) और ओद्दो बोयछकम (अद्वैत-बुद्ध शाक्य-मुनि), (३) ईरानी देवता–मिथ्रो (मिइरो) और (४) यूनानी देवता–हेलि-ओस, सेलेन, हिरेक्लीस शामिल हैं।

मथुरा जिले में कनिष्क की एक प्रतिमा मिली है। इसमें उसे खड़ा हुआ दिखाया गया है। उसकी दाहिनी भुजा गदा अथवा राजदण्ड पर टिकी है और बाएँ हाथ में उसने तलवार की मूँठ पकड़ रखी है। राजा को घुटने तक का चोगा और फीतों से बँधी भारी बूट-जूते पहने दिखाया गया है। ब्राह्मी लिपि में इस महाराजा राजातिराज देवपुत्रो कानिष्को लेख अंकित है।

कनिष्क की प्रतिमा

वासिष्क (लगभग १०२–१०६ ई०)

दो अभिलेखों से उसके विषय में पता चलता है। इनमें से पहिला २४ = १०२ ई० का है। यह एक अश्वमेध यज्ञ के यूप पर खुदा है। उसमें लिखा है कि उस समय वासिष्क का राज्य था। दूसरा २८ = १०६ ई० का है और साँची के धर्मदेव विहार में मिला है। इसमें तात्कालिक राजा का नामोल्लेख इस प्रकार हुआ है महाराज राजातिराज देवपुत्र-शाहि-वासिष्क।

हुविष्क (लगभग १०६–१३८ ई०)

ऐसा लगता है कि अपने पिता के उपराजा के रूप में उसने शासन प्रारम्भ किया किन्तु ४१ = ११९ ई० के बाद उसने राजा बन कर शिलालेख और मुद्राएँ जारी कीं। उसकी मुद्राओं पर बहुत-से देवताओं, विशेषतः ब्राह्मण देवताओं–ओएशो (भवेश) मिथ्रो, होरोन (वरुण) ओम्मो (उमा) स्कन्दो-कोमारो-बिजागो (विशाख) और गणेश—की आकृतियाँ पाई जाती हैं। इन मुद्राओं पर उसकी अर्धमूर्ति मिलती है। ऐसा लगता है कि उसके राज्य के कुछ भागों, जैसे; सिन्धु-सौवीर, सुराष्ट्र पर क्षत्रप रुद्रदामा का अधिकार हो गया था।

उसने मथुरा में एक मन्दिर और बौद्ध विहार बनवाया और कश्मीर में हुविष्क-पुर (वर्तमान हुष्कुर) नामक नगर बसाया।

४१वें वर्ष = ११९ ई० के एक शिलालेख में कैसर-महाराज-राजातिराज-देवपुत्र-वासिष्क के पुत्र कनिष्क का उल्लेख है। उसे कनिष्क द्वितीय माना जा सकता है। वह हुविष्क का उपराजा मात्र रहा। उसने अपनी मुद्राएँ जारी नहीं कीं।

वासुदेव प्रथम (लगभग १५२–१७६ ई०)

उसके शिलालखों में ७४-९९ वर्षों का उल्लेख है और उसकी कुछ मुद्राओं पर शिव, नन्दी और अरदोक्षो (अवेस्ता में वर्णित धन-सम्पत्ति की देवी) की आकृतियाँ मिलती हैं।

बाद के कुषाण-राजा

वासुदेव के बाद कुषाण साम्राज्य छोटे-छोटे राज्यों में बँट गया। इन शासकों के नाम उनकी मुद्राओं पर मिलते हैं। इनसे कनिष्क तृतीय (२) वसु (३) ग्रुम्बाटीस (३६० ई०) के नामों का पता चलता है। ग्रुम्बाटीस खियोन था। ये नाम मुद्राओं पर ऊपर से नीचे की ओर लिखे हैं। उस समय तक सोने की मुद्राएँ चालू थीं।

अफगानिस्तान और सिन्धु-उपत्यका पर सासानी राजाओं (८०–३६० ई०) का अधिकार हो गया और ये कुषाण राजा उनके करद हो गये। ३४० तक शाक, शीलद और गडहर आदि छोटे-छोटे शक राजा पश्चिमी पंजाब में राज्य करते रहे। ३४० ई० में किदार कुषाणों ने उनका अन्त कर दिया और अपना राज्य स्थापित कर दिया। किदार के राज्य में कश्मीर, गन्धार, पश्चिमी और मध्य-पंजाब का विस्तृत प्रदेश शामिल था। उसके बाद उसका पुत्र पीरो गद्दी पर बैठा। गुप्त-सम्राटों और सासानी सम्राट् शाहपुर तृतीय के आघातों और आक्रमणों से उसके राज्य का अन्त हो गया।

कुषाणकालीन भारत

धर्म :—कुषाण सम्राटों ने धार्मिक उदारता का परिचय दिया। उन्होंने अपनी मुद्राओं पर विभिन्न धर्मों के देवताओं की मूर्तियाँ अंकित करने की अनुमति दी, यद्यपि उनका अपना-अपना वैयक्तिक धर्म अलग था। विम शैव था, कनिष्क प्रथम बौद्ध था, हुविष्क भी बौद्ध था, वासुदेव शैव या शायद वैष्णव था।

कनिष्क प्रथम ने बौद्ध संगीति का आयोजन करके बौद्ध धर्म की बड़ी सेवा की। इस संगीति में बौद्ध ग्रन्थों का पाठ निर्धारित हुआ। बौद्ध धर्म का एक नया रूप महायान आविर्भूत हुआ जो दक्षिणी बौद्ध धर्म के हीनयान से भिन्न था।

कला

महायान ने कला को एक नूतन दिशा प्रदान की। बुद्ध की मूर्तियाँ, उसके जीवन की घटनाओं का अंकन और बोधिसत्त्वों की आकृतियाँ कलात्मक अभिव्यक्ति का उपादान और माध्यम बन गईं। पहिले हीनयान ने इन मूर्तियों के निर्माण पर प्रतिबन्ध लगाया था। यूनानी कला का भी इस कलात्मक विकास पर काफी प्रभाव पड़ा और फलतः गन्धार की कला का प्रादुर्भाव हुआ। मथुरा के कारीगरों पर भी इसका गहरा प्रभाव पड़ा और उन्होंने लोगों की माँग को पूरा करने के लिए बुद्ध और बोधिसत्वों की बड़ी बड़ी मूर्तियाँ बनानी शुरू कर दीं। ये मूर्तियाँ सारनाथ, श्रावस्ती, साँची और राजगृह आदि सुदूर स्थानों में प्रतिष्ठित की गईं। प्राङ्मौर्य-कालीन परखम, बेसनगर और दीदारगंज की विशाल यक्षों और यक्षिणियों की प्रतिमाओं की परम्पराएँ इन बुद्ध-बोधिसत्वों की मूर्तियों में विलीन हो गईं। किन्तु यह कला विशुद्ध

बौद्ध नहीं थी। मथुरा जैन और ब्राह्मण कला का केन्द्र था। इसने अन्य धर्मों के प्रतीकों को कलात्मक रूप प्रदान कर उनकी यथेष्ट सेवा की।

कुषाण काल में संस्कृत को भी प्रोत्साहन मिला। प्रसिद्ध बौद्ध विद्वान अश्वघोष, पार्श्व और नागार्जुन आदि ने संस्कृत में ग्रन्थ-रचना की। उत्तरी बौद्ध-धर्म के शास्त्रों की माध्यम संस्कृत हो गई थी।

प्रशासन

शासन की इकाइयाँ निम्नलिखित थी (१) आहार, (२) जनपद, (३) देश अथवा विषय और (४) राष्ट्र (समस्त राज्य) राज्यपालों को क्षत्रप और महाक्षत्रप कहते थे।

लोक-कल्याण-कार्य और अनुदान

कुषाण सम्राटों के बहुत-से अभिलेखों में उनके धार्मिक और अनुदानों का उल्लेख है। बौद्ध धार्मिक दानों में बहुधा स्तूप और विहार प्रधान हैं जिनमें बुद्ध के अवशेष प्रतिष्ठित किए जाते थे। उदाहरण के लिए स्वात की घाटी में पठानों के एक गाँव में यूनानी थियोडोरा के राज्य-काल का एक धातु-कलश मिला है जिसमें बुद्ध के अवशेष संचित हैं। एजीज प्रथम के काल में एक व्यापारी की पुत्री ने जो बौद्ध उपासिका थी अपने घर में एक स्तूप बनाया और उसमें बुद्ध के अवशेष प्रतिष्ठित किए। उसी प्रदेश में एक अन्य अभिलेख मिला है जिससे ज्ञात होता है कि उरशा (हजारा जिले) के एक बौद्ध निवासी ने बुद्ध के अवशेषों के लिए एक चैत्य बनवाया, तक्षशिला में एक विहार निर्माण कराया और अपने कर में बोधिसत्व का एक मंदिर स्थापित किया।

कनिष्क प्रथम के काल के कई शिलालेखों में बोधिसत्त्वों की प्रतिमाओं और उनके दण्ड अथवा छत्रयष्टि के दान के उल्लेख मिलते हैं। उदाहरणार्थ ८१ ई० के भिक्षु बल के सारनाथ के शिलालेख में अथवा हुविष्क के मथुरा के शिलालेख में यह लिखा है कि भिक्षु बल की एक अन्तेवासिनी ने मधुवन (मथुरा) में बोधिसत्व की एक प्रतिमा स्थापित कराई।

ऐसा प्रतीत होता है कि सम्राट हुविष्क ने स्वयं देवपुत्र विहार नामक एक बौद्ध विहार बनवाया और उसमें भगवान् शाक्यमुनि की प्रतिमा प्रतिष्ठित कराई। यह तथ्य उसके १२९ ई० के शिलालेख में मिलता है। उसी समय के एक अन्य शिलालेख में यह लिखा है कि अफगानिस्तान के एक गाँव में बुद्ध के अवशेष एक स्तूप में प्रतिष्ठित किए गये जिसके साथ कीट-पतंग और वनस्पति (शष्पादि) आदि सब जीवधारियों के कल्याण और मंगल के लिए एक विहार भी बनवाया गया। इससे अद्वितीय विश्वजनीन उदारता का भाव प्रकट होता है।

इन दानों के प्राप्ति स्थानों से पता चलता है कि कुषाण साम्राज्य के तत्वावधान में बौद्धधर्म भारत की सीमाओं को लाँघ कर अफगानिस्तान तक फैल गया था।

जहाँ तक लौकिक दानों का प्रश्न है हम ई० पू० तीसरी शती के सोहगौरा (गोरखपुर) के ताम्रपट्ट लेखों का उल्लेख कर सकते हैं जिनमें दुर्भिक्ष से बचाव के लिए अन्न-संग्रह करने की खत्तियों (कोष्ठागारों) के निर्माण की चर्चा है।

शाहि हुविष्क के एक मनोरंजक शिलालेख में जिसकी तिथि १०६ ई० है और जो मथुरा से प्राप्त हुआ है यह लिखा है कि वहाँ एक पुण्यशाला का निर्माण कराया गया, अक्षयनिधी से जहाँ प्रतिदिन भूखों-नंगों को निःशुल्क भोजन दिया जाता था। इस भोजन में (१) सक्तु (सत्तू), (२) लवण (नमक), (३) शुक्ल (आमले का रस) और (४) हारति-कलापक (हरी सब्जियाँ) होती थीं। इस निधि का प्रबन्ध एक स्थानीय श्रेणी के हाथ में था जो ट्रस्ट का काम करती थी।

घोसुण्डी (चित्तौडगढ़) से ई० पू० की प्रथम शती के एक ब्राह्मण शिलालेख में संकर्षण और वासुदेव नामक देवताओं की उपासना के लिए बनवाए गये एक मन्दिर का उल्लेख है।

मोरा (मथुरा) से प्राप्त ई० पू० की लगभग दूसरी शती के शोडास के राज्य काल के एक शिलालेख में एक विशाल भागवत मन्दिर का जिक्र है जिसमें पाँच वृष्णिवीरों की प्रतिमाएँ स्थापित की गई थी। वायु-पुराण में वासुदेव, प्रद्युम्न, साम्ब, अनिरुद्ध और शेष को पाँच वृष्णिवीर बताया गया है।

ई० पू० की प्रथम शती के धनदेव के अयोध्या के शिलालेख में मृत पितरों के केतन अथवा समाधियों का जिक्र है। पभोसा के अभिलेखों में भिक्षुओं और साधुओं के रहने के लिए गुहाओं (लेनं = लयण = गुहावास) के बनवाने की चर्चा है।

कनिष्क प्रथम के काल के एक शिलालेख में एक हर्म्य का उल्लेख है जहाँ ग्रामदेवता की मूर्ति प्रतिष्ठित थी और उसकी उपासना की जाती थी।

परिशिष्ट

यवन राजाओं का काल-क्रम

डियोडोटस प्रथम (२५६-२४८ ई० पू०)

डियोडोटस द्वितीय (२४८-२३५ ई० पू०)

अन्टिमेकस प्रथम (१९०-१८०)

टिमिट्रियस द्वितीय (१८०-१६५)

मिनान्डर (१५५-१३०) अन्टिमेकस द्वितीय (१३०-१२५)

एगेथोक्लिया

स्ट्रैबो प्रथम (१३०-९५)

(स्ट्रैबो प्रथम के साथ मिलकर राज्य किया)

अपोलोडोटस (११५-९५)

यूक्रेटाइडिस प्रथम (१७१-१५५)

यूथीडेमस प्रथम (२३५-२०० ई० पू०) हेलियोक्लीस प्रथम (१५५-१४०)

डिमेट्रियस प्रथम (२००-१८५) हेलियोक्लीस द्वितीय (१२०-११५)

पन्टालियोन (१८५-१७५) एगेथोक्लीस (१८०-१६५) अन्टियालसिडस (११५-१००)

एगेथोक्लिया हर्मियस (७५-५५)

(यह कालक्रम तालिका डा० अवध किशोर नारायण की पुस्तक 'दि इण्डो ग्रीक्स' से ली गई है)

दसवाँ अध्याय

गुप्त साम्राज्य

कुषाण साम्राज्य के अनन्तर उत्तरी भारत की राजनीतिक एकता नष्ट हो गई और यह बहुत से छोटे राज्यों में विभक्त हो गया। इसकी एकता को एक अन्य सार्वभौम शक्ति ने फिर से स्थापित किया। यह शक्ति गुप्त साम्राज्य थी। ये छोटे राज्य, जिनमें उत्तरी भारत बँट गया था, गणतंत्र और राजतंत्र दोनों रूपों में विद्यमान थे। इनका इतिहास केवल स्थानीय महत्व रखता है।

प्राग्-गुप्त इतिहास

निम्नलिखित गणतंत्रों का उल्लेख प्राप्य है: (१) आर्जुनायन—ये उस प्रदेश में रहते थे जिसे आजकल भरतपुर और अलवर कहते हैं। वे इतने सम्पन्न थे कि उन्होंने अपनी निजी मुद्राएँ जारी की थीं, जिन पर 'आर्जुनायनानां जयः लेख उत्कीर्ण है। ये मुद्राएँ ई० पू० प्रथम शती की हैं। अन्त में ये लोग गुप्त साम्राज्य में विलीन हो गये।

गणतंत्र

(२) मालव—सिकन्दर के आक्रमण के समय ये लोग पंजाब में विद्यमान थे। मालवों से सिकन्दर का संघर्ष भी हुआ था। पंजाब में यवन राज्य के प्रसार के फलस्वरूप वे राजपुताने में बस गये। उन्होंने विक्रम-संवत् का प्रयोग किया। गुप्त शिलालखों में उन्हें मालव-गण कहा गया है। ईसा की तीसरी शती में वे अपनी सत्ता की चरम सीमा पर पहुँचे। मौखरी महाराज बल भी उनके अधीन था। अन्त में वे गुप्त साम्राज्य में अन्तर्भुक्त हो गये।

(३) यौधेय—इनका इतिहास लम्बा है। पाणिनि को इनका पता था। ई० पू० प्रथम शती से उन्होंने अपनी मुद्राएँ जारी करनी शुरू कीं जिन पर बहुधाञका योधेयानं लेख मिलता है। उनकी मुद्राओं के साँचे रोहतक जिले में पाये गये हैं। ई० चौथी शती के उनकी ताँबे की मुद्राएँ कुषाण मुद्राओं के नमूने की हैं। उन पर यौधेयगणस्य जयः लेख उपलब्ध है।

(४) लिच्छवी—उनका इतिहास पहिले लिखा जा चुका है।

(५) शिवि—पहिले वे पंजाब में रहते थे। वहाँ उन्होंने सिकन्दर का मुकाबला किया था। यूनानियों ने उन्हें सिबोइ नाम से अभिहित किया है। बाद में वे चित्तौड़ के निकट राजस्थान में वस गये। उनकी राजधानी माध्यमिका थी। उनकी कुछ मुद्राओं पर 'मज्झमिकाय सिविजनपदस' लेख मिलता है।

(६) कुणिन्द—इनके प्रसिद्ध राजा अमोघभूति का नाम मुद्राओं से ज्ञात होता है। कुणिन्द मुद्राएँ कुषाण-नमूनों की हैं। उन पर शिव की आकृति अंकित है। ई० पू० प्रथम शती में उनके राज्य का सूत्रपात हुआ।

(७) कुलूत—इन्होंने कुणिन्दों को परास्त किया। उनकी मुद्राओं से वीरयशस और भद्रयशस नामक दो राजाओं का पता चलता है। गुप्त राजाओं ने उन्हें पराजित किया।

(८) औदुम्बर—ये पंजाब के कांगड़ा, गुरदासपुर और होशियारपुर जिलों में रहते थे। इनकी मुद्राओं पर 'भगवतो महादेवस्य राजराजस्य' लेख मिलता है। इनमें से कुछ मुद्राओं पर धाराघोष, शिवदास और रुद्रदास नामक राजाओं के नाम अंकित हैं। ये मुद्राएँ प्रथम शती ई० पू० से प्रथम शती ई० तक की हैं। इन पर महीमित्र, भूमिमित्र आदि कुछ ऐसे राजाओं के नाम मिलते हैं जिनके अन्त में मित्र आता है।

नृपतंत्र—ये छोटे-छोटे राज्य थे जिनके उल्लेख इस प्रकार मिलते हैं:—

(१) नागवंश, जो कुषाणों के बाद उत्तरी भारत के विभिन्न प्रदेशों में नागों के कई राजवंश हुए। मथुरा, पद्मावती, कान्तिपुरी और विदिशा उनके केन्द्र थे। पद्मावती के भारशिव नाग अधिक शक्तिशाली थे। मुद्राओं से उनके राजा भवनाग का पता चलता है। एक नाग राजकुमारी चन्द्रगुप्त द्वितीय से ब्याही थी। पुराणों में पद्मावती के ९ नाग राजाओं का उल्लेख है।

(२) अहिच्छत्रा एक अलग राज्य था जिसके राजाओं के नाम उनकी मुद्राओं पर लिखे हैं। उनके नामों के अन्त में मित्र आता है। ये राजा फाल्गुणीमित्र, अग्निमित्र, बृहत्स्वातिमित्र हमारे लिये नाममात्र हैं क्योंकि इनके इतिहास का पता नहीं चलता।

(३) अयोध्या के धनदेव, विशाखदेव आदि अयोध्या के राजाओं का पता केवल मुद्राओं से चलता है। सम्भवतः धनदेव पुष्यमित्र के परिवार से संबंधित था, जैसा कि ऊपर कहा जा चुका है। उनकी कुछ ताम्बे की मुद्राओं पर सत्यमित्र जैसे राजाओं का नाम मिलता है जिनके नामों के अन्त में भी मित्र शब्द आता है।

(४) कौशाम्बी के राजाओं ने ई० पू० प्रथम शती से मुद्राएँ जारी कीं। इनमें से कुछ पर मित्र नामधारी राजाओं के नाम मिलते हैं।

(५) वाकाटक एक प्रसिद्ध राजवंश था जिसे गुप्त सम्राटों ने भी माना और जिसके साथ उन्होंने संबंध स्थापित किए।

(६) मौखरी—उन्होंने सुन्दर वर्मा के नेतृत्व में मगध में एक स्थानीय राज्य की स्थापना की।

गुप्त इतिहास

गुप्त राजाओं ने आरम्भ में अपना छोटा-सा राज्य स्थापित किया। बाद के शिलालेखों से उनके दो स्थानीय राजाओं, श्रीगुप्त (लगभग २४०-२८० ई०) और घटोत्कच (लगभग २८०-३१९ ई०) का पता चलता है। बाद के एक शिलालेख में श्रीगुप्त को आदिराज अर्थात् वंश का प्रवर्तक कहा गया है और उसका गोत्र धरण बताया गया है। चीनी यात्री ई-चिङ ने, जो ६७५ ई० में भारत आया, 'महाराजा श्रीगुप्त' का जिक्र किया है 'जिसने उससे ३०० वर्ष पहिले चीनी यात्रियों के निवास के लिए मृगशिखावन में एक मन्दिर बनवाया।' यदि इस श्रीगुप्त को प्रथम गुप्त राजा मान लें तो उसकी महाराजा नामक उपाधि से यह प्रकट होता है कि उसका स्थान ऊँचा था। उसके उत्तराधिकारी घटोत्कच को भी गुप्त अभिलेखों में महाराजा कहा गया है।

चन्द्रगुप्त (प्रथम ३१९-३३५ ई०)

गुप्त अभिलेखों में उसे महाराजाधिराज कहा गया है। यह सम्राट-पद उसने शायद लिच्छवि राजकुमारी के विवाह के फलस्वरूप प्राप्त किया था जो अपने साथ लिच्छवि राज्य का दहेज लाई थी। उसके पुत्र ने अपने आप को लिच्छवि-दौहित्र कहा। उसे अपनी माता के ऊपर गर्व था जिसके कारण गुप्तवंश को सम्राट-पद प्राप्त हुआ था। यह विवाह मुद्राओं पर चित्रित है जिनकी एक ओर चन्द्रगुप्त और दूसरी ओर श्रीकुमारदेवी का नाम अंकित है। मुद्राओं के इसी ओर राजा रानी को विवाह के उपलक्ष में अँगूठी भेंट करते दिखाया गया है। इन मुद्राओं की उलटी ओर लिच्छवयः शीर्षक सारगर्भित लेख मिलता है जिससे पता चलता है कि लिच्छवि गणतंत्र

के लोग उस प्रदेश के राज्य में, जहाँ ये मुद्राएँ प्रचलित थीं, गुप्त सम्राट् के साथ संबंधित थे।

चन्द्रगुप्त प्रथम को गुप्त संवत् का प्रवर्तक माना जाता है। ३१९ ई० में उसके राज्यारोहण के समय से यह संवत् आरम्भ हुआ। यह तिथि अल-बेरुनी के इस कथन पर आधारित है कि शक संवत् और गुप्त-संवत् के बीच २४० वर्ष का व्यवधान है। शक संवत् ७८ ई० से शुरू होता है। अतः गुप्त संवत् का प्रारम्भ ३१९ ई० में सिद्ध होता है।

गुप्त संवत्

समुद्र गुप्त पराक्रमांक (लग० ३३५-३७५ ई०)

उसके राज्य की निम्नलिखित तिथियों का पता है : (१) उसके पुत्र चन्द्रगुप्त द्वितीय ने ३७५ ई० में अपना राज्य आरम्भ किया जैसा कि उसके मथुरा-स्तम्भ-अभिलेख से ज्ञात होता है। यदि इसमें प्रयुक्त एक शब्द का पाठ 'पंचमे' माना जाए। (२) सिंहल के राजा मेघवर्ण ने (जिसका राज्यकाल ३५१ से ३७९ ई० तक है) उसकी सभा में एक दूतमण्डल भेजा। समुद्रगुप्त के राज्यकाल का आरम्भ ३३५ ई० से माना जाता है। ३७५ ई० में वह मरा। इस प्रकार उसके राज्य के ४० वर्ष होते हैं।

कालक्रम

यदि २० वर्ष की आयु में उसने राज्य सम्भाला हो तो उसका जन्म ३१५ ई० के लगभग हुआ होगा, जब उसके पिता की अवस्था कम से कम २० वर्ष होगी अर्थात् उसके पिता का जन्म २९५ ई० के आस पास हुआ होगा।

प्रयाग-स्तम्भ-लेख से ज्ञात होता है कि समुद्रगुप्त को उसके पिता ने भरी सभा में अपनी इच्छा से उत्तराधिकारी चुना था और उसकी सभा ने इस उत्तराधिकार की पुष्टि की थी, यद्यपि उसके कुछ वंशजों ने इस पर बुरा माना था।

समुद्रगुप्त के राज्य का वृत्तान्त प्रयाग-स्तम्भ-लेख में उपलब्ध है। इसे उसके मंत्री हरिषेण ने लिखा था। हरिषेण चार पदों पर काम करता था। वह खाद्यटपाकिक (सरकारी रसोई का अधिकारी), संधि-विग्रहिक (विदेशी और युद्ध मंत्री) कुमारामात्य (युवराज की सेवा में मंत्री) और महादण्डनायक (मुख्य न्यायाधीश) था। महादण्डनायक तिलभट्टक ने इस सुदीर्घ शिलालेख को पाषाण-स्तम्भ पर उत्कीर्ण किया था।

हरिषेण

उक्त शिलालेख समुद्रगुप्त को दिग्विजयी के रूप में प्रस्तुत करता है। इसमें विभिन्न दिशाओं में उसकी विभिन्न प्रकार की विजय का सिलसिलेवार वर्णन मिलता है। उसकी योजना यह थी कि दूर की विजययात्राओं को शुरू करने से पहिले अपने पिछवाड़े को सुरक्षित करें।

समुद्र गुप्त की विजयें

सब से पहिले उसने निकटवर्ती अहिच्छत्रा के राजा अच्युत, पद्मावती के राजा नागसेन और कन्नौज अथवा पुष्पपुर के कोटवंश के अधिपति को परास्त किया और उनके राज्यों को अपने राज्य में मिला लिया। इस विजय से उसका राज्य 'प्रयाग और साकेत' से परे तक फैल गया जो पुराणों के अनुसार गुप्तराज्य की सीमाएँ थीं।

प्रथम विजय

समुद्रगुप्त ने दक्षिणापथ अथवा दकन के सभी राजाओं को जीन लिया। इन विजयों में उसकी नीति यह थी कि शत्रु को पकड़ने (ग्रहण) के बाद छोड़ दिया जाए (मोक्ष) और विजेता के अनुग्रह से उसे सामंत की हैसियत से फिर उसका राज्य वापिस कर दिया जाए। यह नीति दूर के उन राज्यों के प्रति उपयुक्त थी जिन्हें साम्राज्य में मिलाने के स्थान पर सम्राट की प्रभुत्व के अधीन कर लिया गया। दक्षिण के पराजित नरपति ये थे: (१) कोसल (बिलासपुर, रायपुर और सम्भलपुर के जिले) का महेन्द्र, (२) महाकान्तार (उड़ीसा में जयपुर का वन) का व्याघ्रराज, (३) कौराल (कोलेर झील) का मण्टराज, (४) पिष्टपुर (पीठापुरम्) का महेन्द्र-गिरि, (५) कोट्टूर (तूनी के निकट कोट्टुरु) का स्वामिदत्त, (६) एरण्डपल्ल (विजगापटम् जिला) का दमन, (७) कांची का विष्णु गोप (पल्लव वंश का एक राजा), (८) अवमुक्त (इसकी पहचान नहीं की जा सकी है) का नीलराज, (९) वेंगी का हस्तिवर्मा (एक सालंकायन राजा), (१०) पालक्क (नेल्लोर) का उग्रसेन, (११) देवराष्ट्र (विजगापटम जिले का येलामंचिलि तालुका) का कुबेर और (१२) कुस्थलपुर (उत्तरी अर्काट जिले में कुशस्थली नदी का प्रदेश) का धनञ्जय।

दक्षिणी अभियान

दूसरे आर्यावर्त के युद्ध में समुद्रगुप्त ने उत्तरी भारत के शेष राज्यों को, जो गणपतिनाग, चन्द्रवर्मा, रुद्रदेव (रुद्रसेन प्रथम वाकाटक) आदि नरपतियों के अधीन थे, बलपूर्वक समाप्त करके अपने साम्राज्य में मिला लिया (प्रसभोद्धरण)। उक्त राजाओं के अतिरिक्त जो अन्य राजाओं के नाम शिलालेख में आए हैं उनके विपय में कोई तथ्य नहीं मिलते। उनके नाममात्र ज्ञात हैं।

आर्यावर्त का दूसरा युद्ध

परिव्राजक वंश के एक राजा के एक शिलालेख से पता चलता है कि आटविक राज्यों की संख्या १८ थी। इन्हें पूर्णरूप से परास्त करके इनके राजाओं को सम्राट की सेवा के लिए नियुक्त किया गया (परिचारिकी कृतसकलाटविक राजस्य)।

आटविक राज्यों की पराजय

सीमावर्ती राज्यों ने, जो विद्रोह के केन्द्र बन सकते थे, समुद्रगुप्त को सब कर दिए (सर्वकरदान), उसकी आज्ञाओं का पालन किया (आज्ञाकरण), स्वयं

प्रत्यन्त-राज्यों से संबंध उपस्थित होकर प्रणाम किया (प्रणामागमन) और उसके सुदृढ़ शासन को पूर्णतः परितुष्ट किया (परितोषितप्रचण्ड-शासन)। ऐसे राज्य निम्नलिखित थे :—

(१) पूर्वी सीमा के राज्य, जैसे समतट (समुद्र तक फैला पूर्वी बंगाल), कामरूप (असम का गोहाटी जिला) और डवाक (नौगाँव जिला)।

(२) उत्तरी सीमा के राज्य, जैसे नेपाल और कर्तृपुर (कुमायूँ, गढ़वाल और रुहेलखण्ड) के पर्वतीय राज्य।

(३) पश्चिमी सीमा के गणतंत्र, जैसे मालव, आर्जुनायन (जयपुर प्रदेश में), आभीर (पश्चिमी राजस्थान में), यौधेय, मद्रक (पंजाब में), सनकानीक (भिलसा में), काक (भिलसा के निकट), खर्परिक (दमोह जिले में) और प्रार्जुनक।

समुद्रगुप्त के साम्राज्य की सीमाओं से परे भारत के भीतर और बाहर विदेशी राज्य थे, जैसे सिंहल और समुद्र पार के द्वीप जिनके साथ वह समुचित सम्बन्ध

विदेशी राज्य रखना चाहता था जिससे शान्ति स्थापित करने में सहायता मिल सके। उसने उनके साथ निम्नलिखित शर्तों पर "सेवा और सहयोग की संधियाँ" कीं :—

(१) आत्मनिवेदन (मैत्री का प्रस्ताव), (२) कन्योपायन (राजमहल में सेवा के लिए कन्याओं का उपहार), (३) दान (स्थानीय वस्तुओं की भेंट), (४) उनकी स्वायत्तता और सुरक्षा (स्वविषय भुक्ति) को प्रमाणित करने वाली मुद्रांकित सनदों का याचन।

ये विदेशी राज्य इस प्रकार वर्णित किए गए हैं : (१) दैवपुत्रशाहीशाहानुशाही—उत्तर पश्चिम में राज्य करने वाले कुषाण, (२) शक—जो उत्तर पश्चिमी अथवा पश्चिमी भारत में विद्यमान थे, (३) मुरुण्ड—एक कुषाण जाति।

जहाँ तक सिंहल और अन्य द्वीपों के निवासियों का प्रश्न है यह पहिले भी कहा जा चुका है, कि सिंहल के राजा ने समुद्रगुप्त की राजसभा में उपहार-सहित एक दूतमण्डल भेजकर बोधगया में चीनी यात्रियों के ठहरने के लिए एक मन्दिर बनवाने की अनुमति माँगी थी। चीनी यात्री फा-श्यान ने जावा जैसे द्वीप में एक सम्पन्न हिन्दू उपनिवेश का साक्षात्कार किया था। इस प्रकार समुद्रगुप्त को एक शक्तिशाली नौ-सेना रखने का श्रेय दिया जाना चाहिए जिससे वह समुद्रपार के द्वीपों और देशों से अपना सम्बन्ध रख सका। इस प्रकार उसके काल में बृहत्तर भारत का श्रीगणेश हुआ।

समुद्रगुप्त की मुद्राओं और उनके लेखों से ज्ञात होता है कि उसने अपनी विजय के उपलक्ष में अश्वमेध यज्ञ किया जिससे प्रकट होता है कि वह वास्तव

अश्वमेध में अजेय शक्ति रखता था (अप्रतिवार्यवीर्यः)। इन मुद्राओं पर उसने अश्वमेधपराक्रम विरुद का प्रयोग किया। किन्तु प्रयाग-शिलालेख में इस महत्वपूर्ण घटना का उल्लेख नहीं है। इससे बूलर ने यह अनुमान लगाया है कि यह शिलालेख अश्वमेधयज्ञ से पहिले खुदवाया जा चुका था। अन्य विद्वानों का यह विचार ठीक नहीं है कि शिलालेख अश्वमेधयज्ञ के बाद का है। प्रभावतीगुप्ता ने अपने अभिलेखों में उसे अनेक अश्वमेधयज्ञों का कर्ता बताया है।

समुद्रगुप्त ने विभिन्न प्रकार की मुद्राएँ जारी कीं जिनसे उसके गुण और कर्म प्रकट होते हैं। ध्वज-प्रकार की मुद्राओं से उसकी प्रभुशक्ति प्रकट होती है, धनुर्धर

मुद्राएँ और युद्ध-परशु प्रकारों से उसकी सामरिक शक्ति का आभास मिलता है, वीणावादक प्रकार से उसके संगीतप्रेम का और अश्वमेध प्रकार से उसकी विजय का परिचय प्राप्त होता है। व्याघ्रहंता प्रकार की मुद्राओं से उत्तरप्रदेश और मध्यप्रदेश की वनभूमियो पर उसकी विजय परिलक्षित होती है क्योंकि इस प्रदेश में बड़ा बंगाल का व्याघ्र पाया जाता है। गुप्तकालीन कुछ ऐसी मुद्राएँ मिलती हैं जिन पर राजा का नाम काच और उसका विरुद सर्वराजोच्छेत्ता (सब राजाओं का उच्छेद करने वाला) अंकित है। यह विरुद समुद्रगुप्त पर ही लागू हो सकता है क्योंकि गुप्त सम्राटों में वही दिग्विजयी था। इस दृष्टि से काच समुद्रगुप्त का ही अपर या वैयक्तिक नाम प्रतीत होता है। समुद्रगुप्त सम्भवतः उसका राजकीय अभिधान था जिससे समुद्र द्वारा सुरक्षित (गुप्त) उसके साम्राज्य का संकेत मिलता है। बयाना-संग्रह से प्राप्त काच प्रकार की मुद्राओं के उलटी तरफ देवी को पाश (फन्दा) लिए दिखाया गया है।

यद्यपि गुप्त-मुद्राएँ सामान्यतः विदेशी कुषाण मुद्राओं के नमूनों पर बनाई गई थीं तथापि उनमें से कुछ पर भारतीय तत्व और प्रतीक मिलते हैं, जैसे राजा की वेश-भूषा, दुर्गा, लक्ष्मी और कार्तिकेय आदि भारतीय देवी-देवताओं की आकृतियाँ, व्याघ्र, सिंह, गैंडा, हाथी आदि भारतीय पशुओं के चित्र तथा गरुड़ध्वज का अंकन।

मुद्राओं और शिलालेखों में समुद्रगुप्त के लिए अनेक विशेषण व्यवहृत हुए हैं: अजेय शक्ति वाला (अप्रतिवार्यवीर्यः), 'अजित राजाओं पर विजय प्राप्त करने वाला अजेय विजेता' (अजितराजजेताजितः), 'व्याघ्र के समान बलवान और भयंकर' (व्याघ्रपराक्रमः), 'अपनी सैनिक शक्ति से देश का एकीकरण करने वाला (धरणीबन्धस्य) तथापि 'कोमल हृदय वाला' (मृदुहृदय), 'दलित लोगों पर दया (अनुकंपा) करने वाला', परोपकार (लोकानुग्रह) की जाज्वल्य (समिद्ध)

मूर्त्ति (विग्रहवान्)', 'लोकोत्तर प्राणी (अमनुज) और कवियों का राजा (कवि-राज)।'

समुद्रगुप्त की विजययात्राओं से प्रकट होता है कि उसका साम्राज्य पूर्व में ब्रह्मपुत्र से पचिम में यमुना और चम्बल तक फैला था।

चन्द्रगुप्त द्वितीय विक्रमादित्य (३७५-४१४ ई०)

चन्द्रगुप्त द्वितीय के शिलालेखों से उसके साम्राज्य के विस्तार का पता चलता है। इन शिलालेखों में सब से पहिला ६१=३८० ई० का है। यह तिथि उसके राज्य के पाँचवें वर्ष को सूचित करती है जैसा कि ऊपर कहा जा चुका है। उसका अन्तिम शिलालेख ९३=४१२ ई० का है। उसकी मुद्राओं पर भी कुछ तिथियाँ मिलती हैं जिनका केवल प्रथम चिह्न ठीक तरह से पढ़ा जा सकता है। यह तिथि ९०=४०९ ई० है।

कालक्रम

प्रचलित पद्धति के अनुसार उसके पिता ने उसे योग्यतम (सत्पुत्र) समझ कर राज्य-सिंहासन के लिए चुना। शिलालेखों से ज्ञात होता है कि उसकी माता का नाम दत्तदेवी था।

राज्यारोहण

चन्द्रगुप्त ने पश्चिमी मालवा और सौराष्ट्र के शक राज्यों पर विजय प्राप्त की। उसके उदयगिरि की गुहा से प्राप्त शिलालेख से प्रकट होता है कि वह स्वयं अपने मंत्री पाटलिपुत्र-निवासी शाब के साथ पश्चिमी भारत के अभियान के अवसर पर इस प्रदेश में आया। साथ ही उसने अपनी पुत्री प्रभावतीगुप्ता (जो कुबेरनागा के गर्भ से उत्पन्न हुई थी) का विवाह बरार के वाकाटक-वंशीय राजा रुद्रसेन द्वितीय के साथ करके अपनी शक्ति को सुदृढ़ किया। उसकी मुद्राएँ पश्चिमी क्षत्रप राज्य पर उसकी विजय का साक्ष्य प्रस्तुत करती हैं। शक नरेश रुद्रसेन तृतीय की ३८८ ई० की मुद्राएँ शक-मुद्राओं में सब से अन्तिम हैं। इसके अनन्तर चन्द्रगुप्त द्वितीय ने ९०=४०९ ई० से इस प्रदेश को जीत कर अपनी मुद्राएँ जारी कीं।

विजय

देवीचन्द्रगुप्तम् नामक नाटक में एक कथानक है कि चन्द्रगुप्त द्वितीय से पहिले गद्दी पर उसका डरपोक भाई रामगुप्त बैठा जो अपने राज्य की रक्षा के लिए अपनी रानी ध्रुवदेवी को शक आक्रमणकारी को समर्पित करने के लिए तैयार हो गया जिस पर चन्द्रगुप्त द्वितीय ने रानी के वेश में उसके पास जाकर उसका वध किया और उसके दुष्टतापूर्ण षड्यन्त्र का अन्त किया। इस कथा की ओर बाण ने हर्षचरित में और राजशेखर ने काव्यमीमांसा में संकेत किए हैं। इसके अतिरिक्त नवीं-दसवीं शतियों के राष्ट्रकूट राजाओं के कुछ शिलालेखों में इसका उल्लेख मिलता है। किन्तु कथा

रामगुप्त

इतिहास नहीं होती। रामगुप्त का नाम किसी गुप्त शिलालेख में नहीं मिलता, वरन् इनमें चन्द्रगुप्त को समुद्रगुप्त का सीधा उत्तराधिकारी बताया गया है और साथ ही उसे राजर्षि की पदवी दी गई है जिससे ज्ञात होता है कि यह कथा एकदम असम्भव है क्योंकि यह चन्द्रगुप्त को अपने भाई के हत्यारे और उसकी विधवा रानी के पति के रूप में प्रस्तुत करती है !

शिलालेखों से चन्द्रगुप्त के कुछ मंत्रियों और राज्याधिकारियों का पता चलता है : आम्रकार्दव, शाब वीरसेन, शिखरस्वामी, महाराज श्री गोविन्दगुप्त उसके मंत्री थे। इनके अतिरिक्त इनमें बलाधिकृत (सेनापति) दण्डपाशाधिकारी (पुलिस विभाग का मुख्य), महादण्डनायक (मख्य न्यायाधीश), उपरिक (राज्यपाल) आदि अधिकारियों के विषय में भी सूचना मिलती है।

शासन

राज्य के प्रशासकीय विभाग इस प्रकार थे :—(१) विषय (जिला), (२) प्रदेश और (३) देश अथवा भुक्ति, जिससे प्रान्त का बोध होता था।

राजकुमार प्रान्तों के राज्यपाल होते थे उदाहरणार्थ गोविन्दगुप्त तीरभुक्ति (तिरहुत) के राज्यपाल थे और घटोत्कचगुप्त ऐरिकिण-प्रदेश (एरण) के प्रशासक थे।

निगमों और श्रेणियों के द्वारा आर्थिक जीवन का संचालन होता था। सेठों (श्रेष्ठी), व्यापारियों (सार्थवाह) और कारीगरों (कुलिक) की श्रेणियों के कतिपय उल्लेख वैशाली से प्राप्त अनेक मुद्राओं और अन्य शिलालेखों में उपलब्ध हैं।

आर्थिक व्यवस्था

साँची के काकनादबोट के महाविहार का आर्यसंघ एक बैंक का काम करता था जहाँ अक्षय निधियाँ न्यास के रूप में रखी ज़ाती थीं और उनके व्याज से उनसे सम्बन्धित कार्य सम्पन्न किए जाते थे।

गुप्त-सम्राट् वैयक्तिक रूप से विष्णु के उपासक थे जिसका वाहन गरुड़ उनके राष्ट्रध्वज का प्रधान चिह्न था। ये सम्राट् अपने को परमभागवत् कहते थे। उदयगिरि की गुफाओं में विष्णु और लक्ष्मी से सम्बन्धित अनेक मूर्त्तियाँ मिली हैं। वहाँ वाराह अवतार की एक वृहद् मूर्त्ति विद्यमान है जिसमें भगवान वाराह को जलमग्न पृथ्वी का उद्धार करते दिखाया गया है। सम्भवतः यह मूर्त्ति हूण आधिपत्य से भारत के उद्धार की प्रतीक है। निकट ही एक गुफा भगवान् शम्भु को समर्पित है। मथुरा से प्राप्त ३८० ई० के एक शिलालेख से माहेश्वर नामक एक शैव सम्प्रदाय का पता चलता है जिनके गुरु उदिताचार्य ने अपने गुरुओं का एक मन्दिर (गुरु आयतन) बनवाया और उसमें उनकी प्रतिमाएँ प्रतिष्ठित कराईं।

धर्म

चन्द्रगुप्त की मुद्राओं के कई प्रकार मिले हैं : (१) धनुर्धर प्रकार, (२) पीठिकारूढ़ प्रकार, (३) छत्र-प्रकार, (४) सिंह-हंता प्रकार, (५) अश्वारोही प्रकार, (६) चक्रविक्रम प्रकार। बयाना संग्रह से प्राप्त धनुर्धर शैली की एक मुद्रा पर राजा को हाथ में कशा (कोड़ा) लिए दिखाया गया है। इन मुद्राओं से चन्द्रगुप्त की नवीन उपाधियों का पता चलता है (१) में देवश्री, (२) में देव श्रीविक्रमादित्य, (४) में सिंहविक्रम, (६) में चक्रविक्रम। छत्र प्रकार की मुद्राओं पर परम्परा के अनुसार एक वामन को छत्र उठाए दिखाया गया है। सिंह-हंता प्रकार की मुद्राओं के पीछे सिंहवाहिनी दुर्गा अंकित हैं। चन्द्रगुप्त ने शक रजत मुद्राओं को विक्रमांक के विरुद से पुनराहत किया।

मुद्राएँ

फा-ह्यान द्वारा वर्णित भारत (३९९-४१४ ई०)

चीनी विद्वान् फा-ह्यान ने बौद्ध विनय के ग्रन्थों की खोज के लिए भारत की तीर्थयात्रा की। उसने बौद्धधर्म के प्रमुख केन्द्रों और विहारों के सम्बन्ध में टिप्पणियाँ छोड़ी हैं। शान-शान प्रदेश में उसने ४००० हीनयानी बौद्ध भिक्षुओं का उल्लेख किया है। काराशहर में भी उसने बौद्ध भिक्षुओं की यही संख्या लिखी।

महायान बौद्ध धर्म का केन्द्र था। वहाँ सहस्रों भिक्षु थे। अकेले गोमती विहार में ३००० भिक्षु रहते थे। खोतान में ऐसे १४ विहार थे। सम्भवतः कनिष्क की छत्रछाया में इस प्रदेश में महायान बौद्ध-धर्म के प्रचार और प्रसार को इतनी प्रेरणा मिली। पास ही काशगर के इलाके में १००० हीनयानी बौद्ध भिक्षु रहते थे।

खोतान

इसके बाद यात्री ने सिन्धु को पार किया और उद्यान में एक अन्य बौद्ध-केन्द्र के दर्शन किए जहाँ संस्कृत का प्रचार था।

तदनन्तर उसने गन्धार, तक्षशिला और पेशावर के बौद्ध प्रदेशों का निरीक्षण किया। पेशावर में उसने कनिष्क के स्तूप का वर्णन किया है।

नगरहार में उसने बुद्ध के अवशेषों पर बने मन्दिर देखे।

अफगानिस्तान में महायान और हीनयान दोनों सम्प्रदायों के ३००० भिक्षु थे।

पंजाब बौद्ध भिक्षुओं से भरा था जिनकी संख्या इस यात्री ने १०,००० लिखी है।

मथुरा यद्यपि हिन्दूधर्म का गढ़ था तथापि वहाँ २० बौद्ध विहार थे जिनमें लगभग ३००० भिक्षु रहते थे।

तदनन्तर वह मध्यदेश में आया जहाँ भारतीय सभ्यता अपने उत्कृष्ट रूप में व्याप्त थी। उस समय चन्द्रगुप्त द्वितीय के राज्य में "कोई व्यक्ति किसी प्राणी

की हत्या नहीं करता था, न मद्यपान करता था और न प्याज-लशुन का प्रयोग करता था।" लोगों को घूमने-फिरने और बसने की पूरी स्वतंत्रता थी और वे "पूर्णतः समृद्ध और प्रसन्न थे। अपराधों का दण्ड जुर्माने के रूप में दिया जाता था। किसान अपनी उपज का एक भाग कर के रूप में राज्य को देते थे।" लोग सुअर और मुर्गियाँ नहीं पालते थे और न पशुओं का व्यापार करते थे। मद्यशालाओं और बूचड़खानों का अभाव था। धनपति और जमींदार मन्दिर बनाते थे और दान देकर उनके प्रबन्ध की व्यवस्था करते थे। भूमि, गृह, उद्यान, बैल इत्यादि कृषि के सामान की व्यवस्था के लिए दान दिये जाते थे और उन्हें ताम्रपट्टों के द्वारा स्थायित्व प्रदान किया जाता था। दानी परोपकारी यात्रियों के लिए धर्मशालाएँ बनवाते थे जहाँ यात्रियों को पलँग-चटाई और खाना-कपड़ा मिलता था।

सारिपुत्र, मोग्गल्लान, आनन्द एवं अभिधम्म, विनय और सुत्तों आदि धर्मग्रन्थों के भी सम्मान में मन्दिर बनवाए गये थे।

धर्मपरायण परिवार भिक्षुओं को भोजन-वसन आदि वस्तुएँ प्रदान करने के लिए चन्दा जुटाते थे।

फा-ह्यान को संकिसा और श्रावस्ती (जहाँ जेतवन था) बौद्ध भवनों से भरपूर मिले।

हिन्दू धर्म अनेक सम्प्रदायों में विभक्त था जिनकी संख्या इस यात्री ने ९६ लिखी है।

फा-ह्यान ने उन स्थानों का भी उल्लेख किया है जहाँ सिद्धार्थ से पहिले बुद्धों की पूजा होती थी। इन बुद्धों में काश्यप, क्रकुच्छन्द और कनकमुनि प्रमुख हैं। फा-ह्यान ने लुम्बिनी और वैशाली की भी यात्रा की।

वहाँ से गंगा पार करके वह पाटलिपुत्र पहुँचा जहाँ कभी अशोक की राजधानी थी। वहाँ उसने अनेक मण्डपों से सुसज्जित अशोक के राजभवन को देखा जो देवताओं द्वारा बनाया गया प्रतीत होता था। इसके विशाल शिलापट्ट, द्वार और भित्ति, खुदाई और भराई के काम की पच्चीकारी ऐसी अद्भुत थी कि इसे मनुष्य के हाथों द्वारा बनाई गई नहीं कहा जा सकता था।

मगध बहुत समृद्ध और सम्पन्न था। वहाँ के लोग पड़ोसियों के प्रति हार्दिक और नैतिक उदारता प्रकट करने में एक दूसरे से होड़ लगाते थे। बड़े-बड़े धनपतियों ने अपने नगरों में निश्शुल्क चिकित्सालय खुलवा रक्खे थे जहाँ निर्धन और असहाय रोगियों, अनाथ बच्चों, विधवाओं और लँगड़े-लूलों को शरण मिलती थी। उनकी काफी देख रेख होती थी। चिकित्सक उन्हें ध्यान से देखते थे। उन्हें आवश्यकता के अनुसार भोजन और दवा मिलती थी। हर तरह से आराम पहुँचाया जाता था। स्वस्थ होकर वे सुख से बिदा होते थे।

फा-ह्यान ने पाटलिपुत्र में अशोक का विहार देखा जिसमें एक स्तम्भ पर शिलालेख खुदा था। एक अन्य स्तम्भ का शीर्ष सिंहाकृति से सुसज्जित था। वहाँ उसने ब्राह्मणों की रथयात्रा भी देखी जिसमें देवप्रतिमाओं को चार पहियों की पाँच तल्ले वाली गाड़ियों में रखकर नगर में निकाला जाता था।

उसके बाद वह नालन्दा आया। वहाँ उसने प्राचीन विहार के दर्शन किये और फिर वह राजगृह चला गया। वहाँ गृध्रकूट पर्वत पर उसे याद आया कि भगवान् बुद्ध वहाँ रहे थे और उपदेश किया करते थे और वह फूट-फूटकर रो पड़ा।

इसके बाद फा-ह्यान ने गया, बौद्ध-गया और फिर सारनाथ के इसिपतनमृगदाव की यात्रा की।

अब उसने अपनी वापसी की यात्रा प्रारंभ की। वह गंगा के रास्ते तामलुक पहुँचा जो २४ विहारों से युक्त एक महान् बौद्ध-केन्द्र था। वहाँ दो वर्ष तक रहकर उसने बौद्ध सूत्रों की प्रतिलिपि की और बौद्ध प्रतिमाओं के चित्र बनाये।

तामलुक से वह एक बड़े व्यापारी जहाज पर बैठकर १४ दिन की समुद्र-यात्रा के बाद सिंहल पहुँचा। वहाँ वह दो वर्ष तक रहा। सिंहल में उसने अनेक बौद्ध संस्कृत-ग्रंथों की प्रतिलिपि की।

उसके बाद वह 'एक व्यापारी जहाज पर बैठा। उसके साथ उसी जहाज पर २०० अन्य प्राणी भी थे। उसी से बँधा एक छोटा जहाज भी था। यदि दैवात् कोई दुर्घटना हो जाय तो यह जहाज उस समय प्रयोग में लाया जा सकता था।'

९० दिन की समुद्री यात्रा के उपरान्त वे जावा पहुँचे। यहाँ ब्राह्मण और अब्राह्मण धर्म फल-फूल रहे थे। बौद्ध धर्म की अवस्था शोचनीय थी।

जावा में ५ महीने रहकर वह जहाज पर चढ़कर अपने घर की ओर चला। जिस जहाज पर वह था उस पर २०० और यात्री थे और ५० दिनों की रसद थी। ८२ दिन में वे चीन पहुँचे।

कुल मिलाकर फा-ह्यान ने ३० देशों की यात्रा की थी। यात्रा में ही कुल छः वर्ष लगे थे। छः वर्ष वह भारत में रहा। यहाँ की सारी कठिनाइयों का सामना करता हुआ वह अपने उद्देश्य की सिद्धि में जुटा रहा।

कुमारगुप्त प्रथम महेन्द्रादित्य (४१४-४५५ ई०)

इसके काल का ज्ञान दो अभिलेखों से होता है। एक अभिलेख ४१५ ई० का है और दूसरे पर १२९=४४२ ई० की तिथि अंकित है। उसके एक चाँदी के सिक्के पर १३६–४५५ ई० की तिथि अंकित है।

उसके अभिलेखों में उसे दिग्विजय का श्रेय दिया गया है। इनमें चारों समुद्रों (चतुरुदधि) तक उसके यश के फैलने का वर्णन है। लिखा है कि उसका

साम्राज्य उत्तर में कैलास पर्वत से दक्षिण में उस वन तक था जिसके दोनों ओर दो समुद्र हैं। जैसा कि उसके सिक्कों से विदित होता है उसने अश्वमेध यज्ञ भी किया था। उसे 'अश्वमेध महेन्द्र' कहा गया है।

कुमारगुप्त के राज्यकाल के सूचक दो शिलालेख ४१५ और ४४८ ई० के हैं और उसकी एक रजतमुद्रा से १३६=४५५ ई० तिथि का ज्ञान होता है।

शिलालेखों में उसके "निरन्तर वर्धमान राज्य और विजयों" का उल्लेख है जिनके कारण उसका यश चारों समुद्रों तक पहुँच गया (चतुरुदधि सलिला-स्वादित यशसः) और उसका साम्राज्य उत्तर में कैलास के शिखरों से विन्ध्याटवी को होता हुआ दक्षिण में दोनों समुद्रों के तटों तक फैल गया। उसकी मुद्राओं पर अंकित अश्वमेधमहेन्द्रः विरुद से ज्ञात होता है कि उसने अश्वमेध यज्ञ किया।

किन्तु अपने राज्य के अन्तिम दिनों में उसे 'पुष्यमित्र आदि जातियों' के विद्रोह के कारण मुसीबतों का सामना करना पड़ा। ये जातियाँ नर्मदा के आसपास रहती थीं। युवराज स्कन्दगुप्त ने इन्हें अन्त में एक भीषण युद्ध के पश्चात् परास्त कर दिया। इस युद्ध में युवराज को "एक रात जमीन पर सोकर बितानी पड़ी।"

किन्तु कुमारगुप्त का राज्य शान्तिकालीन क्रियाकलापों के लिए प्रसिद्ध है। इस काल में अनेक मन्दिरों के निर्माण हुए और उनमें खूब दान दिये गए। मालव संवत् ४९३ (४३६ ई०) के शिलालेख में रेशम बुनने वालों की श्रेणी (पट्ट-वायश्रेणी) द्वारा दशपुर (मन्दसोर) में सूर्य के एक विशाल मन्दिर के निर्माण का उल्लेख है। अन्य शिलालेखों में विष्णु, षोडषमातृकाओं और उनकी डाकिनियों स्वामी महासेन, पृथिवीश्वर महादेव, बुद्ध भगवान्, सम्यक्सम्बुद्ध और जिनवर पार्श्व के मन्दिरों के निर्माण का वर्णन है।

दान द्वारा दानशालाएँ (सत्र) खुलवायी गई, कुएँ बनवाये गए, ब्राह्मणों और उनके यज्ञों के लिए दान दिये गए, पंचमहायज्ञ और अन्य श्रौत कर्मकाण्डों के लिए व्यवस्था की गई।

दान के न्यासों को अक्षयनीवी कहते थे। ये स्थायी धन-न्यास होते थे जिनके ब्याज से श्रेणियाँ उनके उद्देश्यों की पूर्ति करती थीं। यह बैंक-जैसा काम था। काकनादबोट (साँची) के श्री महाविहार के आर्यसंघ के पास ऐसी ही एक अक्षय-नीवी धरोहर के रूप में रखी गई थी।

साम्राज्य को पृथिवी कहते थे। (१) राज्य (देश), (२) प्रान्त (भुक्ति), (३) जिले (विषय), तहसील (वीथी) इसके विभागोपविभाग थे। विषय में

शासन

गैर-सरकारी चार सदस्यों की एक परामर्श-समिति कार्य करती थी। इसमें (१) नगरश्रेष्ठी, (२) सार्थवाह, (३)

प्रथम कुलिक और (४) प्रथम कायस्थ होते थे जो क्रमशः नगर, व्यापार, उद्योग और शासन का प्रतिनिधित्व करते थे। वीथी-सभा में दो प्रकार के सदस्य होते थे, (१) महत्तर, स्थानीय बड़े आदमी, (२) कुटुम्बी अर्थात् पारिवारिक गृहस्थ। कार्यालयों में पुस्तपाल (मुहाफिज-दफ्तर), कायस्थ क्लर्क और कुलिक (कारीगर) काम करते थे।

शिलालेखों से, विशेषतः उत्तरी बंगाल के दामोदरपुर नामक ग्राम से प्राप्त ताम्रपट्टों की शृंखला से, उस युग में भूमि के आदान-प्रदान से संबंधित बहुत-सी सूक्ष्म बातों का पता चलता है। जो भूमि दान में दी जाती थी वह बेची नहीं जा सकती थी वरन् जैसी-की-तैसी सुरक्षित रखी जाती थी जिससे उसकी उपज से दान का उद्देश्य पूरा होता चले। यह भूमि कृष्ट नहीं होती थी, जिसे क्षेत्र कहते हैं, वरन् खिल (बंजर), अप्रहत (जो तोड़ी न गई हो) औरअ प्रतिकर (जिसका कर नियत न हुआ हो) होती थी। कभी-कभी ऐसी भूमि मिलनी कठिन हो जाती थी जिसमें खेती न हुई हो। दूर-दूर के बहुत-से खेतों में से मिला-जुला कर ऐसी भूमि निश्चित की जाती थी। इस प्रकार की भूमि के दान का प्रस्ताव ग्राम की प्रतिनिधि भूमि-समिति द्वारा अनुमोदित किया जाता था। इस समिति में (१) ग्राम-महत्तर, (२) अष्टकुलाधिकरण (आठ सदस्यों की कार्य-कारिणी), (३) ग्रामिक (गाँव का मुखिया) और (४) कुटुम्वी (गाँव के परिवारों के अध्यक्ष) सम्मिलित होते थे। यह समिति पुस्तपाल द्वारा लिखित बन्दोबस्त की मिसिलों के अनुसार और स्वयं मौके का मुआयना करने के बाद दान के प्रस्नाव का समर्थन करती थी।

कुमारगुप्त प्रथम ने कई प्रकार के सिक्के जारी किए जैसे (१) धनुर्धारी प्रकार, (२) खड्गधारी प्रकार, (३) अश्वारोही प्रकार, (४) सिंहनिहंता प्रकार,

मुद्राएं

(५) गैंडा-हंता प्रकार, (६) व्याघ्र-हंता प्रकार, (७) गजारोही प्रकार, (८) मयूर प्रकार, (९) अश्वमेध प्रकार, (१०) प्रताप प्रकार, (११) छत्र प्रकार, (१२) वीणावादक प्रकार, (१३) अप्रतिघ प्रकार, (१४) राज दंपती प्रकार। अश्वारोही प्रकार की मुद्राओं की उलटी तरफ एक देवी मोर को धान्य खिलाती हुई अंकित की गई है। यह देवी श्रीचण्डी में वर्णित अम्बिका मयूरवर वाहना होनी चाहिए। मयूर प्रकार की मुद्राओं पर कार्तिकेय अपने वाहन मयूर पर आसीन हैं। गैंडा हंता प्रकार की मुद्राओं पर अश्वारोही सम्राट् तलवार से एक गैंडे को मारता हुआ दिखाया गया है। इस पर भर्ताखड्गत्राता लेख उत्कीर्ण है। गैंडे को संस्कृत में खड्ग कहते हैं। गजारोही प्रकार की मुद्राओं पर क्षतरिपु गोप्ता राजा (शत्रुओं का वध करने वाला और प्रजा का रक्षक राजा) लेख मिलता है। कुछ अन्य मुद्राओं पर सिंह-

निहन्ता (शेर को मारनेवाला) लेख उपलब्ध है। उसकी चाँदी की मुद्राएँ उसके पिता द्वारा विजित पुराने शक क्षेत्रों में चालू थीं। ये कई 'प्रकार' की हैं।

स्कन्दगुप्त विक्रमादित्य (४५५-४६७ ई०)

उसका राज्य उसके दो शिलालेखों की तिथियों, ४५५ तथा ४६७ ई० के बीच में रहा। उसकी चाँदी की मुद्राएँ भी ४६७ ई० तक की मिलती हैं। वह अपने पिता के पश्चात् राजगद्दी पर बैठा। उसने युवराज की स्थिति में अपने पिता की ओर से युद्धों में भाग लिया था।

राजा बन कर उसने इनका उपसंहार किया था। ये युद्ध उसके शिलालेखों में वर्णित हैं। उसने अपनी माता देवकी को अपनी विजयों की सूचना दी। उसने नयी विजयें भी प्राप्त कीं। उसने हूणों को भयंकर युद्धों में परास्त किया जिनसे 'भूमि हिल उठी।' उसने म्लेच्छ राजाओं के दर्प दलन किया, जिन्होंने मिलकर उसके विरुद्ध सिर उठाया था (समुदितबलकोशान्)। उसने स्थानीय विद्रोही राजाओं के विरुद्ध अपने प्रान्तीय राज्यपालों को नियुक्त किया जिन्होंने गरुड़ों की तरह फन उठाये सर्पों को खा लिया।

काहौम के स्तम्भ-लेख में उसके पराक्रम का इन शब्दों में गुणगान किया गया है : 'सैकड़ों राजाओं के सिर दरबार (उपस्थान) में नमस्कार करते समय उसके चरणों में नत हुए। वह सैकड़ों नरपतियों का सम्राट् (क्षितिपशतपति), इन्द्र का समकक्ष (शक्रोपम) और अपने साम्राज्य में शान्ति का संस्थापक था।' उसका पिता यह देखने के लिए जीवित नहीं रहा कि उसके योग्य पुत्र ने, जिसकी आत्मा पवित्र थी (अमलात्मा), किस प्रकार अपने बाहुबल से उसके जीवनकाल में आक्रान्ता शत्रुओं द्वारा विप्लुत और विचलित गुप्त-कुल-लक्ष्मी को पुनः संस्थापित किया और शान्ति तथा स्थायित्व प्रदान किया।

जूनागढ़ के शिलालेख से शासनसंबंधी कुछ रोचक तथ्यों का पता चलता है। सम्राट् ने पर्णदत्त को सौराष्ट्र-प्रदेश का गोप्ता (राज्यपाल नियुक्त किया। यह एक कठिन कार्य था। राजा ने उसे कठिनता से इसके लिए तैय्यार किया। वह स्वयं उसकी राजधानी गिरिनगर के नगराध्यक्ष (मेयर) के पद के लिए एक योग्य व्यक्ति की खोज में था। उसे अपने योग्य पुत्र को उस दायित्वपूर्ण पद पर नियुक्त करना पड़ा।

शासन

नये नगराध्यक्ष को एक आकस्मिक आपत्ति का सामना करना पड़ा। उर्ज्जयंत और रैवतक पर्वतों के ढालों से निकलती पलाशिनी, सुवर्णसिकता आदि नदियों के जल को बाँध कर जो (सुदर्शन झील तटाक) बनायी गयी थी उसके

पुश्ते में दरार (विभेद) पड़ने से नगर की जल-व्यवस्था संकट में पड़ गई। झील के जल को, जो समुद्र के समान गहरी थी (निधितुल्य), निकाल कर उसे खाली किया गया। इससे झील भद्दी (दुर्दर्शन) लगने लगी और नागरिकों का मन विषाद से भर गया। किन्तु चक्रपालित ने समयानुकूल, व्यय की चिन्ता न कर के, १०० हाथ लम्बे, ६८ हाथ चौड़े और ७ पोरसे ऊँचे बांध की मरम्मत करा दी। जैसा कि ऊपर कहा जा चुका है, सुदर्शन झील चन्द्रगुप्त मौर्य और अशोक जितनी पुरानी थी और शताब्दियों तक अपने सौन्दर्य के साथ गुप्तयुग तक विद्यमान रही।

धर्म

शिलालेखों से विभिन्न धर्मों के मन्दिरों की स्थिति का पता चलता है। गिरिनगर के नगराध्यक्ष ने नगर को भगवान् चक्रभृत् के मन्दिर से सुसज्जित किया। बिहार स्तम्भलेख में भगवान् स्कन्द और देवमातृकाओं के मन्दिरों के मंडल और एक यूप का वर्णन मिलता है। एक अन्य शिलालेख में सूर्य के मन्दिर का उल्लेख है। आकाश जैसे ऊँचे एक स्तम्भ के कोनों में जैन आदिकर्ताओं की मूर्तियाँ उत्कीर्ण थीं।

आर्थिक जीवन

उद्योगों का संचालन श्रेणियों द्वारा होता था। हमें एक तेलियों की श्रेणी (तैलिक श्रेणी) का उल्लेख मिलता है जिसे एक ब्राह्मण ने एक स्थायी (आजस्रिक) कोश जमा करने के लिए उपयुक्त समझा। बैंकों की तरह श्रेणियाँ कोश के व्याज को दान के निर्दिष्ट उद्देश्य के लिए व्यय करती थीं। यह दान-पत्र लिखित होता था (दायमिमं निबद्धम्)। इस प्रकार के स्थायी कोश को अक्षयनीवी कहते थे।

मुद्राएं

स्कन्दगुप्त ने तीन प्रकार की मुद्राएँ चलाईं : (१) धनुर्धर, (२) राजा और लक्ष्मी प्रकार और (३) अश्वारोही प्रकार। उसने पश्चिमी और मध्य भारत के लिए चाँदी की मुद्राएँ भी जारी कीं। पश्चिमी मुद्राओं में वृषभ शैली की मुद्राएँ विशेषतः उल्लेखनीय हैं। इनको बाद में वलभी के मैत्रक सम्राटों ने अपना लिया था।

वलभी

यह स्कन्दगुप्त के साम्राज्य का अंग थी और सेनापति भटार्क के अधीन थी। उसका उत्तराधिकारी उसका पुत्र धरसेन प्रथम था। उसके बाद उसका पौत्र द्रोणसिंह सिंहासन पर बैठा। गुप्त सम्राट् ने ५०२ ई० में स्वयं एक स्वतंत्र राजा के रूप में उसका अभिषेक किया। यह राजा सम्भवतः बुधगुप्त था।

पूरुगुप्त विक्रम प्रकाशादित्य (४६७-६९ ई०)

स्कन्दगुप्त के बाद उसका भाई पूरुगुप्त गद्दी पर बैठा। यह महादेवी अनन्त-

देवी का पुत्र था । उसके समय में राज्य बहुत संकुचित हो गया जैसा कि मुद्राओं से प्रकट होता है । चाँदी की मुद्राओं के अभाव से प्रकट होता है कि सौराष्ट्र से उसका अधिकार उठ गया था । सोने की मुद्राएँ केवल एक धनुर्धारी प्रकार की ही मिलती हैं जिनसे उसके नाम पूरु तथा विरुद श्री विक्रम का पता चलता है । कुछ मुद्राओं पर प्रकाशादित्य नाम भी मिलता है जिसकी पहचान एलन ने पूरुगुप्त से की है ।

नालन्दा से प्राप्त मुद्राओं पर जो लेख उत्कीर्ण हैं उनसे निम्नलिखित उत्तराधिकारियों की तालिकाएँ मिलती हैं—कुमारगुप्त द्वितीय (४७३ ई०), बुधगुप्त

पूरुगुप्त के उत्तराधिकारी (४७६-४९५ ई०), नरसिंहगुप्त, कुमारगुप्त तृतीय, विष्णुगुप्त ।

कुमारगुप्त द्वितीय क्रमादित्य (४७३-४७६ ई०)

सारनाथ से प्राप्त एक बुद्ध प्रतिमा पर उत्कीर्ण अभिलेख से ज्ञात होता है कि गुप्त-संवत् १५४=४७३ ई० में कुमारगुप्त "पृथ्वी पर राज्य कर रहा था" । एक स्थानीय राजा हस्ति के एक लेख से पता चलता है कि १५६ गुप्त संवत्=४७५ ई० में उसका राज्य गुप्त साम्राज्य का अंग था । उपरोक्त बुद्ध प्रतिमा को भिक्षु अभयमित्र ने स्थापित कराया था । इसे प्रतिमा-अप्रतिमस्य (अप्रतिम की मूर्ति) बताया गया है ।

मालव संवत् ५२९=४७२ ई० के मन्दसोर से प्राप्त एक शिलालेख से ज्ञात होता है कि कुमारगुप्त "पृथ्वी पर शासन कर रहा था" ।

कुमारगुप्त द्वितीय ने धनुर्धारी प्रकार की मुद्राएँ जारी कीं जिनकी सीधी ओर 'कु' शब्द अंकित है और उलटी ओर क्रमादित्य लिखा है । घटिया बनावट की कुछ मुद्राओं पर महाराजाधिराज श्री कुमारगुप्तक्रमादित्य लेख मिलता है जिससे उसके सम्राट्-पद का आभास होता है ।

बुधगुप्त (४७६-४९५ ई०)

उसकी कुछ तिथियाँ शिलालेखों में मिलती हैं । यति अभयमित्र ने सारनाथ में दो और बुद्ध प्रतिमाएँ स्थापित कराईं जिन पर इस आशय के लेख उत्कीर्ण हैं कि १५७=४७६ ई० में बुधगुप्त राज्य कर रहा था । दामोदरपुर ताम्रपट्ट (द्वितीय) के १६३—४८२ ई० में बुधगुप्त के राज्य का उल्लेख है । यह तिथि दामोदरपुर ताम्र-पट्ट (तृतीय) पर भी अंकित मिलती है । एरण के एक शिलालेख में १६५=४८४ ई० में बुधगुप्त के शासन की चर्चा है । एक चाँदी की मुद्रा पर १७५=४९४ ई० अंकित है जो उसके राज्यकाल की अन्तिम वर्णित तिथि है ।

दामोदरपुर ताम्रपट्टों (नम्बर २-४) में भूमि के सौदे परम्परागत रीति

से सूक्ष्मता के साथ वर्णित हैं। पहाड़पुर (पूर्वी पुण्ड्रवर्धन) से प्राप्त १५९=४७९ ई० के एक ताम्रपट्ट में ब्राह्मणों द्वारा एक जैन विहार को दिये गये भूमि के दान का उल्लेख है। मुंगेर के एक ताम्रपट्ट लेख में, जिसकी तिथि १६९=४८८ ई० है, एक ब्राह्मण को दिये गये दान (अक्षयनीवि) का उल्लेख है जिससे वह वलि, चरु, वैश्वदेव, अग्निहोत्र और अतिथि नामक पंचमहायज्ञ नित्यप्रति करता रहे। रीति के अनुकूल प्रस्ताव पुस्तपाल के स्थानीय बोर्ड के पास भेज दिया गया जिसने निम्नलिखित आदेश दिया "ऐसी पट्टी में अवस्थित भूमि दान दी जा सकती है जिससे पहिले से बसे किसानों की खेती में कोई बाधा न पड़े (कुटुम्बीनां कर्षणाविरोधीस्थाने)।

भूमि के सौदे

शिलालेखों से निम्नलिखित अधिकारियों का पता चलता है:(१) सुरश्मिचन्द्र, जो कालिन्दी और नर्मदा के मध्यवर्ती प्रदेश में शासन करता था, (२) परिव्राजक महाराज हस्ति, जो स्वयं स्थानीय राजाओं का स्वामी था और जिसके प्रति वे आदर-सत्कार प्रकट करते थे (पादपिण्डोपजीविनः), (३) पुण्ड्रवर्धन भुक्ति का उपरिकमहाराज जयदत्त, (४) उपरिक महाराज ब्रह्मदत्त। उपरोक्त पहाड़पुर के शिलालेख में निम्नलिखित प्रशासकीय इकाइयों का उल्लेख है:(१) ग्राम, (२) पार्श्व, (३) मण्डल और (४) वीथी।

सामन्त और प्रान्तीय राज्यपाल

नरसिंहगुप्त बालादित्य (४९५ ई० लगभग ५१०)

उसका नाम सोने की मुद्राओं पर अंकित है। शिलालेखों से गुप्त-साम्राज्य पर हूणों के क्रमिक आक्रमणों का पता चलता है। ४८४ ई० तक मालवा पर जो गुप्त-साम्राज्य का भाग था, मातृविष्णु और बाद में उसका भाई धन्यविष्णु शासन कर रहे थे। किन्तु ५१० ई० में धन्यविष्णु ने हूण नरपति तोरमाण का प्रभुत्व स्वीकार कर लिया जैसा कि ५१० ई० के एरण के शिलालेख से ज्ञात होता है।

धन्यविष्णु ने वाराह अवतार का मन्दिर बनवाया जिसमें विष्णु को पृथ्वी (भारतमाता ?) को प्रलय (हूण आक्रमण ?) से उद्धार करते दिखाया गया है।

५१० ई० के एरण से प्राप्त एक शिलालेख में उसका वर्णन एक वीर राजा (प्रवीर) के रूप में किया गया है। उसका आज्ञाकारी सेनानी गोपराज मालवीय के हूण तोरमाण के साथ लड़ता हुआ वीरगति को प्राप्त हुआ और उसकी पत्नी उसके साथ सती हो गई। इस विजय से तोरमाण ने मगध तक का प्रदेश आक्रान्त कर दिया। बालादित्य हटता हुआ मगध चला गया था और तोरमाण ने उसके पुत्र प्रकटादित्य को वाराणसी में राजसिंहासन पर बैठाया था। वहीं उसकी मृत्यु

भानुगुप्त

हो गई थी।

चीनी यात्री श्वान-चाङ ने एक परम्परा का उल्लेख किया है। जिससे गुप्त-हूण संघर्ष के अस्पष्ट कथानक पर प्रकाश पड़ता है। हूण नरपति तोरमाण के बाद मिहिरकुल को जो शिव का भक्त था और जिसने बौद्धों पर अत्याचार किये थे, मगध के बालादित्य और मालवा के जनेन्द्र यशोधर्मा ने मिल कर परास्त किया। मिहिरकुल को बालादित्य ने बन्दी बनाया और बाद में मुक्त कर दिया। कश्मीर जाकर उसका निधन हुआ।

यशोधर्मा

इसी बीच में जनेन्द्र विष्णुवर्धन यशोधर्मा ने अपनी विजयों के फलस्वरूप एक विशाल साम्राज्य का निर्माण किया जो ब्रह्मपुत्र से पश्चिमी समुद्र तक और हिमालय से महेन्द्रगिरि तक फैला था। यशोधर्मा ने मिहिरकुल को अपने चरणों में प्रणाम करने पर विवश किया। मन्दसोर में उसके दो लेख (जिनमें से दूसरा मालवसंवत् ५८९=५३३ ई० का है) उसके इन कृत्यों का गुणगान करते हैं जिनके फलस्वरूप उसने प्राची (पूर्वी भारत) और उत्तरीप्रदेश पर अपना साम्राज्य स्थापित किया।

स्थानीय राजा

बुद्धगुप्त और हूण-संघर्ष के बाद गुप्त-साम्राज्य का पतन प्रारम्भ हो गया। इसके बाद स्थानीय राजाओं का अभ्युदय हुआ। इनमें एक वैन्यगुप्त था जिसका पता कुमिल्ला से प्राप्त एक ताम्रपट्ट लेख से चलता है। इसमें समतट की उत्तरमण्डल भुक्ति और उसके बहुत-से विषयों के राज्यपाल विजयसेन का उल्लेख है। इसमें उसे शैव बताया गया है किन्तु उसने महायान बौद्ध संघ को एक अग्रहार दान किया।

कुमारगुप्त तृतीय

दामोदरपुर ताम्रपट्ट (सं० ५) में, जिसकी तिथि २१४ (५३३ ई०) अथवा २२४ (५४३ ई०) है और जिस पर अक्षर 'कु' खुदा है, राजा को परमदैवत-परमभट्टारक-महाराजाधिराज-पृथ्वीपति कहा गया है और उसे सम्राट्-पद से अलंकृत किया गया है। किन्तु उसके विषय में तथ्यों का पता नहीं चलता।

प्रान्त का प्रशासन

शिलालेखों से पुण्ड्रवर्धन भुक्ति नामक महत्वपूर्ण प्रान्त के प्रशासन-यंत्र का वर्णन मिलता है। यह एक सम्राट् द्वारा नियुक्त राज्यपाल के अधीन था और उसके पास गज, अश्व और पदाति रूपी तीनों अंगों से सुसज्जित सेना थी। इसमें कोटिवर्ष नामक महत्वपूर्ण विषय था जिसका अधिकारी स्वयम्भूदेव था और जो उपरोक्त चार सदस्यों की सामान्य गैर-सरकारी समिति की सहायता से कार्य करता था। इसमें भगवान् श्वेतवाराह स्वामी का मन्दिर था। इनके नाम दान की हुई भूमि थी जिससे

इसकी टूट-फूट (खण्ड-फुट्ट) की मरम्मत की जा सके और इसमें धूप-दीप, पुष्पोपहार आदि पूजा के उपादान प्रस्तुत किए जा सकें। यह भूमि का अनुदान पाँच ग्रामों से ली गई भूमि की पट्टियों को मिलाकर बना था। इन पट्टियों में कुछ बंजर भूमि (खिल) थी और कुछ आवादी की (वास्तु) थी। यह प्रचलित मूल्य पर अप्रदाधर्मेण (सदा के लिए) दान की गई थी।

बर्दवान के ग्राम गालसी, मल्लसरूल और फरीदपुर से प्राप्त दो ताम्रपट्ट लेखों से उसका पता चलता है। इससे उसके राज्य की सीमाओं का भी ज्ञान होता है। पहिले लेख में राजा को महाराजाधिराज-अप्रतिरथ-भट्टारक बताया गया है। इसमें उसके एक प्रान्त नव्यावकाशिक का जिक्र है जो नागदेव नामक राज्यपाल (उपरिक) के अधीन था। इसका एक विषय (जिला) वारकमण्डल था।

गोपचन्द्र

मल्लसारूल शिलालेख में वर्धमान भुक्ति नामक एक दूसरे प्रान्त का जिक्र है। इसका प्रशासन उपरिक कुमारामात्य, चौरोद्धरणिक (पुलिस के सिपाही) तदायुक्तक (खजाने के अधिकारी), हिरण्यसामुदायिक (स्वर्ण-मुद्रा-कोश) के अधिकारी) और्णस्थानिक (रेशम के उद्योगों के अधिकारी) और आवसथिक (धर्मशालाओं के अधिकारी) चलाते थे। इस शिलालेख में अन्य छोटे और स्थानीय प्रशासकीय विभागों का उल्लेख है जो अपने-अपने ध्यक्षों के अधीन थे, जैसा कि भोगपति (डिविजन के कमिश्नर), विषयपति (जिले के कलक्टर), (३) पट्टलक (नगर के अधिकारी अथवा सिटी मैजिस्ट्रेट) आदि शब्दों से ज्ञात होता है। वीथी नामक एक उपविभाग (तहसील), परगना आदि का भी इसमें उल्लेख है।

मल्लसरूल अभिलेख से ज्ञात होता है कि महाराज विजयसेन वर्धमान भुक्ति का एक स्वतंत्र नरपति था। उसने एक ब्राह्मण को दैनिक पंचमहायज्ञ करने के निमित्त भूमि दान की थी। विजयसेन शैव था किन्तु बौद्ध-भिक्षुओं का आदर करता था। उसकी मुद्राओं पर चक्रधारी विष्णु का आकार अंकित है।

विजयसेन

फरीदपुर से प्राप्त दो शिलालेखों में धर्मादित्य को महाराजाधिराज परम-भट्टारक-अप्रतिरथ कहा गया है। उसने नागदेव को नव्यावकाशिक भुक्ति का उपरिक (राज्यपाल) नियुक्त किया। इस भुक्ति में वराक-मण्डल (गोआलन्दा और गोपालगंज) गोपालस्वामी विषयपति के अधीन एक ज़िला था। इस जिले में राज्यपाल स्थाणुदत्त द्वारा नियुक्त विषयपति जजाव भी कार्य करता था। इन अभिलेखों में साधनिक नामक अधिकारी का उल्लेख है जो संभवतः साधनों (उपायों) का

धर्मादित्य

प्रबन्ध करता था। यह शिलालेख समुद्रतट पर प्रचलित मूल्य के अनुसार भूमि के विक्रय की सूचना देता है। यह भूमि कृष्ट (वाप) थी, बंजर (खिल) या बिना टूटी (अप्रहत) नहीं थी।

घुग्रहटी (फरीदपुर) के एक शिलालेख में उसे महाराजाधिराज कहा गया है। उसकी मुद्राओं पर सीधी ओर समाचार लेख मिलता है और उलटी

समाचारदेव

ओर नरेन्द्रविनत विरुद उपलब्ध है। मनोरंजक बात यह है कि उसने अपनी मुद्राओं के लिए वृषभ प्रतीक अपनाया जो बाद में गौड़ के शैव राजा शशांक के प्रतीक के रूप में प्रसिद्ध हुआ।

गुप्तकालीन भारत

गुप्त साम्राज्य ने उत्तरी भारत की एकता स्थापित की और राष्ट्रीयता का भाव जागृत किया जो सिंहल और अन्य द्वीप जैसे सुदूर देशों में समुद्री यात्राओं

राजनीतिक स्वरूप

और औपनिवेशिक प्रसार में परिणत हुआ, जैसा कि समुद्रगुप्त ने स्वयं कहा है। गुप्त-राजाओं के समुद्र-पार के देशों से संबंधों की चर्चा की जा चुकी है। हमने अनेक बौद्ध धर्म के केन्द्रों का भी उल्लेख किया है जिन्हें खोतान, काशगर और उत्तर-पश्चिमी प्रदेशों में भारत के बाहर फा-ह्यान ने देखा था।

ब्राह्मण धर्म वैदिक, वैष्णव, शैव, शाक्त आदि अपने सभी रूपों में पल्लवित था। इस उदार धार्मिक दृष्टिकोण के युग में बौद्ध और जैनधर्म भी विकसित

धर्म

हो रहे थे। इन सब धर्मों को उनके भक्त दान और अग्रहारों से उदारतापूर्वक प्रोत्साहन देते थे।

वैदिक धर्म अश्वमेध, वाजपेय अथवा पंचमहायज्ञ आदि प्रमुख यज्ञों के सम्पादन द्वारा सुरक्षित था।

वैष्णवधर्म गुप्त सम्राटों का राजकीय धर्म था। उनकी मुद्राओं पर गरुड़ और लक्ष्मी की आकृतियाँ अंकित थीं और वे अपने आप को परमभागवत कहते थे। विष्णु के अनेक मन्दिर थे जिनमें वह अपने विविध रूपों—चक्रभृत्, वराहावतार अथवा अनन्तशयन—में प्रतिष्ठित था। देहली का लोहस्तम्भ विष्णुध्वज है। ४०१ ई० की उदयगिरि की गुहा में चतुर्भुज विष्णु और द्वादशभुजा लक्ष्मी की मूर्तियाँ मिलती हैं।

शैवों के अपने मन्दिर थे जिनमें शिव अपने विविध नामों—पशुपति, शम्भु और अर्धनारीश्वर—से पूजे जाते थे। एक लोकप्रिय शैव सम्प्रदाय माहेश्वर कहलाता था।

शक्ति की उपासना का साक्ष्य उसके विभिन्न नामों और रूपों—भवानी, गौरी,

कात्यायनी, पार्वती-से संबंधित मन्दिरों से मिलता है। सप्तदेव मातृकाओं और उनसे संबंधित डाकिनियों के भी मन्दिर थे। महिषासुर मर्दिनी और देवी भद्रार्या के मन्दिर भी विद्यमान थे। उदयगिरि की एक गुहा में गंगा और यमुना और उनके वाहन मकर और कूर्म की मूर्तियाँ मिलती हैं।

दो गुप्त सम्राट् कुमारगुप्त और स्कन्दगुप्त स्वामी कार्तिकेय के नाम पर अभिहित थे। यह युद्ध का देवता था जो विजयों की प्राप्ति कराता था। एक मन्दिर में स्वामी महासेन और ब्रह्मण्य के नाम से उसकी पूजा होती थी।

जैसा कि दशपुर और अन्तर्वेदी के मन्दिरों से पता चलता है। सूर्य की पूजा भी प्रचलित थी।

शिलालेखों से कुबेर, वरुण, यम और इन्द्र जैसे गौण देवताओं की उपासना का साक्ष्य भी मिलता है।

बौद्धधर्म का प्रमुख केन्द्र साँची का काकनादबोट विहार था जिसे काफी अनुदान मिले थे। जैसा कि ऊपर कहा जा चुका है कुमारगुप्त द्वितीय के राज्यकाल में सारनाथ में तीन कलापूर्ण बुद्ध प्रतिमाएँ स्थापित की गई थीं।

जहाँ तक जैनधर्म का प्रश्न है कुमारगुप्त प्रथम के काल में उदयगिरि की एक गुहा में पार्श्व की एक मूर्ति स्थापित की गई थी। स्कन्दगुप्त के काल में एक स्तम्भ के कोनों में पाँच तीर्थंकरों की मूर्तियाँ प्रतिष्ठित की गई थीं और उनके निमित्त अनुदान दिये गये थे। गुरुओं की प्रतिमाएँ गुर्वायतनों में स्थापित की जाती थीं और धर्मग्रन्थ भी उपासना के लिए मन्दिरों में प्रतिष्ठित किये जाते थे।

वैयक्तिक परोपकारभावना से अनुप्रेरित विविध प्रकार की संस्थाओं के माध्यम से लोक-मंगल का कार्य होता था। इनका आँखों देखा हाल चीनी यात्री

जन-कल्याण

फा-ह्यान के यात्रा विवरण में मिलता है। उसने धर्मशालाएँ देखीं थीं जहाँ यात्रियों को निश्शुल्क भोजन, वसन और पान पान मिलता था। उसने चिकित्सालयों का भी उल्लेख किया है जहाँ चिकित्सक, रोगियों की औषधि और उनके खान-पान का प्रबन्ध होता था।

शिलालेखों में शिक्षकों को आचार्य और उपाध्याय और विद्यार्थियों को शिष्य और ब्रह्मचारी कहा गया है। विद्यार्थी वेदों की विभिन्न शाखाओं के अनुसार

शिक्षा

शाखाओं और चरणों में वर्गीकृत होते थे। अध्ययन के विषयों में चार वेद, छः वेदांग, पुराण, मीमांसा, न्याय, धर्म (कानून) और शालातुरीय नामक पाणिनि के व्याकरण के उल्लेख मिलते हैं।[1] महाभारत, जिसे शतसाहस्री संहिता भी कहते थे, युधिष्ठिर, विदुर, उद्धव आदि अपने प्रधान पात्रों सहित लोकविश्रुत था।

मौखिक शिक्षण की पद्धति पर आधारित शिक्षा की व्यवस्था शताब्दियों तक चलती रही। फा-ह्यान ने लिखा है : "विद्यार्थियों को अध्यापक के शब्द सुनने, समझने और सोचने पड़ते थे। ये पद्धतियाँ उपनिषदों में वर्णित श्रवण, मनन और निदिध्यासन के अनुरूप थीं। फा-ह्यान भारत में बौद्ध धर्म के ग्रन्थों का संग्रह करने आया था किन्तु यहाँ आकर उसने देखा कि वे एक अध्यापक से दूसरे के पास मौखिक शिक्षण द्वारा संक्रान्त होते रहते थे। फलतः उसे शायद ही कोई लिखित ग्रन्थ मिला हो जिसकी वह नकल कर सकता हो। केवल एक स्थान पाटलिपुत्र के एक विहार में उसे विनय, दो सूत्रों और अभिधम्म के अंशों की पाण्डुलिपियाँ मिलीं और उसे पहिले संस्कृत बोलने और लिखने के लिए तीन वर्ष ठहरना पड़ा, तब वह उनकी नकल कर सका।

मौखिक शिक्षा

शिलालेखों की भाषा संस्कृत थी और उस युग की दैनिक व्यवहार की माध्यम भी रही थी। राजा स्वयं उसे पढ़ते थे और उसे आश्रय और प्रोत्साहन प्रदान करते थे। समुद्रगुप्त को कविराज की उपाधि प्राप्त थी। वह वेद और शास्त्रों में पारंगत था। मंत्री और सामन्तों में शब्दार्थ न्याय और लोकनीति के पण्डित शाब वीरसेन और विर्प्रषि नाम से प्रसिद्ध मातृविष्णु जैसे संस्कृतज्ञ थे।

कला धर्म की पूरक थी। धर्म इसके रूप, भाषा और विकास का नियंत्रक था। शिवपूजा तत्संबंधी मन्दिरों द्वारा व्यक्त होती है। झाँसी के निकट देवगढ़ का मन्दिर जहाँ शिव को योगी के रूप में प्रस्तुत किया गया है एक अद्‌भुत कलाकृति है। कोसम में ४५८ ई० का एक मूर्त्ति-फलक है जिस पर शिव और पार्वती अंकित हैं। अजमेर में कमन नामक स्थान पर अच्छी शैवमूर्ति मिलती है और खोह तथा भूमरा के एकमुखलिंग प्रसिद्ध ही हैं। कानपुर में भीतरगाँव छठीं शती के मन्दिर में पकी मिट्टी के सुन्दर फलकों पर शैव आकृतियाँ और विषय अंकित हैं।

कला और वास्तु-शिल्प

जहाँ तक कला में वैष्णव प्रभाव का प्रश्न है हम निम्नलिखित उदाहरण ले सकते हैं:—(१) उदयगिरि के मन्दिर में विष्णु का वराह रूप में चित्रण जो प्राकृतिक शक्ति का निदर्शन है, (२) पथरी के मन्दिर की खुदाई में बालकृष्ण और उनकी माता का कलापूर्ण उत्खनन, (३) झाँसी में ललितपुर के मन्दिर में ध्यान मुद्रा में अनन्त पर स्थित कृष्ण का प्रदर्शन, (४) मण्डोर में चौथी शती ई० की मूर्त्तियों और शिल्प में कृष्ण-संबंधी दृश्यों का चित्रण।

भूमरा के मन्दिर में सूर्य की एक मूर्त्ति मिलती है।

बौद्धधर्म ने बुद्ध और मैत्रेय और अवलोकितेश्वर जैसे बोधिसत्त्वों की कलापूर्ण प्रतिमाओं के निर्माण को प्रेरणा दी और बुद्ध के जीवन की घटनाओं के प्रदर्शन

और वैश्रवण, वसुधारा, तारा और मारीचि आदि अबौद्ध देवी देवताओं के अंकन तथा चित्रण को प्रोत्साहित किया।

तात्कालिक कला में (१) मथुरा, (२) वाराणसी और (३) पाटलिपुत्र की तीन शैलियाँ मिलती हैं। मथुरा शैली में करीं के लाल पत्थर का उपयोग हुआ है। यहाँ विविध रूपों में बुद्ध और बोधिसत्त्व की प्रतिमाओं में यूनानी-बौद्ध कला के विदेशी तत्व पाये जाते हैं। वाराणसी की शैली अधिक विशुद्ध थी यद्यपि यहाँ भी फलकों पर अंकित बुद्ध के जीवन की घटनाओं के चित्रण में गन्धार कला का प्रभाव दिखाई देता है। पाटलिपुत्र शैली ने धातु की प्रतिमाओं के निर्माण में विशेषता प्राप्त की थी। नालन्दा और कुर्किहार में काँसे की बुद्ध प्रतिमाएँ पूर्णता के आदर्श को छू चुकी थीं, जैसा कि पटना के संग्रहालय में दिखाई देता है।

मन्दिर स्थापत्य का विकास

इसके अनेक चरण हैं। यह पहिले पत्र-कुंज अथवा नरसलों की झोपड़ी की तरह मूलरहित था जैसा कि भरहुत और साँची की कला से प्रतीत होता है। फिर शान्ति में मनन की आवश्यकता प्रतीत हुई। ईंट और लकड़ी की कोठरी या गर्भगृह में, जहाँ एक झरोखे से ही रोशनी आती थी और उपासकों के मनन में बाधा नहीं डालती थी, शान्ति का स्थान बनाया जाने लगा। इसकी दीवारें कलाकृतियों से अलंकृत नहीं थीं। किन्तु यह बन्धन बाहरी दीवारों पर लागू नहीं होता था। मन्दिर का बाह्य भाग, हार-तोरण, दहलीज और स्तम्भ मन्दिर स्थापत्य की आवश्यकताएँ बन गई थीं। स्तम्भ के भाग-तला, दण्ड, ऊर्ध्व और शीर्ष—कलाकारों को आकृष्ट करने लगे थे। द्वार का बाहरी भाग गंगा और यमुना जैसी देवियों की आकृतियों से सुसज्जित होता था जैसा कि तिगवा के मन्दिर से प्रतीत होता है। बाद में मन्दिर में परिक्रमापथ जोड़ा जाने लगा, जैसा कि भूमरा और नचना के मन्दिरों में मिलता है। इसमें अलंकृत छतें, चैत्य-गवाक्ष और पदक मिलते हैं जिन पर वृषभारोही शिव, गणेश अथवा कार्तिकेय की आकृतियाँ अंकित हैं। देवगढ़ में मन्दिर पूर्ण विकसित रूप में मिलता है। इसके चारों तरफ चार बरामदे हैं जो चार-चार खंभों की पंक्तियों पर स्थित हैं। मन्दिर के गर्भगृह के ऊपर एक शिखर है जो क्रमशः पतला होता एक चोटी में परिणत हो जाता है।

गुप्त स्थापत्य में पृथक् स्तम्भ भी मिलते हैं जैसे एकान्त में स्थित देहली का लोहस्तम्भ अथवा ४८४ ई० का एरण का पाषाणस्तम्भ।

समाज वर्णाश्रमधर्म से नियंत्रित था, जिसकी झाँकियाँ शिलालेखों में मिलती हैं। अन्तर्जातीय विवाहों द्वारा जातीय सम्मिश्रण वर्ण-संकर के नाम से गर्हित था। ब्राह्मण तप, स्वाध्याय (वैदिक अध्ययन), मंत्र, सूत्र, भाष्य और प्रवचनों के

समाज

अध्ययन में रत रहते थे और जीवन और चिन्तन के उच्चतम आदर्शों के प्रतीक थे। उन्हें योगी कहते थे और वे सिद्धि और मोक्ष की प्राप्ति के लिए एकाग्र चिन्तन में निमग्न (ध्यान-एकाग्र-पर) रहते थे। बहुत-से मुनि होते थे जो तीव्र तपस्या द्वारा तपोधन का संचय करते थे। यही उनका कोश था। शिलालेखों में ब्राह्मणों के धार्मिक कृत्यों के सम्पादन के निमित्त दिये गये भूमि के अनुदानों और अग्रहारों की भरमार है।

आर्थिक जीवन

तात्कालिक कृषि का लक्षण घनी खेती था जिससे कोई भूमि बिना टूटी (अप्रहत) नहीं बची थी। शिलालेखों से पता चलता है कि अनुदान के लिए एक ही स्थान पर पर्याप्त भूमि मिलना कठिन था। विभिन्न क्षेत्रों और ग्रामों से भूमि के टुकड़े जोड़-जाड़कर अनुदान को पूरा किया जाता था।

श्रेणी-निगम

आर्थिक जीवन श्रेणी अथवा निगमों द्वारा संचालित था। श्रेष्ठी-साहूकारों की अपनी श्रेणियाँ थीं। इसी प्रकार कुलिकों (कारीगरों) और सार्थवाहों (व्यापारियों) की श्रेणियाँ थीं। श्रेणियों के संघ भी होते थे जैसा कि श्रेष्ठीकुलिकनिगम अथवा श्रेष्ठीसार्थवाह कुलिक निगम आदि से प्रतीत होता था जो वैशाली से प्राप्त मुद्राओं पर लिखे मिलते हैं। जैसा कि जूल ब्लोख ने लिखा है, ये संस्थाएँ आधुनिक व्यापार-मण्डल (चेम्बर ऑव कॉमर्स) का कार्य करती थीं।

बैंक

हम देख चुके हैं कि ये निगम बैंकों का कार्य करते थे। इनमें दान और नीवी जमा कर दी जाती थी जिन्हें वे न्यास के रूप में सुरक्षित रखते थे और वैयक्तिक परोपकार वृत्ति को प्रोत्साहन देते थे।

जन-हित-कार्य

शिलालेखों में वापी (कुवें), तटाक(तालाब), मन्दिर (सुरसद्म-सभा), जलाशय (उदयान), उपवन, झील (दीर्घिका), देवप्रासाद (देवकुल), मन्दिरों के प्रकोष्ठ (देवसभा), विहार, और विमानमाला (कई तल्लों की प्रासाद-मालाओं) जैसे सार्वजनिक स्थानों का वर्णन मिलता है।

प्रशासन

नृपति राज्य का प्रधान होता था। शिलालेखों प्रधान में सम्राट को महाराजाधिराज, एकाधिराज अथवा चक्रवर्ती कहा गया है।

राज-प्रासाद के कर्मचारी महाप्रतीहार के अधीन थे।

राष्ट्र, देश, पृथ्वी अथवा अवनि से राज्य का बोध होता था। प्रान्त भुक्ति अथवा प्रदेश कहलाते थे। भुक्ति से नीचे (१) भोग (डिवीजन), (२)

विषय (जिले), (४) वीथी (तहसील, परगना) और इनके नीचे (५) मण्डल

इकाइयाँ (ग्राम-समूह), (६) पेठक, (७) पार्श्व, (८) ग्राम, (९) पत्त, और (१०) अग्रहार होते थे।

राज्यपाल गोप्ता, उपरिक महाराज अथवा राजस्थानीय कहलाता था। अन्य उच्चाधिकारी महादण्डनायक (चीफ जस्टिस), बलाधिकरणिक (सेनापति), विनय-स्थितिस्थापक (शान्ति और व्यवस्था का मंत्री), दण्डपाशाधिकरणिक (पुलिस का मुख्य), चौरोद्धरणिक (गुप्तचर-विभाग का अध्यक्ष) और महाक्षपटलिक (प्रधान आय-व्यय-निरीक्षक) होते थे।

जिले का अध्यक्ष विषयपति होता था। उसके कर्मचारियों में (१) शौल्किक (कर वसूल करने वाला), (२) गौल्मिक (स्थानीय फौज अथवा जंगलों का अधिकारी), (३) पुस्तपाल (मुहाफिज दफ्तर), (४) करणिक (दस्तावेजों का संरक्षक) और लेखक (कातिब) प्रमुख होते थे। एक चार सदस्यों की गैरसरकारी समिति विषयपति की सहायता करती थी, जैसा कि ऊपर कहा जा चुका है।

नगर का मेयर या मजिस्ट्रेट पुरपाल अथवा नगराध्यक्ष कहलाता था। नगरपालिकाओं का मंत्री पुरपाल-उपरिक होता था।

इनका उल्लेख शिलालेखों में भूमि के अनुदान और उनसे संबंधित माफियों के वर्णन में मिलता है। ग्राम्य करों में निम्नलिखित देयों की गणना इस प्रकार है :

कर और आय के साधन

(१) कर (टैक्स), (२) प्रणय (ग्रामवासियों पर लगाया गया अनिवार्य या स्वेच्छ चन्दा), (३) विष्टि (बेगार), (४) पुष्प (फूल) और क्षीर (दूध) से आय, (५) दूध के लिए गौ और यातायात के लिए बैल (बलीवर्द) देना, (६) चर्मांगारक (चमड़ा और कोयला), (७) चारासन (चरागाहों का शुल्क), (८) लवण (नमक), क्लिन्न (तेल)- किण्व (औषध) -खातक (खान) की आय, (९) वाहन (मुफ्त भार का लाना-लेजाना), (१०) भट (पुलिस), चाट (लुटेरों) द्वारा अप्रवेश्य (पीड़न से मुक्ति), (११) दस प्रकार के अपराधों (दशा-पराध) पर किये गए जुर्माने, (१२) भोग (आयकर), और (१३) भाग (उपज का राजकीय अंश)।

वाकाटक-वंश (लगभग २५०-५०० ई०)

यह एक शक्तिशाली स्थानीय वंश था जिसका गुप्त साम्राज्य से सम्पर्क और संघर्ष था। समुद्रगुप्त की प्रयागप्रशस्ति से पता चलता है कि समुद्रगुप्त ने आर्यावर्त के राजा रुद्रदेव को परास्त किया था जिसकी पहचान वाकाटकनरेश रुद्रसेन प्रथम (३४४-३४८ ई०) से की जाती है। इस शिलालेख में व्याघ्रराज का भी

उल्लेख है जो वाकाटक नरपति पृथ्वीषेण प्रथम (३४८-३७५ ई०) का सामन्त व्याघ्र प्रतीत होता है। पृथ्वीषेण प्रथम ने अपने पुत्र रुद्रसेन द्वितीय का विवाह सम्राट् चन्द्रगुप्त द्वितीय की पुत्री प्रभावती गुप्ता से किया था। वह बुन्देलखण्ड से कुन्तल तक के प्रदेश पर राज्य करता था और शिलालेखों में कुन्तलेश्वर नाम से प्रसिद्ध था। मीराशि के मतानुसार कुन्तलेश्वर से अभिप्राय मानपुर के राष्ट्रकूट वंश के संस्थापक मानांक के पुत्र देवराज से है।

यह वंश सम्भवतः दो शाखाओं में विभक्त था—उत्तरी शाखा जिसका सम्बन्ध पृथ्वीषेण प्रथम और रुद्रसेन द्वितीय से था और वत्सगुल्म शाखा जिसके अन्तिम राजा हरिषेण ने ५०० ई० के लगभग एक विस्तृत प्रदेश पर विजय प्राप्त की।

रुद्रसेन द्वितीय का उत्तराधिकारी प्रवरसेन द्वितीय था जिसके राज्य में अमरावती, वर्धा, नागपुर आदि प्रदेश सम्मिलित थे जहाँ उसने भूमि के अनुदान दिये। दूसरी शाखा के हरिषेण ने विस्तृत प्रदेश को जीता जिसमें (१) कुन्तल (कन्नड़-देश जिसकी राजधानी प्रतिष्ठान थी), (२) अवन्ति, (३) कलिंग, (४) दक्षिण-कोसल, (५) त्रिकूट (अपरान्त अथवा नासिक के पश्चिम का उत्तरी कोंकण), (६) लाट (मध्य और दक्षिणी गुजरात) और (७) आन्ध्र (गोदावरी के दक्षिण का भाग) शामिल थे (अजन्ता गुहा १६ का शिलालेख)।

स्थानीय राज्य

गुप्त साम्राज्य के पतन के उपरान्त तीन प्रमुख स्थानीय राज्यों का अभ्युदय हुआ: (१) मालवा के गुप्त, (२) कान्यकुब्ज के मौखरी और (३) वलभी के मैत्रक।

मालवे के गुप्त राजाओं का पता बहुत-से शिलालेखों से चलता है जिनमें मौखरियों के साथ उनके संघर्ष की चर्चा है जो सार्वभौम प्रभुत्व के लिए प्रयत्न कर रहे थे। मौखरी राजा ईश्वरवर्मा को धारा, विन्ध्य और रैवतक (गिरनार) तक के प्रदेश की विजय का श्रेय दिया जाता है। उनके पुत्र ईशान वर्मा ने आन्ध्र, शूलिक (कलिंग के निकट), गौड और मालव राजा कुमारगुप्त को परास्त किया। उसके पुत्र शर्ववर्मा ने एक अन्य मालवे के राजा दामोदर गुप्त को पराजित किया। किन्तु मालव राजा महासेन गुप्त ने मौखरी नरपति सुस्थितवर्मा को हराकर बदला लिया।

इसके बाद गुप्त और मौखरी हर्ष के सम्पर्क में आये और उसके साम्राज्य में विलीन हो गए।

वलभी में सेनापति भटार्क द्वारा संस्थापित एक तीसरा स्थानीय राज्य था। भटार्क के बाद धरसेन प्रथम, द्रोणसिंह (उसका भाई), ध्रुवसेन प्रथम और धारपट्ट गद्दी पर आए। इस वंश का एक प्रसिद्ध राजा ध्रुवभट द्वितीय था जिसके साथ वलभी के आक्रमण के पश्चात् हर्ष ने अपनी कन्या का विवाह किया था। वह

सम्भवतः मो-ला-पो (मालव) का राजा था जिसे श्वान-चाङ ने कान्यकुब्ज के राजा शीलादित्य का दामाद बताया है। ऐसी दशा में उसने मालवा पर विजय प्राप्त की। ६४९ ई० के एक शिलालेख में उसके पुत्र धरसेन चतुर्थ ने अपने आपको चक्रवर्ती बताया है जिसका सभाकवि भट्टि था। वलमी का अन्तिम राजा ७६६ ई० का शीलादित्य सप्तम था।

ग्यारहवाँ अध्याय

हर्ष का साम्राज्य

हर्ष का इतिहास अंशत: बाण के हर्षचरित् और चीनी विद्वान् श्वान-चाङ् के यात्रा-विवरण में मिलता है। शिलालेख और मुद्राएँ भी इस पर कुछ प्रकाश

साधन डालती हैं।

हर्ष के वंश का संस्थापक पुष्पभूति शैव और तांत्रिक था।

पूर्वज

प्रभाकर ने अपनी विजयों से प्रतापशील की उपाधि प्राप्त की थी। बाण के अनुसार वह हूणों के लिए आतंक था और उसकी शक्ति और प्रभाव गुजरात, मालवा, लाट और सुदूर गन्धार तक फैल गया था। अत: मधुवन-ताम्रपट्टलेख में उसे महाराजाधिराज कहा गया है।

प्रभाकर के राज्य और हर्ष दो पुत्र और राज्यश्री नाम की एक पुत्री थी। मालवा के दो राजकुमार कुमारगुप्त और माधवगुप्त राज्यसभा में दोनों राजकुमारों के सहचरों के रूप में रहते थे। राज्यश्री का विवाह मौखरी राजकुमार गृहवर्मा से हुआ था।

इस समय हूणों ने राज्य की शान्ति को भंग कर दिया और उसके उत्तरी भाग पर छा गये। इस संकट का सामना करने के लिए राज्य को, जो केवल १८ वर्ष का नवयुवक था, सेना और सामन्तों के साथ भेजा गया। हर्ष भी, जो केवल १५ वर्ष की आयु का था, एक अश्वसेना लेकर पहाड़ की तलहटी में शिकार खेलने

के लिए उसके पीछे-पीछे चल पड़ा।

जब दोनों लड़के दूर थे, राजा को भयंकर रोग लग गया जिसकी सूचना शिकार में रत हर्ष को कुजरंक नामक पत्रवाहक ने दी। हर्ष तुरन्त घर लौटा

राजा की मृत्यु

किन्तु अपने पिता को जीवित न देख सका। उसकी माता यशोवती अपने पति के साथ सती हो गई। उसने तुरन्त तेज ऊँटों के सवारों को अपने भाई को बुलाने भेज दिया।

राज्य, जिसके शरीर पर घाव थे, राजधानी लौटा और अपने भाई को राज्य देने का विचार करने लगा किन्तु हर्ष ने यह बात अस्वीकार

राज्यवर्धन का अभिषेक

कर दी।

दुर्भाग्यवश एक पत्रवाहक यह सूचना लाया कि मालवा के राजा देवगुप्त ने राज्यश्री के पति गृहवर्मा को मार कर उसे बन्दी बना लिया है। राज्य तुरन्त

राज्यश्री का दुर्भाग्य

१०,००० अश्वसेना लेकर भण्डी के साथ शत्रु के विरुद्ध युद्ध करने के लिए चल पड़ा।

बहुत शीघ्र राज्य की अश्वसेना के अध्यक्ष कुन्तल ने हर्ष को यह दुखद सूचना दी कि राज्य के मन में, जिसने सरलता से मालव सेना पर विजय प्राप्त कर ली

राज्य बर्धन का बध

थी, गौड़ के राजा ने, जो मालवा के राजा से मिला हुआ था, मिथ्या उपचारों से विश्वास उत्पन्न कर दिया और अपने भवन में उस विश्वासी, एकाकी, शस्त्रहीन का बध कर दिया। यह गौड़ का राजा शशांक के अतिरिक्त और कोई नहीं था। एक अभिलेख से इस तथ्य की पुष्टि होती है। "राज्य ने युद्ध में देवगुप्त और अन्य प्रतिद्वन्द्वियों को परास्त किया और शत्रु के मकान में उनके वचनों में विश्वास करके (सत्यानुरोध ने) अपने प्राण दे दिये।" इस प्रकार राज्य के काल में कन्नौज के विरुद्ध मालव और गौड़ ने मिलकर षड्यंत्र रचा।

हर्ष को अब स्वयं संकट का सामना करना पड़ा और 'आपत्तियों के समुद्र के विरुद्ध शस्त्र उठाने पड़े।' मंत्रिपरिषद् ने उसे राज्यसिंहासन के लिए निमंत्रित

बहन का उद्धार

किया और छोटे-छोटे विद्रोही राज्यों को एक एक करके परास्त करने के स्थान पर दिग्विजय का परामर्श दिया। मुख्यमंत्री अवन्ति की घोषणा के अनुसार वह हस्ति-सेना के अध्यक्ष स्कन्दगुप्त और सामन्तों तथा राजाओं के साथ इस कार्यक्रम के लिए चल पड़ा। मार्ग में उसे कामरूप के राजा भास्करवर्मा ने सहायता का वचन दिया। इसके बाद उसे भन्डि मिला जिसने सूचना दी कि उसकी बहन राज्यश्री बन्दीगृह से मुक्त

होकर विन्ध्याटवी में चली गई है। वह अपनी बहिन की खोज में चल पड़ा और जब वह अग्नि द्वारा अपना प्राणान्त करने को उद्यत थी उसने ठीक समय पर पहुँच कर उसे रोक दिया और उसकी रक्षा की।

घरेलू कष्ट से मुक्त होकर हर्ष ने दिग्विजय के कार्यक्रम का श्रीगणेश किया। वह ५००० हाथी, २०,००० घोड़ों और ५०,००० पदातियों की सेना लेकर, जैसा कि बाण ने लिखा है दिग्विजय के लिए चला। श्वान-चाङ् ने लिखा है कि पहिले उसने पूर्व की ओर प्रस्थान किया और उन राज्यों को परास्त किया जिन्होंने उसका विरोध किया। छ: वर्ष तक निरन्तर युद्ध करने के पश्चात् उसने भारत के पाँचों भागों को अपने अधीन किया। ये पाँच भाग स्वराष्ट्र (पंजाब), कान्यकुब्ज, गौड़, मिथिला और ओड़ीसा थे। बाण ने इस विजय-तालिका में सिन्ध, हिम-प्रदेश (सम्भवत: नेपाल) और नेपाल को भी सम्मिलित किया है। वलभी का राज्य इस समय मालवा, कच्छ और सौराष्ट्र तक फैला हुआ था।

दिग्विजय

उसकी दिग्विजय का कार्यक्रम विन्ध्यप्रदेश में रेवा के तट पर पूर्णरूप से रुक गया जब दक्षिण के नरपति पुलकेशी द्वितीय ने, जिसे शिलालेखों में परमेश्वर की सार्वभौमिक उपाधि से अलंकृत किया गया है, उसे परास्त किया। पुलकेशी को सकलोत्तरापथनाथ हर्षवर्धन का विजेता कहा गया है।

पुलकेशी द्वारा रोक

हर्ष ने ३० वर्ष तक उत्तरी भारत में बिना शस्त्र उठाए शान्तिपूर्वक राज्य किया जैसा कि श्वान-चाङ् ने लिखा है। उसने अपनी समृद्ध सैनिक शक्ति के कारण शान्ति स्थापित की। श्वान-चाङ् ने उसकी सेना का अनुमान ६०,००० हाथी और १००,००० घोड़े लगाया है। हाथी स्थानीय राजाओं द्वारा दान में मिले थे और कुछ उसके गजक्षेत्राधिकारियों द्वारा पकड़े गये थे। घोड़े वनायु (अरब), फारस, कम्बोज, आरट्ट और सिन्ध से आते थे जैसा कि बाण ने लिखा है। उसने एक ऊँटों के दस्ते का भी उल्लेख किया है।

सेना

इन सब विजयों के उपरान्त हर्ष सकलोत्तरापथनाथ के रूप में उत्तरी भारत का सार्वभौमिक सम्राट् बन गया था। उसके सार्वभौमिक रूप का साक्ष्य विभिन्न राज्यों से उसके सम्बन्धों एवं उनके प्रदेशों में उसके अनुसंयानों (यात्राओं) द्वारा प्रकट होता है। श्वान-चाङ् की जीवनी के अनुसार उसने कगोद अथवा गंजम तक की यात्रा की और उड़ीसा में छावनी डालकर वहाँ एक महायान सभा बुलाई जिसमें नालन्दा के विद्वानों ने भाग लिया। इस सभा में स्थानीय बौद्ध विद्वान् जयसेन की विद्वत्ता का महत्त्व

उत्तरी भारत पर आधिपत्य

प्रकट हुआ जिसे हर्ष ने ओड़ीसा के अस्सी बड़े नगरों की आय पारितोषिक रूप में प्रदान की।

अन्य राजाओं के साथ उसके जो सम्बन्ध रहे उनसे ज्ञात होता है कि वे उसके प्रभुत्व-क्षेत्र के अन्तर्गत थे। उसने कश्मीर के राजा को बुद्ध का एक अवशेष लौटाने पर विवश किया और असम के राजा को अपने सामन्त के रूप में अभिषिक्त किया। जलन्धर के राजा उदितों को उसने समस्त भारत में बौद्ध धर्म के कार्यकलाप के नियंत्रण के लिए नियुक्त किया। जब श्वान-चाङ् अपने देश को वापिस लौट रहा था तो हर्ष ने उसे सीमाप्रदेश तक सुरक्षित रूप से ले जाने के लिए नियुक्त किया। उसने अन्य राज्यों के अध्यक्षों के नाम पत्र लिखे कि वे चीनी यात्री की यात्रा की सुरक्षा के लिए वाहन और रक्षकों का प्रबन्ध करें। उसके बाद उसने स्वयं अपने मित्र असम नरेश कुमार और वलभी के राजा ध्रुवभट के साथ इन रक्षकों का निरीक्षण किया। इस प्रकार उसने अपने सार्वभौम पद का प्रयोग किया।

विदेशी दूत

उसने चीन में दूतमण्डल भेजे। ६४१ ई० में उसने चीनी सम्राट् की सभा में एक ब्राह्मण दूत भेजा। चीनी राज्य की ओर से ६४५ ई० में एक दूतमण्डल बदले में आया। वाङ्-ह्यून-त्से के अधीन एक अन्य दूतमण्डल उसके राज्य में आया (स्मिथ : अर्ली हिस्ट्री ऑव इण्डिया तीसरा संस्करण पृ० ३५२)

कन्नौज की सभा

हर्ष निश्चित समय के बाद धार्मिक प्रचार के लिए बड़ी-बड़ी सभाएँ बुलाया करता था। एक ऐसी सभा कन्नौज में हुई जिसमें श्वान-चाङ् ने महायान पर प्रवचन किए। इस सभा में अनेक बौद्ध भिक्षुओं, विद्वानों और ब्राह्मणों के अतिरिक्त अठारह राजा भी सम्मिलित हुए जिनमें असम और वलभी के राजा प्रमुख थे। सभा २३ दिन तक चलती रही किन्तु अन्त में कुछ षड्यंत्रकारियों ने जो महायान के इस एकपक्षीय प्रचार के विरुद्ध थे मण्डप में आग लगा दी। ५०० ब्राह्मणों को षड्यंत्रकारी घोषित करके देश निर्वासित किया गया।

राजा दान बाँटने के लिए प्रति पाँच वर्ष एक बड़ी सभा बुलाया करता था। इसे ठीक ही मोक्षपरिषद् कहते थे। यह पाँच वर्ष में एक बार होती थी। इसका

प्रयाग की सभा

छठाँ अधिवेशन ६३५ ई० में प्रयाग में हुआ जिसमें श्वान-चाङ् स्वयं सम्मिलित हुआ और लगभग पाँच लाख व्यक्तियों ने भाग लिया।

इस सभा का कार्यक्रम बड़ा उदार था। इसमें बुद्ध, आदित्य (सूर्य) और ईश्वर (शिव) की पूजा होती थी। वह बौद्ध, अबौद्ध, ब्राह्मण, स्थानीय और विदेशी

हर्ष के अप्रतिम दान

लोगों को दान देता था। १०,००० चुने हुए बौद्धों में हरेक को १०० स्वर्णमुद्रा, एक मोती और एक सूती वस्त्र दिया जाता था। पाँच वर्ष तक कोश में जो संचय होता था वह सब इस सभा में खाली कर दिया जाता था। इस प्रकार हर्ष अपने अप्रतिम दान का उदाहरण प्रस्तुत करता था। वह अपने शरीर के वस्त्र, रत्न और आभूषण तक उतार कर दान कर देता था और अपनी बहन से माँग कर वस्त्र पहनता था।

प्रशासन

शासन राजा में केन्द्रित था जो लोकमंगल का प्रतीक था। उसकी मंत्रिपरिषद् का राजा के निर्वाचन में हाथ होता था। हर्ष के विषय में इसका स्पष्ट प्रमाण मिला। यह विदेशी नीति को भी निर्धारित करती थी। इस परिषद् की गलती से ही राज्य को शत्रु-शिविर में भेजा गया जहाँ धोखे से उसका वध किया गया। जैसा कि बील (पृ० २११) ने लिखा है: "अपने मंत्रियों की भूल के कारण उसने अपना शरीर शत्रुओं के हाथ में दे दिया।"

राजकीय यात्राएँ

राजा सदा घूमता रहता था। अन्य स्थानों के अतिरिक्त उसने निम्नलिखित स्थानों की यात्रा की; राजमहल, कन्नौज, प्रयाग मणितारा (अवध), उड़ीसा, कश्मीर, वलभी, रेवा और गंजम। इन सुदूर प्रदेशों की यात्राओं से राजा को अपनी प्रजा की वास्तविक स्थिति का पता चलता था। श्वान-चाङ् के अनुसार घर पर राजा सदैव काम करता रहता था। "वह अथक था, दिन उसके लिए बहुत छोटा था" (वही पृ० ३४४), कर्त्तव्य-परायणता के कारण वह भोजन और शयन को भी भूल गया था।

मुख्य अधिकारी

बाण ने उसके निम्नांकित मुख्य अधिकारियों का उल्लेख किया है: (१) विदेशी मामलों और युद्ध का मंत्री अवन्ति, (२) सेनापति सिंहनाद, (३) मुख्य अश्वाध्यक्ष कुन्तल, (४) हस्तिसेना का मुख्य स्कन्दगुप्त, (५) मधुवन ताम्रपत्र में वर्णित एक अन्य दूतक स्कन्दगुप्त, (६) इस ताम्रपत्र में वर्णित अक्षपटलिक ईश्वरगुप्त, (७) बाँसखेड़ा ताम्रपट्ट में वर्णित अक्षपटलिक भानु।

उनका वेतन

मंत्रियों और कर्मचारियों को वेतन नकद की बजाय भूमि के अनुदान के रूप में मिलता था। श्वान-चाङ् ने लिखा है कि राजा राज्य की भूमि का एक-चौथाई भाग सरकारी कर्मचारियों के वेतन के लिए सुरक्षित रखता था और एक-चौथाई की आय से शासन और प्रजा का खर्च चलाता था। सेना को नकद वेतन मिलता था।

यदि श्रमिकों को काम करने पर विवश किया जाता था जो उन्हें वेतन दिया जाता था।

आय

उपज का छठाँ हिस्सा लगान के रूप में लिया जाता था। चुंगी की चौकियों और नदियों के घाटों पर चुंगी ली जाती थी। कर और हिरण्यादि से भी राज्य की आय होती थी।

मुद्राएँ

श्री प्रतपसल (प्रतापशील) और श्री शलदत (शीलादित्य) के चाँदी की मुद्राएँ मिलती हैं। ये प्रभाकर और हर्ष की मुद्राएँ हो सकती हैं क्योंकि उनके बिरुद इनसे मिलते हैं। एक स्वर्णमुद्रा भी मिली है जिसके सीधी ओर हर्षदेव लिखा है और एक घुड़सवार की आकृति अंकित है। हर्ष की दो मोहरें भी मिली हैं। सोनपत की मोहर पर शिव का वाहन नन्दी अंकित है जिसका उपासक उसका वंशप्रवर्तक था। दूसरी मोहर के टुकड़े नालन्दा में मिले हैं। इस पर श्री हर्ष का नाम लिखा हुआ है और उसे माहेश्वर, सार्वभौम और महाराजाधिराज कहा गया है।

हर्ष के राज्यकाल में देश की भौतिक और नैतिक उन्नति का मूल्यवान विवरण बाण और श्वान-चाङ् की कृतियों में मिलता है।

श्वान-चांग का भारत-वर्णन

चीनी यात्री के अनुसार विदेशी लोग भारत को ब्राह्मणों का देश समझते थे जो बहुत पवित्र और सर्व वर्गों से अधिक समादृत थे। सभ्य वर्ग, जिसमें बौद्ध भी शामिल थे, संस्कृत भाषा का प्रयोग करते थे।

सम्प्रदाय और संन्यासी

ब्राह्मण धर्म अनेक दलों में विभक्त था, जो बाह्य विशिष्ट चिह्नों, जैसे मुण्डमाल, घुटे सिर, गाँठ में बँधे बाल और भस्म से रँगे शरीर द्वारा पहचाने जाते थे।

बाण के अनुसार विभिन्न सम्प्रदाय कृष्ण, कपिल, कणाद, न्याय, उपनिषद्, लोकायत आदि के अनुयायी थे। बाण ने सन्यासी विधवाओं, पराशर, जैन, शैव, कापालिक आदि सम्प्रदायों का उल्लेख किया है।

श्वान-चाङ के अनुसार ये सन्यासी त्याग-तपस्या का जीवन व्यतीत करते थे, धन की चिन्ता नहीं करते थे, अपना भोजन माँग कर खाते थे और अपरिग्रह के आदर्श का पालन करते थे। "राजा उन्हें दरबार में आने को बाध्य नहीं कर सकते थे। ये सन्यासी देशभर में घूमते रहते थे और उस समय के ज्ञान-विज्ञान के सम्बन्ध में लोगों में प्रवचन करने से नहीं थकते थे।"

शिक्षा के केन्द्र

श्वान-चाङ का उद्देश्य भारत के सांस्कृतिक केन्द्रों और बौद्धों एवं ब्राह्मणों के तीर्थों की यात्रा करना था। बौद्धों के केन्द्र बिहार थे। श्वान-चाङ के अनुसार उनकी संख्या ५००० थी और उनमें रहने वाले भिक्षु दो लाख थे। यह उल्लेखनीय है कि उसे इन बिहारों में अबौद्ध

भिक्षु भी मिले। कश्मीर एक प्रमुख बौद्ध-केन्द्र था जहाँ के राजा और बीस कर्मचारियों ने चीनी यात्री की हस्तलिखित ग्रन्थों की प्रतिलिपियाँ तैय्यार करने में सहायता की।

नालन्दा महाविहार

उस युग का सबसे प्रमुख शिक्षाकेन्द्र नालन्दा का महाविहार या विश्वविद्यालय था जहाँ श्वान-चाङ ६३५ से ६४० तक ५ वर्ष रहा। वहाँ उसने महाविहार के अध्यक्ष शीलभद्र के चरणों में बैठ कर योग का अध्ययन किया। नालन्दा एक स्नातकोत्तर विश्वविद्यालय था जिसमें ८५०० विद्यार्थी १५१० शिक्षकों से शिक्षा पाते थे। शिक्षक और विद्यार्थी का अनुपात १:५ था। इस अनुपात के अनुसार शिक्षकों और विद्यार्थियों का वैयक्तिक शिक्षा-सम्पर्क था जो शैक्षणिक दक्षता का आधार था।

प्रवेश

नालन्दा में एक कठिन परीक्षा के बाद प्रवेश मिलता था जिसमें केवल २० प्र० श० विद्यार्थी उत्तीर्ण होते थे। नालन्दा में कोरिया, मंगोलिया, जापान, चीन, तुखार, तिब्बत, लंका आदि विदेशों से विद्यार्थी और विद्वान् पढ़ने के लिए आया करते थे जैसा कि श्वान-चाङ ने लिखा है। श्वान-चाङ को ऐसे ५६ विद्यार्थी मिले। इनमें से कुछ ने भारतीय नाम रख लिये थे। ह्वान-चाओ ने अपना नाम प्रकाशमति रक्खा, ताओ-ही, ताओ-चेङ, ता-चेङ-तेङ, ताओ-लिन और लिङ-युन क्रमशः श्रीदेव, चन्द्रदेव, महायान प्रदीप, शीलप्रभ और प्रज्ञादेव कहलाते थे।

विचार-गोष्ठी

अध्यापन-पद्धति उच्च शिक्षा के लिए उपयुक्त थी। यह विचार-गोष्ठियों में विचारों के आदान-प्रदान पर आधारित थी। प्रतिदिन इस प्रकार की १०० विचार-गोष्ठियाँ होती थीं। श्वान-चाङ ने लिखा है, "पढ़ते और विचार करते वे इतने व्यस्त रहते थे कि उन्हें दिन बहुत छोटा प्रतीत होता था, दिन रात वे एक दूसरे को उपदेश देते रहते थे, छोटे और बड़े एक दूसरे की पूरी सहायता करते थे जिससे व पूर्णता प्राप्त कर सकें।

अध्ययन के विषय

अध्ययन के विषयों से दृष्टिकोण की उदारता प्रकट होती है। ब्राह्मण धर्म एवं बौद्ध धर्म के ग्रन्थ, धार्मिक और आमुष्मिक विषय, कला और विज्ञान, शिल्प और उद्योग—सब की शिक्षा की व्यवस्था थी। हेतुविद्या (तर्क), शब्द विद्या (व्याकरण), चिकित्साविद्या (भैषज्य), सांख्य, योग, न्याय और सर्वास्तिवाद, माध्यमिक आदि विभिन्न बौद्ध दर्शनों की शिक्षा का पूर्ण प्रबन्ध था। यह उल्लेखनीय है कि चिकि-

त्सा-संबंधी शिक्षा अनिवार्य थी। ई-चिङ ने इसे सामाजिक सेवा के लिए उपयोगी पाया था।

नालन्दा के शिक्षकों में शीलभद्र, नागार्जुन, आर्यदेव, असंग, बसुबन्धु और दिङ्नाग जैसे प्रतिभाशाली व्यक्ति थे जो विभिन्न युगों में वहाँ प्रशिक्षण-कार्य करते थे। श्वान-चाङ् के अनुसार नालन्दा के पिवशाल शैक्षणिक प्रांगण में सात विहार और आठ प्रकोष्ठ थे जो विद्यार्थियों के निवास की आवश्यकताओं को पूरा करते थे। विहार कई नभचुम्बी तल्लों के प्रासाद थे। विश्वविद्यालय के पुस्तकालय का भवन नौ तल्लों का था।

प्रमुख शिक्षक

विश्वविद्यालय की अपनी निजी मुद्रा थी जिस पर "श्री नालन्दा महाविहार-आर्य-भिक्षु-संघस्य" लेख उत्कीर्ण था। विश्वविद्यालय से संबंधित पृथक् विहार या विद्यालय थे और उनकी अलग-अलग मुद्राएँ थीं। उदाहरणार्थ ऐसी एक मुद्रा गुणाकर नामक संघ अथवा विद्यालय की थी (श्री नालन्दा महावीहार-गुणाकर-बुद्ध-भिक्षुणाम्)। स्थानीय विद्यालयों के अतिरिक्त विदेशी विद्यालय भी विश्वविद्यालय से संवद्ध थे। ऐसा एक विद्यालय सुवर्णद्वीप (जावा-सुमात्रा) के शैलेन्द्रवंश के महाराज बलपुत्रदेव ने स्थापित किया था। यह तथ्य पाल राजा देवपालदेव (८५४ ई०) के एक शिलालेख से ज्ञात होता है जिसकी सभा में इस विदेशी राजा ने अपने राजदूत (दूतक) बलवर्मा के द्वारा अनुदान भेजा था। इस अनुदान द्वारा जावा के विदेशी छात्रों को, जो नालन्दा में शिक्षा प्राप्त करते थे, निःशुल्क भोजन, वसन और जीवन की आवश्यकताओं के अन्य पदार्थ मिलते थे।

मुद्राएँ

विश्वविद्यालय अपने कृषिक्षेत्र और दुग्धशाला से खाद्यपदार्थ प्राप्त करता था। इनका प्रबन्ध सुचारुरूप से किया जाता था। जैसा कि चीनी-यात्री ने लिखा है प्रतिदिन विश्वविद्यालय में कई सौ 'पेकूल' साधारण चावल और कई सौ कोही मक्खन और दूध से लदे हुए छकड़े आते थे (एक पेकूल=१३३ पौण्ड =६६½ सेर=१⅔ मन; एक कोही=१५० पौण्ड=७५ सेर=लगभग २ मन)। इस प्रकार विश्वविद्यालय अपने विशाल जनसमूह के भोजन के लिए अपने खतों से ही चावल, दूध, मक्खन आदि खाद्यपदार्थों को प्राप्त करने की व्यवस्था करता था।

नालन्दा की तरह बाण द्वारा वर्णित विन्ध्याटवी में दिवाकरमित्र का आश्रम था जहाँ विभिन्न संप्रदायों के अनुयायी शिक्षा के लिए एकत्रित होते थे। इन में जैन, अर्हित, मस्करी, वर्णी, भागवत, केशलुंचक, लोकायतिक (चार्वाक), कपिल, कणाद, शाब्दिक, बौद्ध आदि उलेखनीय हैं। इस प्रकार शिक्षा का समन्वय हो

गया था जिसमें साम्प्रदायिक विभेद लुप्त हो गये थे।

हर्ष केवल शिक्षा का संरक्षक ही नहीं था, स्वयं शिक्षाप्रेमी भी था। कम-से-कम उसे तीन नाटक नागानन्द, रत्नावली और प्रियदर्शिका का लेखक माना जाता है। जयदेव कवि ने अपने महान् ग्रन्थ गीतगोविन्द में हर्ष की गणना भास और कालिदास जैसे महाकवियों में की है।

बारहवाँ अध्याय

स्थानीय राज्य और उनका आपसी संघर्ष

जैसा कि भारतीय इतिहास में बहुधा होता आया है साम्राज्य के पतन के बाद और उसके एकताजनक प्रभाव के हटने के फलस्वरूप छोटे-छोटे राज्यों का उदय हो जाता है जो आपस में राज्यशक्ति के लिए लड़ते-झगड़ते रहते हैं। हर्ष की मृत्यु के बाद भी यही हुआ।

६४७ अथवा ६४८ ई० में (अथवा श्वान-चाङ की जीवनी के अनुसार ६५५ ई० में) हर्ष के निधन के अनन्तर उसका साम्राज्य अर्जुन नामक एक अयोग्य उत्तरा-

अर्जुन

धिकारी के हाथ में पड़ गया, जिसने वाङ-ह्वान-त्से के चीनी दूत-मण्डल के आरक्षक दल को मार डालने की भूल की। चीनी नेता ने तिब्बत के राजा स्रोंग-चंग-गम्पो, असम के राजा भास्कर वर्मा और नेपाल के राजा की सहायता से इस कुकृत्य का बदला लिया और अर्जुन को बन्दी बनाकर चीन भेज दिया।

हर्ष के साथी माधवगुप्त के पुत्र आदित्यसेन ने बड़ी शक्ति प्राप्त की और अश्व-मेध यज्ञ किया जैसा कि उसकी मुद्राओं से प्रकट होता है जिन पर 'आदित्यसेनदेव'

आदित्यसेन

और उसके विरुद खुदे हैं।

उस युग का अन्य महत्वपूर्ण राजा यशोवर्मा (७२५-७५३ ई०) था जिसने मगध, गौड, बंग (पूर्वी और मध्य बंगाल) के राजाओं पर विजयें प्राप्त कीं, जैसा कि गौडवहो से ज्ञात होता है। किन्तु ७५३ ई० में कश्मीर के

यशोवर्मा

राजा ललितादित्य ने उसके प्रसार को रोका। उसकी सभा

मालती माधव, उत्तर रामचरित और महावीर चरित के लेखक भवभूति और गौडवहो के लेखक वाकपति राज के कारण प्रसिद्ध है।

आयुध

यशोवर्मा के बाद आयुधों का राज्य आया। उन्होंने कश्मीर, पालों और राष्ट्र-कूटों से संघर्ष किया। अन्त में गोविन्द तृतीय के राज्यकाल में राष्ट्रकूट सब से अधिक शक्तिशाली हो गये।

प्रतिहार

इसके बाद प्रतीहार रंगमंच पर आये। वे गुर्जरों की एक शाखा थे जो हूणों के बाद भारत में प्रविष्ट हुए।

नागभट प्रथम

इस वंश की एक शाखा नागभट प्रथम के नेतृत्व में उज्जयिनी में बस गई।

इस परिवार का प्रसिद्ध राजा वत्सराज (७७५-८०० ई०) था जिसने धर्मपाल के राज्यकाल में गौडों को परास्त किया।

नागभट द्वितीय

उसका योग्य उत्तराधिकारी नागभट द्वितीय था (लगभग ८००-८३३ ई०)। उसने मुदगगिरि (मुंगेर) में मगध के राजा धर्मपाल को हराया। इसके अतिरिक्त उसने आनर्त (उत्तरी काठियावाड़), मालवा (मध्यभारत) मत्स्य (पूर्वी राजपुताना), किरात (हिमालयदेश), तुरुष्क (अरब) और (कौशाम्बी के) वत्सों को पराजित किया (एपिग्राफिया इण्डिका, भाग, १८, पृ० १०८, ११२; भाग ५, २) आन्ध्र, सिन्धु, विदर्भ, कलिंग आदि सुदूर प्रदेशों ने भी उसकी बढ़ती हुई शक्ति का अनुभव किया और वहाँ के राजाओं ने उससे संधि करनी चाही।

मिहिरभोज

अगला महत्वपूर्ण प्रतीहार राजा मिहिरभोज था जिसने दक्षिणी राजपुताने से उज्जैन होते हुये नर्मदा तक के विस्तीर्ण प्रदेश पर विजय प्राप्त की, किन्तु ८०७ ई०, में राष्ट्रकूट नरेश ध्रुव द्वितीय के हाथों उसने झटका खाया। किन्तु राष्ट्रकूटों के आन्तरिक वैमनस्य और बंगाल के प्रतापी राजा देवपाल की मृत्यु के फलस्वरूप उसने उत्तरी भारत में अपनी सार्वभौमिक सत्ता स्थापित कर ली। उसके लगभग ५० वर्ष के राज्यकाल में प्रतीहार वंश का उत्कर्ष अपनी चरम सीमा पर पहुँचा।

राजशेखर

मिहिरभोज का उत्तराधिकारी उसका पुत्र महेन्द्रपाल प्रथम (लगभग ८७०-९०८) था। उसने पूर्व में मगध तक और पश्चिम में सौराष्ट्र तक अपने राज्य का विस्तार किया। कर्पूरमंजरी, काव्यमीमांसा जैसे महान ग्रन्थों के प्रणेता राजशेखर उसकी सभा को सुशोभित करते थे।

महीपाल

उससे अगला प्रसिद्ध नरपति महीपाल (९१२-९४४ ई०) था। उसे राष्ट्र-कूट राजा इन्द्र तृतीय ने कष्ट दिया। इन्द्र महोदय (कन्नोज) और प्रयाग तक बढ़ता चला आया और मगध के पाल राजा ने भी अपना खोया हुआ राज्य प्राप्त करने की चेष्टा की। अन्त में महीपाल ने

अपनी स्थिति दृढ़ कर ली और केरल, कुन्तल और कलिंग तक उसका लोहा माना जाने लगा। क्षेमीश्वर ने अपने नाटक चण्डकौशिक में उसे कर्नाट का विजेता कहा है और राजशेखर ने उसे 'आर्यावर्त का नरपति' बताया है।

देवपाल राजा (९४६-६०) ने चन्देल राजा यशोवर्मा को एक विष्णु की मूर्ति भेंट की जिसे उसने खजुराहो के मन्दिर में स्थापित किया। उसके भाई विजयपाल (९६०-९९१) के राज्यकाल में ग्वालियर पर कच्छपघात नरपति ने अधिकार कर लिया और गुजरात अनहिलवाड़ा के चालुक्य राजा के अधीन हो गया (९६१)।

प्रतीहारों का पतन

महमूद गजनवी के आक्रमणों ने प्रतीहार-शक्ति के ह्रास को तेज कर दिया।

गाहड़वाल (१०९०-११९४)

इस वंश का प्रवर्त्तक चन्द्रदेव था जिसने चन्देल राजा कीर्तिवर्मा के सेनापति गोपाल को परास्त करके अपने राज्य की नींव रखी थी जैसा कि एक शिलालेख से ज्ञात होता है। शिलालेख में उसे काशी, कुशिक (कन्नौज), इन्द्रस्थान (देहली) आदि हिन्दू धर्म के पवित्र स्थानों का परित्राता बताया गया है। ११०० ई० के लगभग उसकी मृत्यु हुई। इसी शिलालेख से ज्ञात होता है कि उसने तुरुष्कदण्ड नामक एक विशेष कर लगाया था जिससे या तो मुसलमानों के आक्रमणों को रोकने के लिए सेना का खर्च चलाया जाता था या उनको कर देने की व्यवस्था की जाती थी।

चन्द्र देव

गोविन्दचन्द्र (११०४-११५५)

अगला प्रमुख राजा गोविन्दचन्द्र था जिसने पाल राजाओं से पटना और मुंगेर के कुछ प्रदेश छीन लिए थे जैसा कि उसके अनुदानों से प्रतीत होता है। उसकी विजयपताका दशार्ण (दक्षिणी मालवा) तक फहरी। कृत्य-कल्पतरु (कल्पद्रुम) का विद्वान् लेखक लक्ष्मीधर उसका मंत्री था। उसने बौद्ध जेतवन विहार को, जो उस समय उत्कल के विद्वान भिक्षु शाक्यरक्षित और उसके चोल शिष्य वागीश्वर रक्षित के अधीन था, कुछ ग्रामों का दान दिया। उसकी पत्नी कुमारदेवी ने, जो पीठी की रहनेवाली थी, सारनाथ में एक बौद्ध विहार और मूर्ति का उद्धार किया।

११५४ ई० में गोविन्दचन्द्र के स्थान पर उसका पुत्र विजयचन्द्र राजा बना। पृथ्वीराज रासो में उसकी विजय का उल्लेख है। उसने लाहौर से खुसरो को निकाल दिया किन्तु विग्रहराज बीसलदेव ने उससे दिल्ली छीन ली।

विजयचन्द्र

अगला प्रमुख राजा जयचन्द्र था (लगभग ११७० ई०)। उसका राज्य बनारस और गया तक था। उसने अपनी पुत्री का स्वयम्वर आयोजित किया जिसमें

जयचन्द्र

पृथ्वीराज चौहान उसे उठा ले गया। वह और उसका दामाद दोनों शिहाबुद्दीन गौरी के हाथों मारे गये।

नैषधीयचरित और अन्य कृतियों के लेखक श्रीहर्ष के कारण उसकी सभा प्रसिद्ध है।

इतिहास उसे देशद्रोही के रूप में याद करता है क्योंकि उसने मुसलमान आक्रान्ता के विरुद्ध पृथ्वीराज का हाथ नहीं बटाया। इस आक्रमणकारी ने हिन्दुओं की फूट का लाभ उठा कर हिन्दू राजाओं को एक-एक करके परास्त कर दिया।

हर्ष के समय से लेकर पालवंश के अभ्युदय तक के बंगाल के इतिहास का ठीक-ठीक पता नहीं है। पंचगौडों का उल्लेख मिलता है जिन पर कश्मीर के जयापीड़ ने राज्य किया था। पुण्ड्रवर्धन के राजा जयन्त की पुत्री कल्याण-देवी के साथ उसके विवाह के फलस्वरूप बंगाल पर उसका प्रभुत्व हो गया था। (पंचगौड़ाधिप जित्वा श्वसुरं तदधीश्वरम्)। उस समय गौड़ का अर्थ पश्चिमी बंगाल था और बंग का तात्पर्य पूर्वी बंगाल था। एक शिलालेख में मात्स्यन्याय (अराजकता) का जिक्र है जिसमें शक्तिशाली निर्बल को खाए जा रहा था। अन्त में जनता (प्रकृति) ने बप्यट के पुत्र गोपाल को अपना राजा चुना (खलीमपुर ताम्रपट्ट लेख)। गोपाल ने मगध और समुद्र तक के देश को जीता। कहा जाता है कि उसने ४५ वर्ष तक राज्य किया और ओदन्त पुरी (बिहार शरीफ) के विहार की स्थापना की।

बंगाल के पाल : गोपाल

किन्तु बंगाल प्रतीहार और राष्ट्रकूट जैसे शत्रुओं से आतंकित हो रहा था।

धर्मपाल

७८० ई० के आसपास गोपाल का पुत्र धर्मपाल गद्दी पर बैठा। शिलालेखों के अनुसार उसने ३२ वर्ष तक राज्य किया। तारानाथ ने उसके राज्य की अवधि ६४ वर्ष लिखी है। उसने अपनी विजयों से सार्वभौम पद प्राप्त किया। उसने कन्नौज के सिंहासन पर, निकटवर्ती राजा भोज, मत्स्य, भद्र, कुरु, अवन्ती आदि के समर्थन से, एक विशेष समारोह में चक्रायुध का अभिषेक किया। तब से उसे उत्तरापथ और पंचगौड का स्वामी कहा जाने लगा। तारानाथ के अनुसार पूर्व मे समुद्र तक, उत्तर में तिली (दिल्ली) और जलन्धर तक और दक्षिण में विन्ध्य तक उसका राज फैल गया था। देवपाल के मुंगेर के ताम्रपट्ट लेख से ज्ञात होता है कि उसने केदारनाथ तक के प्रदेश को जीत लिया था। ७८३ और ८१९ ई० के बीच में उसकी विजयों का समय है किन्तु एक शिलालेख के अनुसार वह अब भी राष्ट्रकूट सम्राट् गोविन्द तृतीय के प्रति आदर प्रकट करता था जिससे प्रकट होता है कि वह उसके अधीन था। वह एक विद्याप्रेमी, विद्वानों के संरक्षक, भागलपुर के निकट विक्रमशिला के बौद्ध विहार और अपने नाम से प्रसिद्ध सोमपुर (पहाड़पुर) के विहार के संस्थापक के रूप में प्रख्यात है। उसके काल में धीमान और

उसके पुत्र विटपाल ने एक नये कला सम्प्रदाय की नींव रखी।

८१५ ई० के लगभग उसका पुत्र देवपाल उसका उत्तराधिकारी बना। उसने ३५ वर्ष तक राज्य किया और हिमालय, विन्ध्य और रेवा तक के प्रदेश पर विजय प्राप्त की। बादल के शिलालेख से ज्ञात होता है कि उसने गुर्जर, राष्ट्रकूट, हूण और उत्कल (उत्कीलितोत्कलकुलम्) के दर्प का दलन किया। ऐसा लगता है कि द्रविड नरपति पाण्ड्य नरेश श्रीमार था। एक अन्य शिलालेख में उसकी कम्बोज विजय का जिक्र है। वह विद्या का, विशेषतः नालन्दा महाविहार का, संरक्षक था। सीमा के पार नगरहार (जलालाबाद) के विद्वान् ब्राह्मण वीरदेव को उसने इस विहार का अध्यक्ष नियुक्त किया था।

देवपाल

जावा के शैलेन्द्र राजा बलपुत्रदेव ने एक दूतमण्डल भेज कर उसे समादृहत किया था। इसका उद्देश्य नालन्दा में जावा के विद्यार्थियों के लिए एक विशेष विद्यालय के निर्माण के हेतु मगध के पाँच ग्रामों के एक अनुदान की व्यवस्था करना था। देवपाल के बाद उसका भतीजा जयपाल, जो उसका सेनापति था और जिसे उसकी बहुत-सी विजयों का श्रेय प्राप्त था, गद्दी पर बैठा।

जावा का दान

अगला प्रमुख राजा नारायणपाल (८५४-९०८ ई०) था। उसने दीर्घ काल तक राज्य किया जिसमें गुर्जर प्रतीहार राजा मिहिरभोज और उसके पुत्र महेन्द्रपाल के आक्रमण हुए। उन्होंने मगध का एक भाग अपने राज्य में मिला लिया। गुर्जर प्रतीहार-आक्रमणों के बाद राष्ट्रकूट राजा अमोघवर्ष ने बंगाल पर धावा बोल दिया और एक शिलालेख के अनुसार अंग, वंग और मगध पर अपना आधिपत्य स्थापित किया। देवली के शिलालेख के अनुसार उसके पुत्र कृष्ण द्वितीय ने गौडो को विनयव्रत की दीक्षा दी (अपने अधीन किया)। अन्त में उसने अपने पुत्र राज्यपाल का कृष्ण द्वितीय की पुत्री भाग्यदेवी से विवाह कर के समझौता किया। इस पाल राजा को उड़ीसा के शुल्की राजा रणस्तम्भ का भी सामना करना पड़ा जिसने राढ़ को जीत लिया। कृष्णा जिले के एक और साधारण से राजा ने वंग, मगध और गौड को जीतने की डींगें मारीं जिससे पता चलता है कि उसने पाल राज्य पर आक्रमण किया।

नारायणपाल

प्रतीहार और राष्ट्रकूट आक्रमणों से पालों की शक्ति क्षीण हो गई थी। फिर उन्हें असम, उड़ीसा, गोरखपुर और कलचुरी राजा यशोवर्मा के आक्रमणों के संकटों का भी मुकाबिला करना पड़ा। यशोवर्मा को बंगाल-भंग-निपुण (बंगाल को नष्ट करने में चतुर) कहा गया है। हरिकेल (समतट और उड़ीसा के बीच का प्रदेश)

संकट

के राजा कान्तिदेव और कम्बोजों ने भी आन्तरिक विद्रोह शुरू कर दिए।

नारायणपाल का दुर्बल उत्तराधिकारी विग्रहपाल इस संकट के पहाड़ का सामना करने में असमर्थ था। कहा जाता है कि वह राज्य छोड़कर चला गया। और परिव्राजक बन गया।

विग्रहपाल द्वितीय के बाद महीपाल प्रथम (९९२-१०२६ ई०) गद्दी पर बैठा। एक शिलालेख से पता चलता है कि उसने अपने पैतृक राज्य के एक अंश को फिर से प्राप्त कर लिया। पश्चिमी बंगाल के शूर सामन्तों और पूर्वी बंगाल के चन्द्र राजाओं द्वारा स्वतंत्रता की घोषणा करने के फलस्वरूप पाल राज्य और अधिक दुर्बल हो गया।

महीपाल प्रथम

इसी समय राजेन्द्र चोल ने बंगाल पर आक्रमण किया। उसने ओड़, (ओड़ीसा) कोसल, के मार्ग से अभियान किया और उसके सेनापतियों ने दक्षिण राढ़ और बंगालदेश पर अधिकार किया, पाल राज्य को और अधिक धक्का लगा। ऐसा लगता है कि चोल राजा ने महीपाल को परास्त करके उत्तरराढ़ को अपने राज्य में मिला लिया और १०२३ ई० में गंगा तक प्रयाण किया।

इसी समय चेदि के कलचुरी राजा गांगेयदेव ने बनारस को जीत कर वहाँ के मन्दिरों की मरम्मत करवाई। उसके द्वारा बनवाए गये भवनों से प्रतीत होता है कि उसने नालन्दा और बोधगया तक राज्य किया था।

महीपाल ने अनन्तवर्मा चोडगंग के राज्यकाल में कलिंग पर आक्रमण किया। कलिंग का यह राजा चोल सम्राट् के विरुद्ध उसका सहायक बन गया।

इसके बाद पाल इतिहास सामान्य राजाओं का समूह है जिन्हें चेदि और चालुक्य जैसी शक्तियों का सामाना करना पड़ा बंगाल पर इनके कई आक्रमण हुए थे।

महीपाल द्वितीय संध्याकर नन्दी द्वारा लिखित रामचरित का नायक है। उसके अनुसार उसने अपने भाई शूरपाल और रामपाल को बन्दी बना लिया। इस पर उसके सामन्त, कैवर्त नेता दिव्य (दिव्वोक) ने उसके विरुद्ध विद्रोह छेड़ दिया और उसे हराकर उसके भाइयों को मुक्त कर दिया जो राजा बन गये। रामपाल ने अपने राज्य से भाइयों को निर्वासित कर के उत्कल, कलिंग और कामरूप के विरुद्ध आक्रमण किए किन्तु सामन्तसेन ने उससे पूर्वी बंगाल छीन लिया।

महीपाल द्वितीय

रामपाल का उत्तराधिकारी कुमारपाल था, जिसके योग्य मंत्री विद्यादेव ने विद्रोही तत्वों का दमन किया।

अगला पाल राजा मदनपाल था जिसने ११३० ई० तक २४ वर्ष मगध और उत्तरी बंगाल पर राज्य किया। किन्तु उसकी सत्ता को सेन राजा विजयसेन

मदनपाल

ने चुनौती दी। उसने पूर्वी और पश्चिमी बंगाल, और वरेन्द्र-भूमि का दक्षिणी भाग जीत लिया और मदनपाल तथा मिथिला के राजा के विरुद्ध अभियान किया। इसी समय पाल राज्य को कन्नौज के गहड़वाल राजा गोविन्दचन्द्र के आक्रमण का सामना करना पड़ा।

अगले राजा गोविन्दपाल ने ११९९ ई० तक राज्य किया जब चौहान, पाल, सेन जैसे सब हिन्दू राजवंश मुसलिम आक्रमणों के ज्वार में बह गये। इस प्रकार चार शताब्दियों के राज्य के बाद पालवंश का अन्त हुआ।

गोविन्दपाल

इस लम्बे काल में उन्होंने कई महत्वपूर्ण सांस्कृतिक कार्य किए। पाल राजा ओदंतपुरी और विक्रमशिला जैसी शिक्षण-संस्थाओं के संस्थापक थे। विग्रहपाल तृतीय के राज्यकाल में नालन्दा के प्रसिद्ध विद्वान् श्रीज्ञान अतीश दीपंकर ने तिब्बत में भारतीय दर्शन और विद्या का प्रचार किया। बाद में वे जावा भी गए। पाल राजा देवपाल की जावा के राजा से मित्रता थी जिसके फलस्वरूप जावा के राजा ने नालन्दा में जावा के विद्यार्थियों के लिए एक विशेष विद्यालय बनाने के लिए उसके पास अनुदान भेजा।

पाल राज्य के पतन से स्थानीय राजवंशों को उन्नति का अवसर मिल गया। इनमें से एक चन्द्रवंश था जिसके राजा अपने आप को महाराजाधिराज कहते थे।

चन्द्रवंश

चन्द्र राजाओं का निवासस्थान रोहितगिरि (कोमिल्ला की पहाड़ियों में लालमाटी में था। शिलालेखों में सुवर्णचन्द्र त्रैलोक्यचन्द्र और श्रीचन्द्र को महाराजाधिराज और परम सौगत की उपाधियों से अभिहित किया गया है। इन शिलालेखों से यह भी पता चलता है कि श्रीचन्द्र की राजधानी विक्रमपुर में थी। और उसने पुण्ड्रवर्धन भुक्ति, कुमारतालकमण्डल (कुमारखाली, जिला फरीदपुर) और पद्मा नदी के तट पर सतत पद्मावती विषय में भूमि के अनुदान दिए।

अगला महत्वपूर्ण राजा गोविन्द्रचन्द्र था जिसका राज्य सनद्वीप और पैकपारा (पूर्वी बंगाल) में था, जैसा कि शिलालेखों से ज्ञात होता है। वह बंगाल देश का नरपति था और १०२३ ई० में उसे राजेन्द्रचोल ने परास्त किया था।

कलचुरी राजा लक्ष्मीकर्ण (१०४१-७० ई०) के आक्रमण के फलस्वरूप चन्द्रवंश का ह्रास हो गया। कलचुरियों की सहायता से उनके स्थान पर यादव वंश राज्य करने लगे।

यादव

इस वंश का प्रमुख राजा जातवर्मा था, जिसने कलचुरि राजकुमारी वीरश्री से, जो कर्ण की पुत्री थी, विवाह कर के अपनी स्थिति को सुदृढ़ किया। अंग, कामरूप, दिव्य और गोवर्धन के लिए वह संकट बन गया। उसने पुण्ड्रवर्धन भुक्ति पर भी आक्रमण किया। उसने उत्कल

जात वर्मा

के राजा हरिवर्मा और उसके मंत्री गोवर्धन को भी पछाड़ दिया। उसके उत्तराधिकारी भोजवर्मा ने अपने सार्वभौमपद को बनाए रखा और पुण्ड्रवर्धन तक राज्य किया।

वर्मा अथवा यादव राजाओं को पहिले पालों ने फिर सेनों ने हटा दिया।

शूर

उस युग का अन्य राजवंश शूरवंश था जिसकी स्थापना आदिशूर ने की थी। परम्पराओं के अनुसार यह कन्नौज से बंगाल में ब्राह्मणधर्म के विस्तार के लिए आये पाँच ब्राह्मणों का नेता था।

सेन

इस युग का अन्य प्रसिद्ध राजवंश सेनवंश था। इसके संस्थापक सामन्तसेन का जन्म बंगाल में राढ़ नामक स्थान पर ब्रह्मक्षत्रिय के रूप में हुआ था।

विजयसेन

विजयसेन (११००-६५ ई०) ने देवपाड़ा शिलालेख के अनुसार, जिसे धोयी कवि की रचना बताया जाता है, बहुत-से प्रदेश जीत कर सेनवंश की सत्ता का निर्माण किया। उसने अपने शक्तिशाली बेड़े (नौवितान) को गंगा में (गंगाप्रवाहम्) सफलतापूर्वक बढ़ाते हुए (जयकेलिपु अनुधावति) अनेक छोटे-छोटे नरपतियों तथा नेपाल, गौड़ और कामरूप के राजाओं को परास्त किया।

बल्लालसेन

उसके बाद उसका पुत्र बल्लालसेन (११६५-११८५ ई०) गद्दी पर बैठा। उसने एक विस्तृत प्रदेश पर राज्य किया जिसमें राढ़, वरेन्द्र, वागड़ी, वंग और मिथिला शामिल थे। वह लेखक भी था और उसने स्मृति-ग्रन्थ दानसागर और ज्योतिष के ग्रन्थ 'अद्भुतसागर' की रचना की। उसने 'कुलीन प्रथा' नामक महत्वपूर्ण सामाजिक आन्दोलन का प्रवर्तन किया जिसका उद्देश्य तात्कालिक हिन्दूसमाज में रक्त की पवित्रता और वंश की शुद्धता को सुरक्षित रखना था।

लक्ष्मणसेन

एक साहित्यिक कृति और शिलालेख से पता चलता है कि उसने सुदूर मलयपर्वत तक विजय प्राप्त कर के पुरी, बनारस और प्रयाग में विजयस्तम्भ खड़े किए। कामरूप पर आक्रमण किया तथा गहड़वालों से युद्ध किया। किन्तु अपनी सैनिक शक्ति के होते हुए भी वह अपनी राजधानी नदिया पर केवल १८ घुड़सवारों के साथ मुहम्मद-बिन बख्त्यार के आक्रमण को रोकने में असमर्थ रहा और राजधानी छोड़ कर विक्रमपुर भाग गया, जहाँ उसके बाद उसके दो पुत्रों ने लगभग १७ वर्ष तक राज्य किया। उसके बाद उसके वंश का अन्त हो गया।

लक्ष्मण, एक दुर्बल राजा होते हुए भी, विद्या और विद्वानों के संरक्षण के

लिए प्रसिद्ध था । जिसके फलस्वरूप उसकी सभा की ओर गीतगोविन्द के रचयिता जयदेव, कोशकार हलायुध, पवनदूत के लेखक धोयी कवि जैसी साहित्यिक प्रतिभाएँ आकृष्ट हुईं ।

कश्मीर का इतिहास कल्हण की संस्कृत रचना राजतरंगिणी में उपलब्ध है । पहिले यह मिहिरकुल आदि हूण राजाओं के अधीन था । जैसा कि मुद्राओं से ज्ञात होता है शैव मतावलंबी था ।

कश्मीर

उज्जैन के राजा हर्ष विक्रमादित्य के आक्रमण के फलस्वरूप हूणों के राज्य का अन्त हो गया । उसने कश्मीर की गद्दी पर कवि मातृगुप्त को बिठा दिया, किन्तु प्रवरसेन द्वितीय ने उसे तुरन्त निकाल दिया । प्रवरपुर (श्री नगर) का संस्थापक यही प्रवरसेन था ।

मातृगुप्त

उसके बाद दुर्लभवर्धन द्वारा संस्थापित कर्कोट वंश राज्य करने लगा । उसने ३६ वर्ष तक एक विशाल प्रदेश पर, जिसमें उरशा (हजारा) तक्षशिला, सिंहपुर आदि सम्मिलित थे, राज्य किया ।

कर्कोट-वंश

उसका उत्तराधिकारी उसका पुत्र दुर्लवक था जिसका पुत्र मुक्तापीड ललितादित्य ६३६ और ६४७ ई० के बीच में बहुत प्रसिद्ध हो गया था । उसने तिब्बत की सेनाओं को हराया, जलन्धर, लोहारू को जीता, सिन्धु के शाहियों को पराजित किया और कल्हण के अनुसार बंगाल, उड़ीसा, काठियावाड़, कम्बोज, तुखार (बदख्शाँ) और दरद प्रदेश पर विजयें प्राप्त कीं । उसने प्रसिद्ध मार्तण्ड-मन्दिर का निर्माण कराया और परिहासपुर (परसपोर) में बुद्ध की विशाल मूर्त्ति स्थापित कराई ।

मुक्तापीड ललितादित्य

उसके पौत्र जयापीड़ विनयादित्य ने जो उसके बाद गद्दी पर बैठा, उससे भी अधिक विजयें प्राप्त कीं । उसने गौड़, कन्नौज, नेपाल, आदि प्रदेशों को जीता । वह भट्ट उद्भट आदि कवियों का आश्रयदाता था । उसने ७५१-८२ के बीच में राज्य किया ।

कर्कोटवंश के बाद उत्पलवंश का राज्य प्रारम्भ हुआ । इस वंश का प्रथम राजा अवन्तीवर्मा (८५५-८३ ई०) था । उसने अनेक नगरों और सिंचाई के साधनों का निर्माण कराया। उसने सूर्य्यपुर (वर्तमान सोपोर) और अवन्तिपुर जैसे नगरों की स्थापना की और दलदलों को साफ कराकर और बाढ़ों को रोकने के लिए बाँध बनवाकर कृषि को बढ़ावा दिया । फलतः खाद्यपदार्थों के दाम गिर गये ।

उत्पलवंश

उसके उत्तराधिकारी शंकरवर्मा ने सुदूर देशों को जीता और उरशा में शरीर छोड़ा । इन अभियानों से खजाना खाली हो गया और उसे मन्दिरों की सम्पत्ति लूटनी पड़ी ।

यह बड़े विप्लव का काल था। मंत्रियों ने उसे हटाकर उसकी माता सुगन्धा को गद्दी पर बैठाया जिसे २ वर्ष बाद सेना ने अलग कर दिया और ९१४ ई० में मार डाला। तब मंत्री और सैनिक भ्रष्टाचार और धनसंग्रह में जुट गये जिससे दुर्भिक्ष पड़ गया। कुछ समय के लिए चक्रवर्मा ने भ्रष्टाचार रोकने की चेष्टा की। किन्तु तुरन्त ही बाद उसके भ्रष्ट भाई ने गद्दी पर आकर लूट-खसोट शुरू की। ९३९ ई० में उसकी मृत्यु के बाद उत्पलवंश का अन्त हो गया।

रानी दिद्दा

उसके बाद बहुत-से अयोग्य शासक गद्दी पर आए। अन्त में दिद्दा ने अपने ५० वर्ष के राज्यकाल में, जो मन्दिरों के निर्माण से परिपूर्ण था, शान्ति स्थापित की। किन्तु वह भी नैतिक दृष्टि से भ्रष्ट हो गई और १००३ ई० में उसका देहान्त हो गया। उसके बाद उसका भतीजा संग्रामराम गद्दी पर आया, जिससे लोहार नामक नवीन राजवंश का श्रीगणेश हुआ।

लोहर

अनन्त नामक शासक (१०२८ ई०) के राज्यकाल में स्थिति सुधरी। उसकी रानी सूर्यमती शासन और कोश को सुधारने के लिए उसके मंत्री का काम करती थी। किन्तु आसपास के प्रदेशों में अनन्त के आक्रमणों के फलस्वरूप उसका सारा कार्य नहीं के बराबर हो गया। उसने अपने योग्य मंत्री हलधर के परामर्श से अपने पुत्र कलश को राज्य दे दिया। किन्तु कलश विद्रोही सिद्ध हुआ। अतः उसके पिता ने आत्महत्या कर ली और उसकी माता सती हो गई। इस पर कलश के चरित्र में सुधार हो गया और उसने कश्मीर का खोया हुआ सम्मान फिर से प्राप्त कर लिया।

हर्ष

अगला शासक उसका पुत्र हर्ष था जिसने अनेक पारिवारिक कष्टों के होते हुए भी अपने शासन द्वारा स्थिति को सुधारा और विद्या और संस्कृति को प्रोत्साहन दिया। किन्तु उसने सैनिक प्रसार प्रारम्भ कर दिया और उसकी आवश्यकता पूरी करने के लिए मन्दिरों और मठों को लूटना और भारी कर लगाना प्रारम्भ किया जिससे सेनापति उच्छल उसके भाई सुस्सल के नेतृत्व में विद्रोह भभक उठा। ११०१ ई० में हर्ष का वध हुआ। कल्हण हर्ष के मित्र का पुत्र था और उसने राजतरंगिणी में उसके राज्य का संपूर्ण वृत्तान्त प्रस्तुत किया है।

उच्छल

तब उच्छल कश्मीर का राजा बना और उसने अपने भाई को लोहर का राजा नियुक्त किया। रड्ड ने शीघ्र ही उसे मार डाला। तब सिंहासन पर शीघ्रतापूर्वक एक के बाद दूसरा आक्रान्ता आया और कश्मीर के इतिहास में अन्धकार का युग आ गया। कुछ हद तक

११२३ ई० में सुस्सल के पुत्र जयसिंह ने शान्ति स्थापित की। उसने ११५५ई० तक ३० वर्ष राज्य किया। उसकी शक्ति इतनी थी कि उसने मुसलमानों की सहायता से उठे अपने सामन्तों के विद्रोह को दबा दिया।

उसके बाद बहुत-से अयोग्य शासकों ने राज्य किया। इनमें से केवल एक, जगद्देव (११९८-१२१३) ने इतिहास में सम्मान प्राप्त किया।

मुसलमानों के आक्रमण और उसके बाद तिब्बतियों के आक्रमण से देश में अराजकता फैल गई। कुछ समय के लिए कश्मीर रिचेन नामक तिब्बती राजा के अधीन रहा। कश्मीर की अव्यवस्थित अवस्था के फलस्वरूप अकबर ने १५८६ ई० में इसे अपने साम्राज्य में मिला लिया।

तिब्बती आक्रमण

कुमारजीव के जीवनचरित्र से प्रकट होता है कि अशोक से समय से ही कश्मीर बौद्धधर्म का केन्द्र रहा है। यह शैव धर्म के एक विशेष सम्प्रदाय का भी केन्द्र रहा है, जो शंकर के अद्वैत दर्शन के निकट था। इसकी अपनी श्रुतियाँ थीं जिन्हें शैवसूत्र कहते थे और जिनके कारण इसकी निजी विशेषताएँ प्रकट हुई। इस सम्प्रदाय ने वसुगुप्त (८०० ई०) कल्लट, सोभानन्द, उत्पल आदि महान् लेखकों के समूह को जन्म दिया।

सांस्कृतिक केन्द्र के रूप में कश्मीर

कश्मीर संस्कृत साहित्य का केन्द्र था। वहाँ का राजा मातृगुप्त (छठी शती ई०) स्वयं कवि था। भौमक ने पाणिनि के व्याकरण के नियमों का उदाहरण प्रस्तुत करने के लिए पद्य में रामायण की कथा लिखी। अवन्तिवर्मा (८५० ई०) की सभा में कवियों का प्रतिष्ठित वृन्द था। बौद्ध ग्रन्थ 'अवमानशतक' की प्रेरणा से शिवस्वामी ने (कप्फणाभ्युदय' नामक महाकाव्य लिखा। रत्नाकर ने शैव दर्शन के विषयों पर लेखनी चलाई। अभिनन्दन ने सरल कविता में बाण की कादम्बरी को अनूदित किया। ग्यारहवीं शती प्रसिद्ध साहित्यिक प्रतिभा क्षेमेन्द्र के कारण प्रख्यात है। उसने गुणाढ्य की महान् कृति बृहत्कथा को विस्मृति के गर्भ से बचाकर सरल पद्यात्मक प्रबन्ध के रूप में प्रस्तुत किया। उसने अवदान कल्पलता नामक कृति में अनेक बौद्ध कथाओं को सरल रूप में प्रस्तुत किया। उसने विष्णु के अवतारों, रामायण-महाभारत के कथानकों और काव्यशास्त्र के विषयों को लेकर बहुत-सी रचनाएँ कीं।

कश्मीर की अन्य साहित्यिक प्रतिभा 'कथासरित्सागर' का रचयिता सोमदेव (१०६३-१०८१ ई०) था।

कश्मीरी कवि विल्हण (१०६४ ई०) क्रमशः चेदि, अणहिल्लपाटण और कल्याणी के दरबारों में 'राजकवि' रहा।

अन्ततोगत्वा कश्मीर राजतरंगिणी के लेखक कल्हण के कारण प्रसिद्ध है। यह संस्कृत साहित्य का सर्वश्रेष्ठ ऐतिहासिक ग्रन्थ है।

रायवंशी राजाओं के अधीन जिन्होंने १३७ वर्ष तक राज्य किया, सिन्ध भी एक स्वतंत्र स्थानीय राज्य था। अन्तिम राय राजा साहसी था जिसकी मृत्यु के बाद उसका ब्राह्मण मंत्री चच गद्दी पर बैठा, जैसा कि चचनामा से प्रकट होता है। उसका राज्य कश्मीर तक फैला था। सहसी के राज्यकाल में श्वान-चाङ सिन्ध में आया और उसने उसे शूद्र और बौद्ध बताया। चच का उत्तराधिकारी दाहिर मुसलमान आक्रमणकारी कासिम से लड़ता हुआ ७१२ ई० में मारा गया।

सिन्ध

जैसा कि हम देख चुके हैं अशोक और समुद्रगुप्त, जो चन्द्रगुप्त और लिच्छवि राजकुमारी कुमारदेवी की सन्तान था, के समय में नेपाल और भारत का सम्पर्क बना रहा है। १११ ई० के बाद शिलालेखों से ज्ञात होता है कि नेपाल में क्रमशः किरात, सोमवंशी और सूर्यवंशी या लिच्छवि राजवंशों ने राज्य किया। ऐसा लगता है कि सातवीं शती में लिच्छवि राजा शिवदेव को उसके मंत्री अंशुवर्मा ने निकाल दिया और अपना संवत् जारी किया तथा तिब्बत का प्रभुत्व स्वीकार कर लिया। उसके उत्तराधिकारी भी अपने आपको लिच्छवि कहते थे। ८७९ ई० में नेपाल से तिब्बत का प्रभुत्व उठ गया और एक नया संवत् चालू हुआ। राजा गुणकामदेव ने अपने ६० वर्ष के लम्बे राज्य में देश को समृद्ध और सम्पन्न बनाया। इसके बाद सोमेश्वर द्वितीय चालुक्य ने नेपाल पर आक्रमण किया। उनका राज्य बारहवीं शती तक रहा जब नेपाली सैनिक शिवदेव ने दक्षिण के आधिपत्य को समाप्त कर दिया।

नेपाल

भास्करवर्मा के राज्यकाल में असम भारत के साथ था। उसके बाद वहाँ के इतिहास में अव्यवस्था का युग आया। राजा ब्रह्मपाल और उसके पुत्र रत्नपाल के राज्यकाल में हालत सुधरी। रत्नपाल ने विस्तृत प्रदेशों पर विजय प्राप्त की और गुर्जर, केरल, गौड़, दक्षिण (चालुक्य विक्रमादित्य ६ के राज्यकाल में) और वाहीक (पंजाब) तक को परास्त करने का श्रेय प्राप्त किया।

असम

एक और राजवंश जिसने उस युग के इतिहास में प्रमुख भाग लिया मालवे का परमारवंश था जिसने नवीं से ग्यारहवीं शती तक राज्य किया। इस युग का प्रसिद्ध राजा हर्षसिंह सीयक था जिसने रद्रूपाती नामक हूण नरपति और मान्यखेट के राष्ट्रकूट राजा खोट्टिग को पराजित किया जैसा कि धनपाल की पाइअलच्छी नामक कृति से प्रतीत होता है (९७२ ई०)।

मालवा के परमार

उसका उत्तराधिकारी उस का पुत्र वाक्पति द्वितीय था। वह विद्वानों का आश्रयदाता था। एक साहित्य के ग्रन्थ में उसे केरल, चोल, कर्णाट, लाट (मध्य-गुजरात) और कलचुरि—चेदि राज्यों की विजय का श्रेय दिया गया है। किन्तु, एक चालुक्य शिलालेख के अनुसार, चालुक्य राजा तैलप २ (९९५ ई०) ने उसका बध किया।

वाक्पति द्वितीय

अगला राजा उसका भाई सिन्धुराज था जिसे नवसाहसांक भी कहते थे। वह नवसाहसाकंचरित का नायक है जिसमें कोसल, मुरलकेरल (जिससे चालुक्यों का बोध हो सकता है) आदि राज्यों पर उसकी विजयों का वर्णन है।

सिन्धुराज

उसका उत्तराधिकारी उसका पुत्र भोज था (१०१६-१०६५ ई०) जिसने ५५ वर्ष राज्य किया और सुदूर प्रदेशों में विजयें प्राप्त कीं। किन्तु विल्हण ने विक्रमांक देवचरित में लिखा है कि चालुक्य राजा सोमेश्वर द्वितीय ने उस की राजधानी धारा को ध्वस्त किया। मेरुतुंग ने अपने ग्रन्थों में लिखा है कि उसने अणहिलवाड़ के चालुक्य राजा भीम प्रथम को परास्त किया। उदयपुर के एक शिलालेख में चेदि, लाट और तुरुष्कों के विरुद्ध उसकी विजयों का वर्णन है।

भोज

भोज ने भोज-सागर (उसके नाम की एक झील) और धारा में संस्कृत विद्यालय की स्थापना की जिसमें एक सरस्वती का मन्दिर भी था। उसने काव्यशास्त्र, वास्तु-शिल्प और ज्योतिष पर महत्वपूर्ण ग्रन्थ लिखे।

उसके बाद मालवा की शक्ति का ह्रास हो गया।

अणहिलवाड़

इस राज्य का संस्थापक गुर्जर जाति (चाप अथवा चापतकट) का नेता वनराज था जिसने लुटेरों का गिरोह इकट्ठा करके ७६५ ई० में इस राज्य की स्थापना की। उस के वंश ने ९६० ई० तक राज्य किया और चालुक्य (सोलंकी) वंश के मूलराज ने उसे निर्वासित किया।

चालुक्य

मूलराज (९७४-९९५ ई०) ने अपने राज्य में कच्छ काठियावाड, लाट और अजमेर को मिलाया। उसकी सभा में विद्वान पण्डित रहते थे। उसने मन्दिर भी बनवाए। किन्तु ९९६ ई० में उसने आत्महत्या कर ली।

भीम प्रथम

इस वंश का प्रसिद्ध राजा भीमदेव प्रथम (१०२२-१०६४ ई०) था। जब वह सिन्ध में युद्ध कर रहा था तो परमार राजा भोज ने उसकी राजधानी अणहिलवाड़ को लूट लिया। उसी समय महमूद गजनवी ने सोमनाथ को ध्वस्त किया और भीम को खण्डहाट के दुर्ग में भागने पर विवश किया। महमूद के लौट जाने के बाद उसने वापिस आकर

सोमनाथ के मन्दिर का पुनर्निर्माण कराया।

सिद्धराज

अगला महत्वपूर्ण राजा सिद्धराज था जिसने सोमनाथ की यात्रा की और इसकी पवित्रता को दृष्टि में रखते हुए यात्री-कर उड़ा दिया। उसने सामरिक विजय प्राप्त की और बीस वर्ष के युद्ध के बाद परमार राजा नरवर्मा को परास्त किया और उसके पुत्र यशोवर्मा के राज्य-काल में राजधानी को लूटकर उसे एक पिंजरे में बन्दी करके अनहिलवाड ले गया। उसके बाद से वह अवन्ति का राजा कहलाने लगा। उस समय के चन्देलराजा मदनवर्मा ने भी उसकी शक्ति का अनुभव किया। ११४३ ई० में उसका निधन हुआ। सिद्धराज जैन विद्वान हेमचन्द्र का आश्रयदाता था और अकबर के समान विभिन्न धर्मावलम्बियों में शास्त्रार्थ कराया करता था।

कुमारपाल

उसके बाद कुमारपाल (११४३-११७२ ई०) गद्दी पर बैठा। उसने सौराष्ट्र और कोंकण तक युद्ध किए और सोमनाथ के मन्दिर का पुनर्निर्माण कराया। उसने विद्वानों को आश्रय दिया। उसकी प्रवृत्ति जैनधर्म की ओर थी। उसका प्रधानमंत्री प्रसिद्ध जैन विद्वान् हेमचन्द्र था जिसने अभिधान चिन्तामणि की रचना की। वह एक पक्का जैन था और उसने अहिंसा की नीति अपनाई, पशुघात और बलिदान बन्द किए, निस्सन्तान विधवाओं की सम्पत्ति के जब्त होने के कानून को रद्द किया और सोमनाथ के मन्दिर को बढ़ाया।

बघेल

इस वंश का प्रवर्तक आनक पहिले राजा का मंत्री था। लवणप्रसाद के राज्य-काल में उसने चालुक्यों से उनके राज्य का उत्तरी भाग छीन लिया और सिंहण के राज्यकाल में देवगिरि के यादवों को परास्त किया।

विशालदेव

उसका पौत्र विशालदेव (१२४३-६१ ई०) यादवों का शत्रु था। उसने तीन वर्ष लम्बे दुर्भिक्ष में साहसपूर्वक अपनी प्रजा की रक्षा की। उसके राज्यकाल में गुजरात में बघेलों की शक्ति चरमसीमा पर पहुँची और उसके बाद मुसलमानों के आक्रमणों के अनन्तर पतन की ओर चल पड़ी।

चन्देल

इस राजवंश का संस्थापक नन्नुक (८३१ ई०) था।

वाक्पति

उसके पुत्र वाक्पति ने विन्ध्य तक अपने राज्य को बढ़ाया जो खजुराहो के शिलालेख के अनुसार उसका क्रीड़ा-गिरि बन गया।

वाक्पति के बाद उसके पुत्र जयशक्ति (जिसके कारण चन्देल राज्य को जेजाकभुक्ति कहते हैं) और विजयशक्ति ने राज्य किया।

हर्ष एक प्रसिद्ध राजा था जिसने चाहमान राजकुमारी कंचुकी से विवाह

किया, राष्ट्रकूट राजा इन्द्र तृतीय के विरुद्ध उसके गुर्जर प्रतिपक्षी को गद्दी पर बैठाया, और त्रिपुरी (तेवर) के कलचुरि राजा कोक्कल के साथ, जिसने चन्देल राजकुमारी से विवाह किया था, मित्रता की ।

हर्ष

यशोवर्मा (लगभग ९३०-९५४ ई०) ने अपने आक्रमण और विजय के फल-स्वरूप सम्राट् पद प्राप्त किया । गौड, कोशल, मालव, चेदि, गुर्जर और कश्मीर प्रदेश में उसकी सार्वभौम सत्ता थी । उसने राष्ट्रकूटों से कालिंजर छीन लिया । एक शिलालेख में उसे महाराजाधिराज कहा गया है। पुष्फदेवी उसकी सम्राज्ञी थी ।

यसोवर्मा

खजुराहो का मन्दिर उसे खजुराहो (श्री खर्जूरवाहक) के विष्णु-मन्दिर के बनाने का श्रेय प्राप्त है जो कला और स्थापत्य का उत्तमनिदर्शन है ।

सब से प्रसिद्ध चन्देल राजा उसका पुत्र धंग (लगभग ९५४-१००२ ई०) था। उसन कालिंजर के अजेय दुर्ग का निर्माण कराया । शिलालेखों से पता चलता है कि उसके राज्य में काशी और प्रयाग शामिल थे । खजुराहो के एक लेख में उसे सिंहल, कांची, आन्ध्र, कोशल, अंग, राढ़ और कन्नोज के गुर्जर प्रतिहार राजा पर विजय प्राप्त करने का श्रेय दिया गया है ।

धंग

उसने अपने सम्राटपद को विद्या के प्रोत्साहन से अलंकृत किया। उसका मुख्य-मंत्री विद्वान तार्किक गौतम अक्षपाद था । माधव कवि और राम कवि ने खजुराहो शिलालेख के कुछ भाग लिखे तथा गौरजहद और यशपाल ने इसका उत्खनन किया।
उसने शम्भु के कलापूर्ण मन्दिर जैसे मन्दिरों का निर्माण कराया ।

उसन १०० वर्ष (शरदंशतम्) की आयु भोगी ।

विद्याधर धंग के बाद प्रसिद्ध राजा विद्याधर हुआ जिसने १०९० ई० तक राज्य किया ।

उसने बहुत बड़ी सेना एकत्रित की जिसमें निजामुद्दीन के अनुसार ३६००० घोड़े, १,४५,००० पैदल और ३९० हाथी थे । इस सेना के साथ वह महमूद गजनवी से लड़ा, जैसा कि कच्छपघात और महोवा के शिलालेखों से ज्ञात होता है । पहिले उसने कन्नौज के देशद्रोही राजा राज्यपाल से लड़कर उसका वध किया क्योंकि उसने महमूद के समक्ष आत्मसमर्पण कर दिया था । इससे उसके व महमूद के बीच संघर्ष हुआ किन्तु उसका कुछ नतीजा नहीं निकला ।

अगला प्रसिद्ध राजा कीर्तिवर्मा (१०६०-११०० ई०) था । उसे कलचुरी राजा कर्ण ने सिंहासन से हटा दिया किन्तु बाद में इसने उसे हरा दिया । 'प्रबोधचन्द्रो-

कीर्तिवर्मा

दय नामक नाटक में, जो उसके सामने अभिनीत हुआ था इस सैनिक विजय का उल्लेख मिलता है।

उसके प्रपौत्र मदनवर्मा ने (११२८-६५ ई०) ने कलचुरी राजा को हराया और मालवे के परमार राजा को युद्ध में मारकर अपने वंश की कीर्ति को बढ़ाया।

अन्तिम प्रसिद्ध नरपति परर्मादि (११६५-१२०० ई०) था जो वीरतापूर्वक मुसलमान नेता कुतबुद्दीन ऐबक से लड़ा और कालिंजर की संधि की। उसके बाद दुर्ग पर मुसलमानों का अधिकार हो गया। यह हिन्दू शक्ति का अन्तिम केन्द्र था।

कलचुरिवंश (जिन्हें हैहय भी कहते थे) का लम्बा इतिहास २४९ ई० में आरम्भ होता है। कलचुरि वंश की नई परम्परा कोक्कल्ल प्रथम ने जारी की जो

चेदि के कलचुरी

कन्नौज के मिहिरभोज और राष्ट्रकूट कृष्ण द्वितीय का प्रतिद्वन्द्वी था।

उसके उत्तराधिकारी लक्ष्मण (९५०-७५ ई०) ने उड़ीसा पर आक्रमण किया। वहाँ से कालीय नाग की मूर्त्ति लूट में प्राप्त करके उसे सोमनाथ के मन्दिर में प्रतिष्ठित किया और चालुक्य राजा विक्रमादित्य के साथ अपनी पुत्री का विवाह किया और इस प्रकार अपने वंश की कीर्त्ति को बढ़ाया।

लक्ष्मण

राजा गांगेयदेव (१०१५-४० ई०) ने बंगाल के राजा महीपाल के साथ संघर्ष किया। यह संघर्ष अगले नरपति कर्ण (१०४०-९० ई०) तक के काल तक चलता रहा किन्तु उसकी पुत्री यौवनश्री का विवाह विग्रहपाल तृतीय के साथ हो जाने से इसका समाधान हो गया। किन्तु उसे चन्देल राजा कीर्तिवर्मा और चालुक्य सोमेश्वर की शत्रुता का सामना करना पड़ा और फलतः उसकी शक्ति जर्जर हो गई। राज्य भी त्रिपुरा (पश्चिम) और रत्नपुर (पूर्व) की दो शाखाओं में बँट गया जिससे इसके पतन की प्रवृत्ति को बढ़ावा मिला।

पतन

वे प्रतीहारों के सामन्त थे। उनकी एक शाखा शाकम्भरी में थी। इसके राजा दुर्लभराज ने अपने प्रतीहार स्वामी वत्सराज के साथ गौड के अभियान में भाग लिया।

चाहमान

प्रतीहारों के पतन के बाद चाहमान स्वतंत्र हो गये। विग्रहराज द्वितीय (९७३ ई०) ने नर्मदा तक युद्ध करके और चालुक्य और लाट को जीतकर अपनी शक्ति को बढ़ाया।

चाहमानों की शाखाएँ नड्डल (जोधपुर के निकट नडोल) धौलपुर (धवलपुरी) और प्रतापगढ़ में राज्य करती थीं। धवलपुरी के राजा चण्डमहासेन की सभा में अरब सरदारों ने आश्रय लिया था।

शाकम्भरी

शाकम्भरी के चाहमानों ने अपनी विजयों के फलस्वरूप उन्नति करके सम्राट-पद प्राप्त किया। उन्होंने सुलतान महमूद और मातंगों (म्लेच्छों) के विरुद्ध युद्ध किए।

बारहवीं शती में अजयराज ने उज्जैन को लूटा और ध्वस्त किया।

विग्रहराज षष्ठ

विग्रहराज ६ (११५०-११६३ ई०) ने बहुत-सी विजयें प्राप्त करके, जिनका उल्लेख शिलालेखों में मिलता है, चाहमान शक्ति को बढ़ावा दिया। शिलालेखों में तोमर राजा अनंगपाल से उसके ढिल्लिका (दिल्ली) छीनने, हिस्सार जिले पर आक्रमण करने और पंजाब के गजनवी राजा को हराने का जिक्र है। फलतः उसका राज्य शिवालिक पर्वत से उदयपुर तक फैल गया। उसने हरिकेलि नाटक की रचना की, जिसके कुछ अंश अजमेर में पत्थरों पर खुदे हैं। अजमेर की मस्जिद में उसके सम्मान में कवि सोमदेव द्वारा लिखित ललितविग्रहराज नामक नाटक भी खुदा हुआ है।

पृथ्वीराज तृतीय

अगला सब से प्रसिद्ध राजा पृथ्वीराज तृतीय था, जिसने ११७८ ई० में राज्य आरम्भ किया। मुसलमानों ने उसे रायपिथौरा कहा है। वह चन्दबरदाई द्वारा लिखित 'पृथ्वीराज रासो' का और 'पृथ्वीराज विजय' (१२०० ई०) नामक एक अन्य कृति का, जिसके कुछ अंश उपलब्ध हैं, नायक है।

उसने ११८२ ई० में चन्देल राजा परमर्दि को परास्त किया और ११८७ में गुजरात पर आक्रमण किया, जहाँ के राजा भीम द्वितीय ने उसके साथ संधि की।

वह साहित्यिक दन्तकथाओं का पात्र है। ऐसी कथा मिलती है कि उसने कन्नौज के राजा जयचन्द्र की पुत्री संयोगिता को स्वयम्वर के उस समय उड़ा लिया, जब उसने उसकी प्रतिमा के गले में जयमाल डाल दी। किन्तु उसकी वास्तविक महत्ता कथाओं के बजाय मुसलमानों के विरुद्ध लड़ने में सन्निहित है। उसने तराई (तरावरी) के युद्ध में पहले गोरी को हराया , किन्तु अगले वर्ष उनसे स्वयं हार खाई और मारा गया।

गुहिलोत

इस वंश का संस्थापक बप्पा माना जाता है जिसने ७२५ ई० के निकट चित्तौड़ पर विजय प्राप्त की। ९७७ ई० के अतपुर के शिलालेख में २० गुहिलोत राजाओं का जिक्र है। वे प्रतिहारों के सामन्त थे और भ्रातृपट्ट के राज्य-काल में ९४३ ई० के लगभग उन्होंने स्वतंत्रता प्राप्त की। उसके पुत्र अल्लट ने प्रतिहार-नरेश देवपाल को मार दिया।

परमार राजा मुंज के हमलों से गुहिलोत क्षीण हो गए और उनकी राजधानी आघाट, जिसे 'मेदपाट (मेवाड़) का गर्व' कहा गया है, नष्ट हो गई। उस समय

उनका राजा शक्तिकुमार था।

शाहियों का एक परिवार, जिसे अलबेरूनी कनिष्क का वंशज समझता था, काबुल घाटी और उत्तर-पश्चिमी सीमा प्रदेश में, नवीं शती तक राज्य करता था।

शाही (शाहिय)

इसके अन्तिम राजा लघतूरमान को ब्राह्मण मंत्री कल्लर ने हटा कर ब्राह्मण शाहियों के एक नये वंश की स्थापना की। इनकी राजधानी उद्भाण्डपुर (अटक के निकट ओहिन्द) थी।

इस ब्राह्मण शाही राज्य का कश्मीर से गहरा संबंध था और उसके निर्वासितों को वहाँ आश्रय मिलता रहा। कल्लर को राजतरंगिणी में लल्लिय शाही कहा गया है। उसका एक उत्तराधिकारी परमेश्वर शाही श्री भीमदेव था जिसकी प्रपौत्री दिद्दा कश्मीर की सम्राज्ञी बनी।

उत्तरी स्वात घाटी के एक शिलालेख से परमभट्टारक महाराजाधिराज श्री जयपालदेव नामक एक राजा का पता चलता है, जो पश्चिम में पूर्वी अफगानिस्तान और लघमान से पूर्व में सरहिन्द और दक्षिण में मुलतान तक फैले राज्य की उपलब्धि के लिए प्रसिद्ध था। इस प्रकार वह भारत का सन्तरी था और उसने सुबक्तगीन के काल में जलालाबाद नामक स्थान पर मुसलमानों के आक्रमण का सामना किया। इस संकट की गन्ध पाकर उसने भारत के हिन्दू राजाओं को इसके विषय में संदेश भेजे। इस चेतावनी के फलस्वरूप ९९१ ई० में कन्नौज, चाहमान और चन्देल राजाओं ने सुबक्तगीन को रोकने के लिए एक संघ बनाया। किन्तु उसके स्थान पर उससे ज्यादा लड़ाकू महमूद गद्दी पर बैठा और उसने जयपाल को हरा कर पकड़ लिया। जयपाल ने अग्नि में कूद कर अपने सम्मान की रक्षा के लिए अपने प्राण दे दिए। उसके पुत्र आनन्दपाल ने उसके कार्य को सम्भाला और १००८ ई० में कन्नौज के राजा राज्यपाल और चन्देल राजा विद्याधर के साथ एक नवीन संघ बनाया। राष्ट्रीय संकट की चेतना इतनी बढ़ी कि एक मुसलमान इतिहासकार के अनुसार सुदूर प्रान्तों में हिन्दू औरतों ने अपने रत्न बेच दिए और सोने के जेवर गलाकर इस धर्मयुद्ध के लिए चन्दे इकट्ठे किए। बाद का इतिहास इस पुस्तक के क्षेत्र से बाहर है।

इस युग में उत्तरी भारत में चन्देल, राजस्थानी और सोलंकी कला का

कला

विकास हुआ। खजुराहो की कला लगभग ३० शैव और वैष्णव मन्दिरों में उपलब्ध है। ये मन्दिर ९५० से १०५० तक चन्देल राजाओं के आदेश से बनवाये गए थे। वे उच्चकोटि के कलात्मक उभरे हुए खुदाई के काम की मूर्तियों के लिए प्रसिद्ध हैं। खजुराहो महादेव के मन्दिर में देवताओं और महापुरुषों की ६५० से अधिक खुदी हुई

मूर्तियाँ हैं। मन्दिर में गर्भगृह के ऊपर छत, चोटी और शिखर पाये जाते हैं। १०० फुट ऊँचे शिखर वाला विश्वनाथ का मन्दिर खजुराहो के भवनों में सर्वश्रेष्ठ है। इसकी छतें पर्वतों की चोटियों के समान दिखाई देती हैं। इसके खम्भों के शीर्षों और छतों की खुदाई का काम अत्यन्त कलात्मक है। चतुर्भुज का वैष्णव मन्दिर और इसके साथ लगे पंचायतन भी ऐसे ही सुन्दर हैं।

१००० ई० तक राजपुताना और मध्यभारत में भी कला की बड़ी उन्नति हुई। यह उल्लेखनीय है कि इन २६ मन्दिरों की सामग्री से कुतुबमीनार का निर्माण हुआ। इसी प्रकार ५० अन्य मन्दिरों की सामग्री से अजमेर की मस्जिद के खम्भे वने हैं। इनमें खम्वों का प्रचुर प्रयोग मिलता है जिनमें सुन्दर खुदाई का काम मिलता है और जो संगमरमर की सुन्दर छतों को धारण करते हैं। एक अन्य कलाकेन्द्र सागर में एरण था जहाँ पाँचवीं से ग्यारहवीं शती तक के भवन मिलते हैं, जैसे, बुधगुप्त का पाषाणस्तम्भ और उत्तरगुप्त कालीन युग के वराह, नरसिंह और विष्णु के मन्दिर।

सोलंकियों ने १००० और १२०० ई० के बीच गुजरात में कला की एक नयी शैली चलाई। वस्तुपाल तेजपाल नामक दो प्रसिद्ध बन्धुओं ने, इटली के मेदिचिकी तरह कला को आश्रय दिया। इस कला के सर्वश्रेष्ठ निदर्शन सोलंकी राजधानी पाटन (अणहिलवार) के निकट सुनक और केसर के मन्दिर हैं। इस सम्प्रदाय के सर्वश्रेप्ठ नमूने बड़ौदा और मोढेर के सूर्य-मन्दिर हैं जिनमें बहुत सुन्दर खुदाई का काम हैं। इसी समय का आबू पर्वत पर जैन शैली का संगमरमर का विमलों का मन्दिर है। ऐसा ही एक और मन्दिर बारहवीं शती का सिद्धपुर का रुद्रमाल का मन्दिर है। इसी समय सोमनाथ का मन्दिर वना जिसे महमूद गजनवी ने १०२५ ई० में नष्ट किया और कुमारपाल ने फिर से बनवाया। लगभग १२३० ई० का आबू पर्वत पर तेजपाल का वनवाया जैन मन्दिर विमला मन्दिर की प्रतिकृति है। इस काल में कीर्तिस्तम्भों का भी निर्माण हुआ, जैसे, चित्तौड़ का जयस्तम्भ जिसके आठ तल्ले हैं और उसके साथ लगे नगर के द्वार, तटाक और कुवें इत्यादि हैं।

ग्वालियर के किले पर तीन प्रसिद्ध मन्दिर हैं जिनमें सब से बड़ा सहस्रबाहु का मन्दिर (१०३०-९३ ई०) है।

तेरहवां अध्याय

दक्षिणी भारत

सातवाहनों के बाद दक्षिण की एकता नष्ट हो गई और यह अनेक स्थानीय राज्यों में बँट गया। इनको मध्य, पश्चिमी और पूर्वी भागों में विभक्त किया जा सकता है।

स्थानीय राज्य

मध्य भाग में वाकाटक, जिनका इतिहास लिखा जा चुका है, और नलों का राज्य था।

पश्चिमी दकन में भोज, त्रैकूटक, कलचुरि और राष्ट्रकूटों का राज्य था।

पूर्वी दकन में आन्ध्र, कलिंग और दक्षिण कोसल और मेकल नामक राज्य थे।

आन्ध्र में आनन्द, सालंकायन और विष्णुकुण्डी थे।

कलिंग में पितृभक्त, माथुर, वाशिष्ट और पूर्वी गंग थे।

दक्षिण कोसल और मेकल में शरभपुरीय, दक्षिण कोसल के पाण्डुवंशी और मेकल के पाण्डुवंशी राज्य करते थे।

इन स्थानीय राज्यों में से वादामी (बीजापुर) के चालुक्यों ने महत्व प्राप्त किया। उन्होंने दकन के बहुत बड़े भाग पर दो शताब्दियों तक (आठवीं शती के मध्य तक) राज्य किया और अपनी सार्वभौम सत्ता के अधीन इसकी एकता स्थापित की। उन्हें राष्ट्रकूटों ने हटा दिया किन्तु उनकी शाखाएँ पिष्टपुर के पूर्वी चालुक्यों, वेमलवाड़ के चालुक्यों और बाद में कल्याणी के पश्चिमी चालुक्यों के रूप

सार्वभौम राज्य

में राज्य करती रहीं जिन्होंने दसवीं शती के उत्तरार्द्ध में राष्ट्रकूटों को परास्त किया।

पहिले हम स्थानीय राज्यों की चर्चा करेंगे।

मध्य-दक्षिणी-भारत : नल

शिलालेखों से तीन नल राजाओं का पता चलता है, (१) महाराज भवत्त (भवदत्त) वर्मा, जिसे 'नलनृपवंश प्रसूत' कहा गया है, (२) स्कन्दवर्मा, जिसे कोरापूट के शिलालेख में उसका पुत्र बताया गया है और यह कहा गया है कि उसने शत्रु द्वारा ध्वस्त पुष्करी नामक राजधानी को फिर से आबाद किया। इस शत्रु से चालुक्य राजा कीर्तिवर्मा (५६७-५९७) का बोध होता है। इन राजाओं ने स्वर्णमुद्राएँ जारी कीं, जिनसे और उनके लेखों से यह प्रकट होता है कि उनका राज्य वस्तर-जेपुर प्रदेश में था। कुछ चालुक्य शिलालेखों से पता चलता है कि नल-राज्य बेल्लारी और कुरनूल जिले तक था जहाँ नल-वाड़ी नामक वस्ती का पता चलता है।

पश्चिम-दक्षिणी-भारत : भोज

एक वाकाटक शिलालेख से ज्ञात होता है कि बरार में भोजों (भोजकों) का राज्य था। वे अशोक और खारवेल के शिलालेखों में वर्णित भोजक हो सकते हैं। कोंकण में गोवा में भी भोज जा बसे। उनकी राजधानी चन्द्रपुरी (चन्द्रोर) थी। गोवा से प्राप्त शिलालेखों में कुछ भोज राजाओं के नाम इस प्रकार मिलते हैं : देवराज (पंचम शती ई०), चन्द्रवर्मा, जिसने गोवा में महाविहार की स्थापना के लिए भूमि का अनुदान दिया, पृथ्वीमल वर्मा, कापालि वर्मा और अशंकित।

त्रैकूटक

ये अपरान्त (उत्तरी कोंकण) के त्रिकूट पर्वत के निकट रहने के कारण त्रैकूटक कहलाते थे। इनके शिलालेखों से ज्ञात होता है कि कन्हेरी से सूरत तक उनका राज्य था। उनकी मुद्राएँ गुजरात, कोंकण और निकटवर्ती विस्तृत मराठा प्रदेश में, जहाँ पहिले आभीरों का राज्य था, पाई जाती हैं। त्रैकूटक मुद्राएँ पश्चिमी क्षत्रपों की मुद्राओं के नमूने की थीं और उन्हीं के प्रदेश में चलने के लिए जारी की गई थीं। पहिले वे आभीरों के अधीन रहे किन्तु बाद में उनको हटा कर स्वयं राजा बन गए और उनका २४८ ई० का संवत् प्रयुक्त करने लगे। एक शिलालेख से पता चलता है कि उन्होंने चौथी शती में अपने शत्रु कदम्ब राजा मयूरशर्मा से युद्ध किया। मुद्राओं और शिलालेखों से उनके दहरसेन आदि राजाओं का पता चलता है। दहरसेन ने अश्वमेध यज्ञ किया था। उसके पुत्र व्याघ्रसेन को 'अपरान्त का राजा' कहा जाता है जिसने २४५ (४९३ ई०) में कृष्णगिरि में एक महाविहार बनवाया। गुर्जर और कलचुरियों के आक्रमण के फलस्वरूप त्रैकूटक राज्य का अन्त हो गया।

इन्हें 'कटचुरि' और 'कलचुर्य' भी कहते हैं। इन्होंने छठीं शती ई० में उत्तरी

महाराष्ट्र, गुजरात और मालवे के भागों में राज्य किया। शिलालेखों के अनुसार

कलचुरि

उन्होंने माहिष्मती के राजा सुबन्धु (४८६ ई०) ; अनूप के राजा स्वामिदास (३८६), भुलुण्ड (४२६) और रुद्रदास (४३६), को परास्त किया। दक्षिण से बादामी के चालुक्य और भड़ौच के गुर्जरों का ज़ोर पड़ने से वे मालवा की ओर बढ़े और मैत्रकों के दवाव के फलस्वरूप जबलपुर प्रदेश में बस गए, जहाँ उन्होंने नर्वां गती में अपनी शक्ति को बढ़ाया। उनमें कृष्णराज, उसका पुत्र शंकरगण और उसका पुत्र बुद्धराज (५९५ ई०) जैसे महान राजा हुए, जो शैवधर्मावलम्वी थे। कृष्णराज का चलाया 'कृष्णराज रूपक' नामक चाँदी का सिक्का, जिस पर उसे परममाहेश्वर कहा गया है, और शिवनन्दी की आकृति अंकित है। उसके बाद भी बहुत दिनों तक नासिक, बम्बई, सालसट और उत्तरी चालुक्य राज्य में चलता रहा। शंकरगण बड़ा शक्तिशाली राजा था। उसने नासिक जिले, उत्तर में मालवा जिले, और सम्भवतः गुजरात और काठियावाड़ के कुछ भागों पर राज्य किया। उसने उज्जयिनी में अपने स्कन्धावार से दानपत्र जारी किए और भोजवर्धन विषय (गोवर्धन अथवा नासिक) में भूमि दान की। बुद्धराज (५९५ ई०) ने वैदिश (विदिशा) से ३६० (६०८ ई०) में दानपत्र जारी किये। उसने पूर्वी मालवे को शशांक के सहचर देवगुप्त से जीता होगा, जिसने मौखरी और पुष्यभूति राजाओं का विरोध किया था। उसने ३६१ (६०९ ई०) में भरुकच्छ विषय में एक और भूमि का अनुदान दिया। ६०२ के एक शिलालेख से ज्ञात होता है कि चालुक्य राजा मंगलेश (५९७-६११ ई०) ने उससे युद्ध किया।

वड़ोदा में मंकरी के शिलालेख से पता चलता है कि जब शंकरगण अपनी शक्ति की सीमा पर था तो महाराज नन्न, जिसे 'कटचुरीकुलवेश्मप्रदीप' कहा गया है, उसका सामन्त था। उसकी पत्नी का नाम दद्दा था और उसका पुत्र तरलस्वामी (५९४ ई०) था।

कलचुरियों को हैहय भी कहते थे। चालुक्य विनयादित्य (६८१-९६) ई० ने उनको हराने का दावा किया है और उसके पौत्र विक्रमादित्य द्वितीय (७३३-४६ ई०) ने हैहय राजकुमारियों से विवाह किया था।

राष्ट्रकूट नाम की व्युत्पत्ति प्रशासनिक है। इससे राष्ट्र अथवा सेना के अध्यक्ष

प्रारम्भिक राष्ट्रकूट

का बोध होता है। बहुत-से चालुक्य और राष्ट्रकूट शिलालेखों में यह शब्द प्रशासनिक अर्थ में प्रयुक्त हुआ है।

राष्ट्रकूट वंश की शाखाएँ दक्षिणी भारत के विभिन्न भागों में राज्य करती थीं। ये बादामी के चालुक्यों के पतन तक छोटे-छोटे टुकड़ों में विभक्त रहीं। चालुक्य विक्रमादित्य द्वितीय (७३३-४६ ई०) के अधीन सतारा रत्नागिरि प्रदेश के

राष्ट्रकूट थे। इनके अतिरिक्त सातवीं-आठवीं शती में मध्यप्रदेश में बेतूल और इलिचपुर जिलों में भी एक राष्ट्रकूट वंश राज्य करता था।

चालुक्य उपराजाओं के अधीन उत्तर-दक्षिणी भारत के कुछ भागों में एक बहुत शक्तिशाली राष्ट्रकूट वंश की शाखा विद्यमान थी जिसने अन्त में अपने स्वामी बादामी के चालुक्यों को निकाल दिया।

दो स्थानीय राष्ट्रकूट वंश बहुत प्रसिद्ध हुए : (१) मानपुर के राष्ट्रकूट और बरार के राष्ट्रकूट। मिराशी के अनुसार मानपुर सतारा जिले का मान नामक स्थान है। वे मराठा देश के दक्षिणी भाग में राज्य करते थे। एक शिलालेख में इस वंश के प्रतिष्ठापक मानांक को विदर्भ और अश्मक का विजेता कहा गया है और कुन्तल, कदम्ब और कन्नड़ देश का प्रशासिक (दंड देनेवाला) बताया गया है। बाद में मौर्य या नलों ने इन मानपुर के राजाओं को परास्त किया जो स्वयं चालुक्यों द्वारा पराजित हुए।

बरार में दुर्गराज द्वारा स्थापित एक अन्य राष्ट्रकूट वंश था जिसे चालुक्य पुलकेशी द्वितीय ने राष्ट्रकूट अथवा 'प्रान्त का राज्यपाल' नियुक्त किया था। उसने उसकी मृत्यु के उपरान्त अपने आप को स्वतंत्र घोषित किया था। उसके उत्तराधिकारियों की राजधानी अचलपुर (इलिचपुर) थी। एक शिलालेख में उनके बाद के राजा नन्न (६९०-७३५ ई०) का जिक्र है। लगभग इसी समय दन्तिवर्मा प्रथम ने, जो बाद में राष्ट्रकूटों की सम्राट-परम्परा का प्रतिष्ठापक सिद्ध हुआ, अचलपुर के राष्ट्रकूट वंश को हटा कर एक नये राजवंश का श्रीगणेश किया।

पूर्वी-दक्षिणी भारत : आन्ध्र

शिलालेखों से आनन्द ऋषि से उत्पन्न तीन आनन्दवंशी राजाओं का पता चलता है। वे ३७५-५०० ई० के कन्दर, अत्तिवर्मा और दामोदर वर्मा हैं। उन्होंने पल्लव राज्य से गुण्टूर प्रदेश को स्वतंत्र किया। एक शिलालेख में कन्दर को पृथ्वी-युवराट् और आन्ध्रपथ की पल्लव राजधानी धान्यकटक (अमरावती) का विजेता कहा गया है। अत्तिवर्मा (हस्तिवर्मा) ने हिरण्यगर्भ महायान नामक यज्ञ किया। अगले राजा दामोदरवर्मा ने कुछ संस्कृत और कुछ प्राकृत में मत्तेपद का दानपत्र लिखाया है। इससे प्रकट होता है कि यह चौथी शती के उत्तरार्ध के बाद का नहीं हो सकता, जब दक्षिणी शिलालेखों से प्राकृत ने संस्कृत को बहिष्कृत कर दिया। इस लेख में राजा को सम्यक्-सम्बद्ध (बुद्ध) का उपासक बताया गया है। पल्लवों से उनके संघर्ष के फलस्वरूप उनका पतन हो गया।

आनन्द-वंश

टालेमी ने उनको सलकेनोई और उनकी राजधानी को 'बेनागूरू' (वेंगीपुर) बताया है जो कृष्णा और गोदावरी के मध्य में स्थित था। वेंगी से उनके शासन-पत्र

(चार्टर) जारी हुए। प्रयाग-प्रशस्ति के अनुसार समुद्रगुप्त ने वेंगी के राजा हस्तिवर्मा को परास्त किया। प्राकृत भाषा के एहोल से प्राप्त

सालंकायन एक शिलालेख में देववर्मा नामक एक राजा का जिक्र है जिसने समुद्रगुप्त से पहिले अश्वमेध यज्ञ किया। उसने पल्लवों से लोहा लिया और अपनी शक्ति को बढ़ाया पर अन्त में पल्लवों ने उसे कमजोर कर दिया। ताम्रपत्रों से इस वंश के निम्नलिखित राजाओं का पता चलता है: हस्तिवर्मा प्रथम, नन्दीवर्मा प्रथम, हस्तिवर्मा द्वितीय और स्कन्दवर्मा।

उनके शिलालेखों से उनके प्रथम सम्राट् विक्रममहेन्द्र (विक्रमेन्द्रवर्मा प्रथम) का पता चलता है। उसके बाद इस वंश की शक्ति और महानता का निर्माता

१ विष्णुकुण्डी-वंश माधववर्मा प्रथम जनाश्रय (५३५-८५ ई०) गद्दी पर आया। उसने ११ अश्वमेध, १००० अग्निष्टोम और हिरण्यगर्भ महादान नामक यज्ञ किये। वह एक विद्वान् राजा था और उसे 'जनाश्रयी छन्दोविचिति' नामक छन्दग्रन्थ की रचना का श्रेय प्राप्त है। ऐसा लगता है कि उसके और मौखरी राजा ईशान वर्मा के मध्य एक संघर्ष हुआ जिसमें ईशानवर्मा ने ५५३ ई० में आन्ध्र राजा को पराग्त करने का दावा किया है। उसने वाकाटक राजकुमारी से विवाह किया। उसके उत्तराधिकारी इन्द्रवर्मा ने (५९०-६२०ई०) विजगापटम तक, जहाँ उसने एक गाँव दान किया, के विस्तृत प्रदेश को जीत लिया। वह अपने दान, विद्या के विस्तार और विद्यालयों की स्थापना के लिए प्रसिद्ध था। इन्द्राधिराज के नेतृत्व में बने पूर्वी राजाओं के एक संघ ने उसे परास्त किया और उसकी विजय की प्रगति को रोक दिया। उसके उत्तराधिकारी विक्रमेन्द्रवर्मा तृतीय ने उसकी आक्रामक विदेशी नीति को जारी रक्खा। फलतः चालुक्य पुलकेशी द्वितीय ने उस पर भारी आक्रमण किया और कुनाल झील (कोल्लेर) के पास उसके दुर्ग को जीत लिया, साथ ही पिष्टपुर के राज्य और विजगापटम से नेलोर तक के समुद्रतट की पट्टी को अपने राज्य में मिला लिया, जैसा कि ६३४ ई० के एहोल अभिलेख से ज्ञात होता है। इस प्रकार विष्णुकुण्डी राजाओं ने वेंगी का प्रदेश चालुक्यों के हवाले कर दिया। अपनी शक्ति के शिखर पर पहुँच कर उसने विजगापटम, गोदावरी, कृष्णा और गुण्टूर तक के विशाल प्रदेश पर राज्य किया।

खारवेल और उसके चेदि राज्य के बाद कलिंग, जिसमें कृष्णा और गोदावरी का मध्यवर्ती प्रदेश शामिल था, बहुत-से छोटे-छोटे राज्यों में बँट गया, जिनके शासकों को समुद्रगुप्त ने परास्त किया। उसकी प्रयाग प्रशस्ति में

२ कलिंग कोट्टूर, पिष्टपुर, एरण्डपल्ल और देवराष्ट्र का उल्लेख मिलता है। बाद के कुछ शिलालेखों में पिष्टपुर की पहचान पीठपुरम

और देवराष्ट्र की पहचान विशाखापट्टनम् जिले के येल्लमचिली तालुका से की गई है।

कलिंग का बाद का इतिहास पितृभक्त, माठर, वासिष्ट और पूर्वी गंग नामक राजवंशों का वृत्तांत है।

(क) पितृभक्त : इस वंश के प्रतिष्ठापक उमावर्मा ने अपने एक अभिलेख में अपने-आपको कलिंगाधिपति बताया है। यह उसकी राजधानी सिंहपुर से जारी हुआ था। उसके एक उत्तराधिकारी महाराज नंदप्रभंजनवर्मा ने एक लेख में अपने वंशानुगत नाम पितृभक्त और उपाधि 'कलिंगाधिपति' का उल्लेख किया है। नंद नाम से संभवतः पुरातन नंदवंश से, जो खारवेल के हाथीगुंफा अभिलेख के अनुसार कलिंग से संबंधित था, उसके संबंध का पता चलता है।

(ख) माठर : ये पितृभक्तों के प्रतिद्वंद्वी थे। इनकी राजधानी पिष्टपुर थी। इनके एक राजा शक्तिवर्मा ने कलिंगाधिपति की उपाधि ग्रहण की। एक अन्य राजा अनंतशक्तिवर्मा ने पितृभक्तों की राजधानी सिंहपुर से कलिंग के राजा की हैसियत से एक दानपत्र जारी किया, जिससे पता लगता है कि इन राजाओं ने मध्यकलिंग में पितृभक्तों के केंद्र पर विजय प्राप्त कर ली थी। अभिलेखों से इस वंश के इन राजाओं का उल्लेख मिलता है : 1. शंकरवर्मा, 2. शक्तिवर्मा (आर्यक), 3. प्रभंजनवर्मा, 4. अनंतशक्तिवर्मा। अनंत ने अपने-आपको *परममाहेश्वर* कहा है। उसकी राजधानी अधिष्ठान (पिष्टपुर) में थी।

(ग) वासिष्ट : वासिष्टों का वासिष्टीपुत्र और माठरीपुत्र नामधारी बहुत-से राजवंशों से वैवाहिक संबंध था। उदाहरणार्थ, एक अभिलेख में प्रभंजन को *वासिष्ट कलचंद्र* कहा गया है।

(घ) पूर्वी गंग : ये गंगराजा संभवतः मैसूर के गंगवंश की किसी शाखा से संबंधित थे। उनकी राजधानी कलिंगनगर (गंजाम जिले में आधुनिक मुखलिंगम्) थी। इस वंश का प्रतिष्ठापक इंद्रवर्मा प्रथम था, जो अपने-आपको *त्रिकलिंगाधिपति* कहता था। यह शब्द शायद पूर्वी चालुक्यों की राजधानी वेंगी और दक्षिणी कोसल के दक्षिण में अवस्थित कलिंगनगर के मध्यवर्ती आटविक प्रदेश के लिए प्रयुक्त होता था। इंद्रवर्मा ने 496 ई. में अपना एक अलग संवत् चलाया। उसने 535 ई. तक राज्य किया। बाद के एक राजा इंद्रवर्मा द्वितीय ने अपने-आपको 'समस्त कलिंग का अधिपति' बताया है।

उसके उत्तराधिकारी इंद्रवर्मा तृतीय और इंद्रवर्मा चतुर्थ थे। इन्द्रवर्मा ने अपने-आपको *दानार्णव* बताया है। संभवतः इंद्रवर्मा चतुर्थ ने इंद्रवर्मा तृतीय को राज्य से च्युत कर 650 ई. तक राज्य किया। देवेंद्रवर्मा नामक एक राजा ने अपने-आपको गुणार्णव का पुत्र बताया है और स्वयं अपने को स्वविजित समस्त कलिंग का अधिपति घोषित किया है।

प्रारंभिक गंगवंश की एक शाखा श्वेतक में राज्य करती थी।

प्रारंभिक गंगवंश के बाद का इतिहास चालुक्यों और चोलों द्वारा इसकी पराजय का इतिवृत्त है।

1038 ई. में वज्रहस्त अनंतवर्मा ने, जिसने *त्रिकलिंगाधिपति* की उपाधि का पुनरुद्धार किया, उत्तरकालीन पूर्वी गंगवंश की स्थापना की। अनंतवर्मा के नेतृत्व में ये गंग इतने शक्तिशाली हुए कि पश्चिमी चालुक्य विक्रमादित्य षष्ट ने कुलोत्तुंग चोल के विरुद्ध उसकी सहायता माँगी, किंतु कुलोत्तुंग ने उसे परास्त किया। तथापि उसने शीघ्र ही अपनी खोई हुई शक्ति को संचित किया और 1090 ई. से पहले विशाखापट्टनम् जिले में अपने नवविजित राज्य को सुदृढ़ किया। 1118 ई. से पहले कलिंग के एक गृहयुद्ध का लाभ उठाकर अनंतवर्मा ने इसे अपने राज्य में मिला लिया। इस सफलता के बाद गंगराजाओं ने उत्कल और कलिंग के दोनों राज्यों के अधिपति की उपाधियाँ ग्रहण कीं। उसने पाल राजाओं के राज्यकाल में बंगाल पर आक्रमण किया और कलचुरी और परमार राजाओं से युद्ध किए। अनंतवर्मा 1150 ई. तक जीवित रहा और उसने पुरी में जगन्नाथ के प्रसिद्ध मंदिर का निर्माण कराकर अमर ख्याति प्राप्ति की। गंगों ने सेन राजाओं के राज्यकाल में बंगाल पर आक्रमण किए। बंगाल के राजा लक्ष्मणसेन के कार्य के विपरीत, अनंतवर्मा के पौत्र राजराज तृतीय ने उड़ीसा से बख्त्यार के हमले को रोककर उसे वापस धकेल दिया। उसके पुत्र अनंगभीम तृतीय (1216-1235 ई.) ने गयासुद्दीन खिलजी को भी पीछे हटा दिया और कलचुरी तुम्माण को परास्त किया, किंतु काकतीय गणपति के हाथों स्वयं हार खाई। उसके पुत्र नरसिंह प्रथम ने सुदूर लखनौती के मुसलमान शासक के विरुद्ध आक्रमण करने की वीरतापूर्ण नीति को अपनाया। उसने मुसलमानों के विरुद्ध चार और युद्ध किए, किंतु अंत में उन्होंने उड़ीसा के एक भाग पर अधिकार कर लिया। तथापि उड़ीसा के ये हिंदू राजा इतने लंबे समय तक मुसलमान आक्रमणकारियों के बढ़ते हुए ज्वार को रोकने में अपनी पैतृक वीरता का प्रदर्शन करने के लिए प्रशंसा के पात्र हैं। नृसिंह प्रथम कोणार्क के प्रसिद्ध सूर्यमंदिर के निर्माण के लिए भी प्रसिद्ध है।

3. दक्षिण कोसल और मेकल : दक्षिण कोसल (वर्तमान रायपुर, बिलासपुर और संभलपुर जिलों का प्रदेश) अयोध्या के राजा दशरथ की रानी कौशल्या और श्रीराम से संबंधित एक आर्य-बस्ती थी। श्वान-चाङ् ने इस किंवदंती का उल्लेख किया है कि महान् महायानी विद्वान् नागार्जुन दक्षिण कोसल में

आन्ध्र सातवाहन राजा के राज्यकाल में, जिसे गौतमीपुत्र यज्ञ श्रीशातकर्णी माना जाता है, दूसरी शती ई० में एक विहार में रहता था। चौथी शती ई० में कोसल के राजा महेन्द्र को समुद्रगुप्त ने परास्त किया। इसके बाद इन राजाओं ने गुप्तसंवत् का प्रयोग किया और गुप्त राजाओं की मुद्राओं का अनुकरण किया और इस प्रकार गुप्त सम्राटों के मित्रों जैसा व्यवहार किया। २८३ (६०१ ई०) के एक दानपत्र से भीमसेन द्वितीय नामक एक राजा का पता चलता है।

गुप्त साम्राज्य के पतन के बाद शूर नामक राजा ने एक नये राजवंश की प्रतिष्ठा की। यह वंश कोसल, मेकल के शरमपुत्रीय पाण्डुवंश आदि का समकक्ष था।

'शरमपुत्रीयों' की राजधानी रायपुर जिले में सम्भलपुर अथवा सिरपुर (श्रीपुर) नामक नगरी मानी जाती है। राजा शरम सम्भवतः गोपराज से संबंधित था, जो अपने गुप्त स्वामी भानुगुप्त के साथ ५१० ई० में एरण में हूणों से लड़ता हुआ मारा गया। शिलालेखों से उन के कई राजाओं का पता चलता है: प्रसन्नमात्र, मानमात्र, दुर्गराज अथवा प्रवरराज, जिसे पाण्डुवंश के राजा तीवर ने, जिसने अपने आपको अपनी मुद्राओं पर 'कोसलाधिपति' और 'परमवैष्णव' कहा है तथा जो विष्णुकुण्डी माधववर्मा प्रथम (५३५-८५ ई०) और मौखरी सूर्यवर्मा (५५३ ई०) का समकालीन माना जाता है, निकाल बाहर किया। उसका कोई पुरखा उदयन था। उसके उत्तराधिकारियों में एक हर्षगुप्त था जिसने मौखरी ईशानवर्मा के पुत्र और राज्यपाल सूर्यवर्मा की पुत्री वासटा से विवाह किया था। उसके पुत्र बालार्जुन का राज्य लम्बा रहा और उसने अपने सत्तावनवें वर्ष में एक शिलालेख जारी किया। शक्तिशाली चालुक्य पुलकेशी द्वितीय के समकालीन होने के कारण उसे उसके आक्रमण का आघात सहना पड़ा। बालार्जुन के बाद नलों ने और बाद में सोमवंशियों ने इस परिवार का अन्त किया।

पाण्डुवंशियों की एक शाखा मेकल (अमरकण्टक) में विद्यमान थी। बघेलखण्ड से प्राप्त एक ताम्रपट्ट में इस वंश के बहुत से राजाओं जैसे नागबल और भरतंबल आदि का उल्लेख है। जिन्होंने परम 'माहेश्वर' 'परमब्रह्मण्य' 'परमगुरुदेवताधिदैवत्' आदि विशेष बड़ी-बड़ी उपाधियों का प्रयोग किया। शुरू में वे गुप्तसम्राटों के अधीन थे किन्तु बाद में स्वतंत्र हो गये। फिर वे वाकाटक राजाओं के मातहत हो गये और ईसा की पाँचवीं शती में नरेन्द्रसेन ने कोसल, मेकल और मालव पर अपने प्रभुत्व की घोषणा की।

अब हम उन वंशों के इतिहास का वर्णन करेंगे जिन्होंने अपनी विजयों से सम्राटपद प्राप्त किये। इनमें (१) बादामी के प्रारम्भिक पश्चिमी चालुक्य जिन्होंने

सार्वभौम शक्तियाँ

दो शताब्दियों (छठी से आठवीं शती) तक राज्य किया, (२) राष्ट्रकूट जिन्हें, दो शताब्दियों के राज्य के उपरान्त दसवीं शती में चालुक्य वंश की एक अन्य शाखा ने हटा दिया, और (३) कल्याणी के उत्तरकालीन पश्चिमी चालुक्य प्रसिद्ध हैं। इसी बीच एक तीसरे चालुक्य वंश ने भी, जिसे पिष्टपुर के पूर्वी चालुक्य कहते हैं, सातवीं शती में दक्षिणी भारत के अन्य भागों पर राज्य किया।

पश्चिमी चालुक्य : पुलकेशी द्वितीय

पश्चिमी चालुक्य वंश का इतिहास पुलकेशी प्रथम सत्याश्रय रणविक्रम (५३५-६६ ई०) से प्रारम्भ होता है, जिसने अश्वमेध और अन्य यज्ञ किये और वातापी (बादामी) के दुर्ग की स्थापना की। इसके बाद उसका पुत्र कीर्तिवर्मा (५६६-५९७ ई०) गद्दी पर आया, जिसे एहोल के तथा अन्य शिलालेखों में नलों, बनवासी के कदम्बों और कोंकण के मौर्यों जैसी प्रतिपक्षी शक्तियों की कालरात्रि कहा गया है। उसका उत्तराधिकारी उसका भाई मंगलेश (५९७-६१० ई०) था, जिसने करचुरी (कलचुरी) को परास्त किया और रेवतीद्वीप (गोवा द्वीप) पर अधिकार करके अपने पुत्र इन्द्रवर्मा को वहाँ का प्रशासक नियुक्त किया। उसके बाद मंगलेश और कीर्तिवर्मा प्रथम के पुत्र पुलकेशी में गृहयुद्ध छिड़ गया जिसमें मंगलेश मारा गया। पुलकेशी ने ६१० और ६४२ ई० के बीच राज्य किया। गृहयुद्ध ने स्थानीय विद्रोहों को प्रोत्साहन दिया जिन्हें पुलकेशी ने दबा दिया और दिग्विजय आरम्भ कर दी। उसने (१) कदम्ब और उनकी राजधानी बनवासी, (२) मैसूर के गंग और आलूप, और (३) कोंकण के मौर्यों और उनकी राजधानी पुरी (एलीफेण्टा), जिसे उसने अपनी नौसेना से परास्त किया, और (४) लाट, (५) मालव, और (६) गुर्जरों को पराजित किया, जैसा कि उसकी एहोल प्रशस्ति में लिखा हुआ है। यह उसके इतिहास जानने का प्रमुख साधन है और इसे अपने को भारवी और कालिदास के समान समझने वाले कवि रविकीर्ति ने पद्यबद्ध किया था। उसके बाद, उत्तरापथ और दक्षिणापथ के दो शक्तिशाली अधिपतियों और परमेश्वरों, हर्ष और पुलकेशी द्वितीय, में विन्ध्य और रेवा के बीच युद्ध हुआ जिसमें हर्ष हार गया। कुछ विद्वान् मानते हैं कि इस संघर्ष का कारण पुलकेशी की हर्ष के शत्रु गुर्जर नरपति दद्द द्वितीय के साथ संधि करना था, जिसने वलभी के राजा ध्रुवसेन द्वितीय के आक्रमण के विरुद्ध अपनी सुरक्षा का उपाय सोचा। चूंकि दद्द का काल लगभग ६२९ ई० है इसलिए इस संघर्ष की तिथि इसके बाद की होनी चाहिए। ६३४ ई० की एहोल-प्रशस्ति में इस युद्ध का जिक्र है किन्तु ६३० ई० के लोहनेर के दानपत्र में इसका उल्लेख नहीं मिलता। इसलिए इसे ६३० और ६३४ के बीच में रखना उचित है।

तब पुलकेशी ने पूर्वी दक्षिणी भारत की ओर ध्यान दिया और कोसल (पाण्डुवंशी), कलिंग (गंग), पिष्टपुर के नरपति और इसके दक्षिण में विष्णुकुण्डी विक्रमेन्द्रवर्मा तृतीय और पल्लव राजा महेन्द्रवर्मा को परास्त किया और उसके विरुद्ध चोल, पाण्डच, और केरलों से मित्रता की। अतः लोहनेर के दानपत्र में उसे 'पूर्वी और पश्चिमी समुद्रों का स्वामी' कहा गया है। उसने अपने भाई कुब्ज विष्णुवर्धन को पूर्वी दक्षिणी भारत का राज्यपाल नियुक्त किया जहाँ उसके पूर्वी चालुक्य नामक वंश ने १०७० ई० तक तीन शताब्दी-पर्यन्त राज्य किया। इस प्रकार पुलकेशी एक बड़े साम्राज्य का अधिपति बन गया जिसमें महाराष्ट्र, कोंकण और कर्णाटक के प्रदेश शामिल थे।

उसकी विजय-प्रगति आपत्ति में परिणत हुई उसके पल्लव प्रतिद्वन्द्वी ने बारम्बार उसे परास्त किया, उसकी राजधानी को लूटा और ६४२ ई० में उसे मार कर 'वातापीकोण्ड' की उपाधि धारण की।

उसकी ख्याति भारत के बाहर भी पहुँची। मुसलमान इतिहासकार तिबरी ने लिखा है कि ईरान के राजा खुसरो द्वितीय ने ६२५ ई० में प्रमेश-परमेश्वर, जो शिलालेखों के अनुसार पुलकेशी द्वितीय का दूसरा नाम था (परमेश्वर-अपरनामधेय), नामक भारतीय राजा की सभा से आए हुए एक दूतमण्डल का स्वागत किया। अजन्ता की गुफा के एक चित्र में पुलकेशी द्वितीय को ईरानी दूतमण्डल का स्वागत करते चित्रित माना जाता है।

पुलकेशी के बाद बादामी और दक्षिणी प्रदेशों पर पल्लवों का अधिकार हो जाने, उसके पुत्रों में गृहयुद्ध छिड़ने और उसके राज्यपालों के विद्रोहों से राज्य में अशान्ति मच गई। शिलालेखों से ज्ञात होता है कि उसके पुत्र आदित्यवर्मा और चन्द्रादित्य कुछ क्षेत्रों में स्वतंत्र राजा की हैसियत से राज्य करने लगे। अन्त में ६५५ ई० में उसका पुत्र विक्रमादित्य प्रथम सफल हुआ। उसने अपने प्रतिद्वन्द्वियों, विशेषतः पल्लवों को, उनके तीन राजाओं से सुदीर्घ संघर्ष के बाद, परास्त करके, उनकी राजधानी कांची को लूटकर, और चोल, पाण्डच और केरल में अपनी शक्ति का सिक्का बैठा कर अरब सागर, हिन्दसागर और बंगाल की खाड़ी के तीन समुद्रों से आवेष्टित प्रदेश का आधिपत्य प्राप्त किया। इन सब विजययात्राओं में उसके वीर पुत्र और पौत्र विनयादित्य और विजयादित्य ने बराबर उसका साथ दिया। बाद में उसे पल्लवराजा परमेश्वरवर्मा प्रथम के आक्रमण का सामना करना पड़ा जिसने उसे लाखों सैनिकों की सेना से हराकर वातापी पर अधिकार कर लिया। किन्तु यह आपत्ति क्षणिक सिद्ध हुई। एक शिलालेख के अनुसार उसने ६७१-७४ के बीच में फिर आक्रमण प्रारम्भ किया, कांची के निकट डेरा डाला और कावेरी और चोल राजधानी

विक्रमादित्य प्रथम

तक बढ़ता चला गया । उसी समय उसके भाई धराश्रय जयसिंहवर्मा ने, जो लाट (गुजरात) का राज्यपाल था और जिसकी राजधानी नवसारिका (नवसारी) थी, माही और नर्मदा के बीच के प्रदेश पर राज्य करने वाले राजा वज्जड को हराया जिसे मैत्रक नरपति शीलादित्य (६६२-८४ ई०) माना जाता है ।

(विनयादित्य ६८१-९६२ ई०)

अगला राजा उसका प्रियपुत्र विनयादित्य था जिसे, उसके शिलालेख दक्षिण में पल्लव, चोल, पाण्डच, केरल और अन्य सिंहल तक के राज्यों पर विजय प्राप्त करने का श्रेय देते हैं। इसने अपने पुत्र विजयादित्य के साथ उत्तरापथ में अभियान किया और वहाँ मर गया ।

(विजयादित्य ६९६-७३३ ई०)

उसके ७३० ई० के उच्छल के शिलालेख से ज्ञात होता है कि उसने काँची पर आक्रमण करके वहाँ के राजा परमेश्वरवर्मा द्वितीय से कर प्राप्त किया ।

विक्रमादित्य द्वितीय (७३३–४५ ई०)

विजयादित्य के बाद उसका 'प्रियपुत्र' विक्रमादित्य द्वितीय गद्दी पर बैठा जिसने पल्लवों के विपरीत अपने वंशानुगत संघर्ष को जारी रखा और उनकी राजधानी काँची पर एकदम आक्रमण किया । वहाँ से राजा नन्दि-पोतवर्मा (नन्दिवर्मा द्वितीय) भाग गया । शवरराजा उदयन, निषादराजा पृथ्वीव्याघ्र और गंगराजा श्री पुरुष उसके सहायक थे । उसने चोल, पाण्डच, केरल, कलभ्र आदि दक्षिण भारतीय राज्यों पर भी आक्रमण किया। उसके उत्तरी राज्यपाल अवनिजनाश्रय पुलकेशी ने अरबों के आक्रमण को विफल किया और 'अनिवर्तक-निवर्तयितृ' की उपाधि धारण की; किन्तु लाट पर राष्ट्रकूट दन्तिदुर्ग ने अधिकार करके चालुक्य राज्य को वहाँ से समाप्त कर दिया ।

कीर्तिवर्मा द्वितीय (७४६–७५७ ई०)

वह अपने पिता का 'प्रियपुत्र' था । उसे शक्तिशाली राष्ट्रकूटवंशीय राजा दन्तिदुर्ग ने हरा दिया । दन्तिदुर्ग ने ७४२ ई० के अपने एलोरा के दानपत्र में अपने चालुक्य स्वामी का उल्लेख नहीं किया है। ७५४ ई० के उसके सामनगढ़ के दानपत्र में स्पष्टतः इस बात का उल्लेख है कि उसने अपने चालुक्य स्वामी और उसकी कर्णाटक सेना को हराया और पल्लव राजा नन्दिवर्मा द्वितीय को भी परास्त किया । कृष्ण प्रथम ने राष्ट्रकूट आधिपत्य को पूरा किया और राहप (कीर्तिवर्मा द्वितीय) को हरा कर 'चालुक्य वंश के ध्वज और सौभाग्य का अपहरण किया' ।

चालुक्य वंश के पतन का कारण पल्लवों के साथ उनका सुदीर्घ संघर्ष था, जिससे उनके साधन क्षीण हो गये थे ।

विष्णुवर्धन ६१७ ई० में सतारा और नासिक के बीच के प्रदेश में अपने बड़े

पूर्वी चालुक्य : विष्णुवर्धन प्रथम

भाई पुलकेशी द्वितीय का राज्यपाल था, जैसा कि सतारा के दानपत्र और 'अवन्ति सुन्दरी कथासार' नामक कृति से प्रकट होता है। तब ६३१ ई० में पुलकेशी ने उसे विजगापटम और नेलोर के बीच के नव-विजित तटवर्ती प्रदेश का राज्यपाल नियुक्त कर दिया। इसके बाद वह स्वतंत्र हो गया और उसने पूर्व चालुक्यों के पृथक् राजवंश की स्थापना की। उसके दानपत्रों से प्रतीत होता है कि पिष्टपुर और विजगापटम के बीच में उसका राज्य था। उसके उत्तराधिकारियों के शिलालेखों से ज्ञात होता है कि उसने युवराज की हैसियत से १८ वर्ष राज्य किया और ६१५ से ६३३ तक वह राजा-पद पर रहा।

उसके उत्तराधिकारी

विष्णुवर्धन प्रथम के बाद उसका पुत्र जयसिंह (प्रथम) पृथ्वीवल्लभ गद्दी पर बैठा और उसने ६६३ ई० तक ३० वर्ष राज्य किया। उसके बाद बहुत-से प्रमुख राजाओं का राज्य रहा। विष्णुवर्धन द्वितीय के राज्यकाल में पृथ्वीव्याघ्र नामक एक निषाद राजा ने नेलोर के निकटवर्ती दक्षिणी प्रदेश पर अधिकार कर लिया किन्तु, कांची के नन्दि-वर्मा द्वितीय नामक पल्लव नरपति ने उसे वहाँ से निकाल दिया। इस वंश का अगला राजा विजयादित्य प्रथम (७४६-६४ ई०) था, जिसके राज्यकाल में इस पर राष्ट्रकूटों का संकट छाया, जिन्होंने पहिले ही पश्चिमी चालुक्यों का अन्त कर दिया था। किन्तु भाग्य ने उसके उत्तराधिकारी विजयादित्य द्वितीय नरेन्द्रमृगराज (७९९-८४३ ई०) का साथ दिया और उसने अपने पड़ोसी शत्रुओं को परास्त करके राष्ट्रकूटवंशीय गोविन्द तृतीय की सहायता की याचना की। उसके उतराधि-कारी विजयादित्य तृतीय (८४४-८८ ई०) ने राष्ट्रकूट राजा कृष्ण द्वितीय को हराकर उसकी राजधानी मान्यखेट (मालखेड़) को लूट लिया। वह एक राजा से लड़ता हुआ मारा गया जिसे चोलवंशीय भंगी माना जाता है। अगले राष्ट्रकूट राजा अमोघवर्ष (८१४-७७ ई०) ने उसे समर्पण करने पर विवश किया, किन्तु भीम प्रथम (८८८-९१८ ई०) ने फिर वंश की प्रतिष्ठा को समुन्नत किया।

उसका उत्तराधिकारी अम्भ विष्णुवर्धन षष्ठ था जिसके संबंधियों और सामन्तों ने राष्ट्रकूट कृष्ण तृतीय से मिलकर उसके विरुद्ध षडयंत्र रचा और सिंहासन के लिए बहुत-से बनावटी दावेदार खड़े किए। एक ऐसे ही दावेदार युद्धमल्ल ने सिंहा-सन पर अधिकार किया। भीम तृतीय (९३४-४५ ई०) ने स्थिति को सम्भाला, सिंहासन पर अधिकार करनेवाले का वध किया, विद्रोही पड़ोसियों को परास्त किया और राष्ट्रकूट गोविन्द पंचम को हराया। किन्तु उसके तुरन्त बाद गिरावट आई। ९७३ से १००३ तक अशान्ति का युग था और चोलों के आक्रमण से गड़-बड़ी फैल गई। किन्तु शक्तिवर्मा (१००३-१५ ई०) के राज्यकाल में, जिसने अपनी

मुद्राएँ जारी कीं, स्थिति अच्छी रही। उसका भतीजा विष्णुवर्धन सप्तम, जिसने १०२२ से ६३ तक राज्य किया, चोलराजा का पौत्र था। वह बाद में राजराज प्रथम कहलाया। उसके बाद उसका पुत्र गद्दी पर आया जो चालुक्य की अपेक्षा चोल अधिक था। क्योंकि तीन पीढ़ियों तक दोनों राजवंशों के वैवाहिक संबंध बहुत घनिष्ट हो चले थे। इस सामाजिक परिवर्तन का प्रतीक उसका नाम कुलोत्तुंग चोलदेव (१०६३-१११८ ई०) है। वस्तुतः 'विक्रमांकदेवचरित' नामक साहित्य-ग्रन्थ में पूर्वी चालुक्य राजा को स्पष्टतः चोल राजा कहा गया है। किन्तु पश्चिमी-चालुक्यों और चोलों के सम्बन्ध युद्धमय बने रहे। पश्चिमी चालुक्य राजा विक्रमादित्य षष्ट ने चोल राजधानी पर आक्रमण किया। इस शत्रुता का अन्त परम्परागत पद्धति के अनुसार विक्रमादित्य और वीर राजेन्द्र चोल की पुत्री के विवाह द्वारा हुआ। किन्तु यह शान्ति क्षणिक रही यद्यपि विक्रमादित्य अपन साले परकेसरी अधिराजेन्द्र को चोल राजसिंहासन पर बैठा कर इसे सुदृढ़ करना चाहता था। इससे चोल-चालुक्य सम्बन्धों के इतिहास में एक रोचक घटना घटी। पूर्वी चालुक्य राजा राजीग (राजेन्द्र चोल-कुलोत्तुंग चोलदेव) ने विक्रमादित्य के भाईसोमेश्वर द्वितीय से षडयंत्र करके, उसके बैठाए हुए परकेसरी को चोल राजसिंहासन से उतार दिया, जिसके फलस्वरूप विक्रमादित्य षष्ट को इस मामले में हस्तक्षेप करने के लिए फिर दोनों, पूर्वी और पश्चिमी चालुक्यों के संघर्ष को शुरू करना पड़ा। चोल-चालुक्यों का यह मिला-जुला वंश १५० वर्ष तक चलता रहा।

इन पूर्वी और पश्चिमी चालुक्य वंशों के अतिरिक्त राष्ट्रकूटों ने भी दक्षिणी भारत की राजनीति पर अपना प्रभुत्व जमाया। हम ऊपर लिख चुके हैं कि उनके मुख्य दन्तिदुर्ग और उसके चाचा कृष्ण प्रथम ने पूरी तरह से कीर्तिवर्मा द्वितीय के राज्यकाल में चालुक्यों को परास्त किया।

राष्ट्रकूट

दन्तिदुर्ग ने साम्राज्य की कल्पना को लेकर दक्षिण की ओर अपना सैनिक कार्य-कलाप आरम्भ किया। उसने श्रीशैल (कुरनूल) प्रदेश के चोलों को हराया। ७५० ई० के निकट कांची पर आक्रमण किया और अपनी पुत्री रेवा को पल्लवमल्ल से ब्याह कर इस काण्ड का उपसंहार किया। इस सैनिक सफलता के बाद उसने उत्तर की ओर जाकर कीर्तिवर्मा को ७५३ में गद्दी से उतारा। दन्तिदुर्ग के बाद कृष्ण ने कोंकण को जीतकर और वहाँ शीलाहारवंश के सामन्तों को नियुक्त करके तथा ७६८ ई० में गंगराजा श्रीपुरुष को अपने अधीन करके अपनी शक्ति को और अधिक बढ़ाया। उसके पुत्र गोविन्द द्वितीय ने वेंगी पर आक्रमण कर के वहाँ के राजा विजयादित्य प्रथम (७६९ ई०) का समर्पण प्राप्त किया। जैसा कि ऊपर कहा जा चुका है, कृष्ण एलोरा के प्रख्यात कैलास मन्दिर के निर्माता के रूप में प्रसिद्ध है। उसका उत्तराधिकारी गोविन्द द्वितीय (७७३ ई०) एक

दुर्बल शासक था। उसने नन्दिवर्मा, पल्लवमल्ल और उसके मित्र गंग राजा शिवमार द्वितीय की, उसके भाई को गंगवंश की राजगद्दी से उतारने में सहायता की और इस प्रकार दक्षिणी राजनीति में हाथ डाला। किन्तु घर पर उसके भाई ध्रुव के मुकाबले में उसकी शक्ति क्षीण होती जा रही थी। ध्रुव ने पल्लव, गंग, पूर्वी चालुक्य और मालवे के राजाओं के एक शक्तिशाली संघ को परास्त किया। ध्रुव एक शक्तिशाली राजा था। उसने अपने सब प्रतिपक्षियों से बदला लिया। उसने गंग राजा को बन्दी किया, पल्लव राजा से हाथियों का कर लिया, मालव राजा गुर्जर वत्सराज को मरुभूमि में धकेल दिया। उसने बंगाल के राजा धर्मपाल को हराकर अपने कार्य को पूरा किया और पूर्वा चालुक्य राजा विष्णुवर्धन चतुष्ट को उसे अपने राज्य का कुछ भाग देने तथा उसके साथ अपनी पुत्री शील महादेवी का विवाह करने के लिए विवश किया।

ध्रुव ने अपने पुत्र गोविन्द तृतीय के लिए गद्दी छोड़ दी। गोविन्द के बड़े भाई स्तम्भ (खम्ब) ने उसका विरोध किया और उसके विरुद्ध १२ राजाओं का, जिनमें गंग राजा शिवमार द्वितीय भी शामिल था, एक संघ बनाया। गोविन्द ने इस संघ को परास्त किया और खम्ब को उदारतापूर्वक गंगवाड़ी का राज्यपाल नियुक्त किया। उसने अपने छोटेभाई इन्द्र को लाट का राज्यपाल बनाया। उसके बाद उसने गुर्जर राजा नागभट को हराकर मालवा को लाट में मिला लिया जैसा कि ऊपर लिखा जा चुका है। इससे उत्तर में कन्नौज के राजा चक्रायुध और उसके संरक्षक धर्मपाल ने उसके सामने समर्पण किया। उत्तरी विजय से प्रोत्साहित होकर उसने दक्षिण की ओर आक्रमण किए और दन्तिवर्मा को ८०३ ई० में परास्त किया और लंका से अपने प्रभुत्व के प्रतीक के रूप में एक दूतमण्डल बुलवाया। उसने वेंगी के राजा विजयादित्य द्वितीय नरेन्द्रमृगराज के प्रतिपक्षी भीम सलूकी की सहायता करके वहाँ अपना सिक्का जमाया। इस प्रकार शिलालेखों के अनुसार वह अपने समय का महान नरपति सिद्ध हुआ।

८१४ ई० में गोविन्द तृतीय के बाद उसका पुत्र अमोघवर्ष प्रथम नृपतुंग गद्दी पर बैठा। वह अभी युवा था। इस कारण दक्षिण के कर्मचारियों ने चालुक्य विजयादित्य और गंग राजमल्ल प्रथम की सहायता से उसके विरुद्ध विद्रोह किया। किन्तु ८२१ ई० में अपने आज्ञाकारी चचेरे भाई लाट के अधिकारी कर्क की सहायता से उसने उन सब को परास्त किया। उसने ६६ वर्ष तक राज्य किया। किन्तु उसके राज्यकाल में अधिक शान्ति नहीं रही। पूर्वी चालुक्य गुणग विजयादित्य तृतीय ने उसके विरुद्ध विद्रोह किया किन्तु हार खाई। गंग राजमल्ल प्रथम के पुत्र ने भी और विद्रोही राजाओं के साथ मिलकर विद्रोह किया इधर घर पर युवराज कृष्ण और ध्रुव के बीच में गृह-युद्ध छिड़ गया, जो लाट के राजा कर्क का पुत्र था। राष्ट्र-

कूट सेनापति बंकेश ने इन सब संकटों का सामना किया। बाद में गुणग विजयादित्य ने गंग विद्रोह का दमन किया। बंकेश ने ध्रुव को युद्ध में मार दिया किन्तु उसके पुत्र अकालवर्ष और पौत्र ध्रुव द्वितीय ने संघर्ष जारी रक्खा जब तक कि ८६० ई० में गूर्जर मिहिर भोज के आतंक ने उन्हें संधि करने पर विवश किया ; उसने मान्यखेट नामक राजधानी की स्थापना की। जैनधर्म की ओर उसकी प्रवृत्ति थी। अमोघवर्ष प्रथम का उत्तराधिकारी कृष्ण द्वितीय उसके बाद ८८० ई० में गद्दी पर बैठा। उसने गुर्जर भोज प्रथम के आक्रमण को रोका और स्वयं गुणग विजयादित्य के राज्यकाल में वेंगी को जीतने की चेष्टा की किन्तु उसे उसके सामने समर्पण करना पड़ा। ८९२ ई० में उसकी मृत्यु के बाद उसने फिर आक्रमण किया और चालुक्य भीम को बन्दी बनाया किन्तु भीम भाग निकला और उसने अपने राज्य से राष्ट्रकूटों को निकाल दिया। उसने वेंगी को जीतने की एक तीसरी चेष्टा भी की किन्तु दो युद्धों में हार खाई। अपने पौत्र कन्नरदेव को हटाकर जब चोल राजा परान्तक स्वयं गद्दी पर बैठा तो उसने चोल राजनीति में हाथ डाला किन्तु असफल रहा। परान्तक और उसके सहचर गंग पृथ्वीपति ने उसे और उसके साथियों को ९१२ ई० में वल्लाल के युद्ध में परास्त किया। उस समय कृष्ण द्वितीय का देहान्त हो गया और उसका पौत्र इन्द्र तृतीय उसके स्थान पर गद्दी पर बैठा। जब वह युवराज था तो उसने मालवा के परमार नरेश उपेन्द्र को हराकर राष्ट्रकूट प्रमुख के अधीन किया। राजा बनने पर उसने कन्नौज के राजा महीपाल प्रथम (९१३-४३ ई०) को हराकर राजधानी पर अधिकार किया किन्तु महीपाल ने चन्देल राजा हर्षदेव की सहायता से फिर अपनी राजधानी वापिस ले ली। उसने अम्म प्रथम के राज्य के बाद वेंगी को जीता और ६ वर्ष तक उस पर अधिकार रखा। उसके बाद उसका पुत्र अमोघवर्ष द्वितीय (९२७ ई०) गद्दी पर आया, जिसे उसके भाई गोविन्द चतुर्थ (९३० ई०) ने हटा दिया। बड्डेग अमोघवर्ष तृतीय ने गोविन्द को गद्दी से हटाया। हटाया। ९३९ में उसके पुत्र कृष्ण तृतीय का राज्याभिषेक हुआ। उसने अपने बहनोई बुट्टुग द्वितीय को गंग राज्य की गद्दी प्राप्त करने में सहायता दी और उसके साथ मिलकर चोल राजा परान्तक प्रथम को हराया और उसका वध किया और उसके राज्य के एक बड़े भाग को अपने राज्य में मिलाकर 'कांची और वेंगी के विजेता' की उपाधि धारण की। उस आपत्ति से चोल साम्राज्य बच नहीं सका।

कृष्ण तृतीय ने अपने पूर्ववर्तियों की वेंगी को जीतने तथा वहाँ के राजा अम्म द्वितीय के विपरीत अपने सम्बन्धी दानार्णव को खड़ा करने की नीति को चालू रखा। दानार्णव ने ९७० ई० में उसे मार डाला। उसने मालवा के राजा हर्ष सीयक को अपना प्रभुत्व स्वीकार करने पर विवश किया। ९६३ ई० में उसने तारवाडी का महत्वपूर्ण प्रान्त अपने होने वाले प्रतिपक्षी चालुक्य तैलप द्वितीय को बख्शीश के रूप

में दे दिया और उसके परिणाम पर विचार नहीं किया। ९६७ ई० में उसका उत्तराधिकारी खोट्टिग गद्दी पर बैठा। हर्ष सीयक ने उसकी सेनाओं को परास्त किया और ९७२ ई० में उसकी राजधानी मान्यखेट को ध्वस्त किया। खोट्टिग के बाद कर्क गद्दी पर आया जिसे चालुक्य तैलप द्वितीय ने तुरन्त गद्दी से उतार दिया और कल्याणी के नये चालुक्य साम्राज्य (९७३-९९७ ई०) की नींव रखी। उसने अपनी राजधानी मान्यखेट में अपनी स्थिति को सुदृढ़ किया। नर्मदा और तुंगभद्रा के समूचे प्रदेश पर अधिकार किया और परमार राजा मुंज के आक्रमण को रोक कर उसे हराया और उसका वध किया। उसके बाद ९९७ ई० में उसका पुत्र सत्याश्रय गद्दी पर बैठा। उसने अपने पिता की प्रसारवादी नीति को अक्षुण्ण रक्खा। उसका प्रमुख प्रतिद्वन्द्वी चोल राजा राजराज प्रथम था जिसने वेंगी को अपने अधीन करके अपने नियुक्त किये हुए शक्तिवर्मा (१००० ई०) को वहाँ के सिंहासन पर बैठाया। सत्याश्रय ने अनुभव किया कि राजराज उसके राज्य को घेर रहा है, अतः उसने वेंगी पर आक्रमण किया। राजराज ने चालुक्य राजधानी मान्यखेट पर आक्रमण करके बदला लिया और एक दूसरी सेना पूर्व की ओर वेंगी से चालुक्य-राज्य का अन्त करने के निमित्त भेजी। तब सत्याश्रय ने संधि का प्रस्ताव सामने रखा। चोल सेना बहुत-सी लूट लेकर वापिस गयी और उस से तंजोर के राजराजेश्वर मन्दिर को सुसज्जित किया।

१००८ ई० में सत्याश्रय के बाद विक्रमादित्य प्रथम गद्दी पर बैठा और उसके बाद १०१५ ई० में जयसिंह द्वितीय ने राज्य करना आरम्भ किया। जयसिंह ने मालवा के परमार भोज के आक्रमण को रोककर उसे लाट और कोंकण से निकाल दिया। उसने वेंगी की गद्दी के लिए अपने नियुक्त किये हुए विजयादित्य सप्तम को, शक्तिवर्मा और चोल राजकुमारी के पुत्र, राजराज के विरुद्ध खड़ा करके वहाँ की राजनीति में दखल दिया। उसने बेल्लारी तक अभियान किया और उसके नियुक्त किये हुए विजयादित्य ने विजयवाड़े पर अधिकार किया। किन्तु राजेन्द्र के नेतृत्व में चोल सेना ने जयसिंह को पीछे हटा दिया और वेंगी से विजयादित्य को निकाल दिया और वहाँ से कलिंग पर आक्रमण करके जयसिंह के मित्र पूर्वी गंग राजामधुकामार्णव को १०१९ में दण्ड दिया।

जयसिंह द्वितीय के बाद उसका पुत्र सोमेश्वर प्रथम आहवमल्ल गद्दी पर बैठा (१०४२ ई०) जिसने चोल आक्रमणकारी को मान्यखेट देकर कल्याणी में नयी राजधानी स्थापित की। उसने उत्तर की ओर भी कदम बढ़ाए, मालवा के परमार राजाओं की राजधानी धारा पर आक्रमण किया, वहाँ से कोसल और कलिंग में प्रवेश किया और चक्रकूट के राजा धारावर्ष को अपने अधीन किया। इन आक्रमणों में काकतीय राजा प्रोल प्रथम ने उसकी बड़ी सहायता की। अन्त में उसने वेंगी पर

आक्रमण किया। चौर चोल राजराज को चुनौती दी जिसे विजयादित्य सप्तम ने १०३१ ई० में जयसिंह द्वितीय की सहायता में वेंगी से निकाल दिया। तथापि वह पश्चिमी चालुक्यों की राज्यसभा में आश्रय लेने को विवश हुआ। चोल राजा राजाधिराज ने वेंगी पर आक्रमण जारी रखा और चालुक्य प्रदेश पर हमला करके कल्याणी को ध्वस्त किया। किन्तु सोमेश्वर ने धैर्यपूर्वक १०५० ई० में अपने देश को चोल सेनाओं के अधिकार से मुक्त किया और वेंगी के राजराज को अपनी अधीनता मानने पर विवश किया। उसके सेनापति ने कांची पर आक्रमण किया। राजाधिराज ने १०५३ ई० में सोमेश्वर से कृष्णा नदी पर युद्ध किया और उसमें मारा गया। उस के भाई राजेन्द्र ने तुरन्त सेना का नेतृत्व सम्भाला और चोलों की बिगड़ी स्थिति को सुधार पर कोल्हापुर तक बढ़ गया। १०६१ में सोमेश्वर ने चोलों के संकट को दबाने की योजना बनाई। उसने वेंगी के सिंहासन पर अपने आदमी को बैठाया और अपने पुत्रों के नेतृत्व में गंगवाड़ी में आक्रमण के लिए सेना भेजी। राजेन्द्र द्वितीय ने दोनों मोर्चों पर चुनौती को झेला। वेंगी में चालुक्यों का नियुक्त किया राजा मारा गया और गंगवाड़ी का आक्रमण धकेल दिया गया। इस प्रकार सोमेश्वर का कार्यकलाप पूर्णतः असफल हुआ।

अगले चोल राजा वीरराजेन्द्र (१०६३) के राज्यकाल में सोमेश्वर ने अपना प्रयत्न जारी रखा और सब मोर्चों पर युद्ध चालू रखा। किंतु तुंगभद्रा के तट पर चोलों ने सोमेश्वर को परास्त किया और वीरराजेन्द्र ने इस विजय के उपलक्ष्य में वहाँ एक विजयस्तम्भ स्थापित किया। उसने विजयवाड़ा के निकट भी एक भीषण युद्ध में चालुक्यों को पराजित किया। दोनों पक्ष एक अन्तिम युद्ध के लिए तैयारियाँ कर ही रहे थे जब १०६८ ई० में सोमेश्वर तुंगभद्रा में डूब कर मर गया।

सोमेश्वर प्रथम के बाद उसका पुत्र सोमेश्वर द्वितीय गद्दी पर बैठा, जिसे अपने छोटे भाई विक्रमादित्य षष्ठ के चोल राजा वीर राजेन्द्र के साथ अपने विरुद्ध किये गए षड्‌यंत्र का सामना करना पड़ा। वह वेंगी पर पश्चिमी चालुक्यों के दावे को वीर राजेन्द्र के हक में छोड़ने को तैयार हो गया और उसने उसकी पुत्री से विवाह भी किया। इस प्रकार सोमेश्वर द्वितीय को उसका आधिपत्य स्वीकार करना पड़ा और उसे चालुक्य राज्य के दक्षिणी भाग का स्वतंत्र अधिपति मानना पड़ा। इससे पूर्वी चालुक्य राजकुमार राजेन्द्र ने वेंगी पर अपना दावा छोड़ दिया।

१०७० ई० में चोल राजा वीर राजेन्द्र की मृत्यु के पश्चात् चोल साम्राज्य में अराजकता फैल गई। विक्रमादित्य षष्ठने शीघ्र कांची आकर अपने साले अधिराजेन्द्र को राजा बना दिया। किन्तु पूर्वी चालुक्य राजा राजीगकुलोत्तुंग प्रथम ने सोमेश्वर द्वितीय की सहायता से शीघ्र अधिराजेन्द्र को गद्दी से हटा दिया। इससे सोमेश्वर द्वितीय और विक्रमादित्य षष्ठ में एक भ्रातृघातक गृहयुद्ध छिड़ गया।

विक्रमादित्य षष्ट की ओर यादव, कदम्ब और होयसल थे। किन्तु कुलोत्तुंग विक्रमादित्य षष्ट को तुंगभद्रा से खदेड़ने और गंगवाडी को जीतने में सफल हुआ। दूसरी ओर विक्रमादित्य षष्ट ने सोमेश्वर द्वितीय को हराकर बन्दी बनाया और उसकी जगह अपने आप को १०७६ ई० में राजा घोषित किया। उसे कई संकटों का सामना करना पड़ा। बिहिज विष्णुवर्धन (११११ ई०) के नेतृत्व में होयसलों ने विद्रोह किया किन्तु उन्हें हार खाकर ११२३ ई० में अधीनता स्वीकार करनी पड़ी। उसके बाद विक्रमादित्य ने वेंगी और गंगवाडी को जीतकर और चोलों को तमिलदेश में धकेल कर और रोक कर आक्रामक नीति को आरम्भ किया। उसकी और उसके दुर्बल उत्तराधिकारी सोमेश्वर तृतीय (११२७ ई०) की मृत्यु के बाद चोल राजा विक्रम चोल ने वेंगी पर फिर से अधिकार किया। यह तैल तृतीय (११५०-६३ ई०) तक दुर्बल राजाओं की परम्परा के राज्यकाल में चालुक्य राज्य के क्रमिक विघटन का श्रीगणेश था। चालुक्यों के सामन्तों, उदाहरणार्थ विष्णुवर्धन के नेतृत्व में होयसलों, वारंगल के काकतियों, तरदवाडी के कलचुरियों और देवगिरि के यादवों के विद्रोह भभक उठे। ११५७ ई० में कलचुरी राजा बिज्जल ने होयसलों को पीछे धकेल कर और अपने आपको राजा घोषित करके कल्याणी पर अधिकार कर लिया। ११८३ में तैल तृतीय के पुत्र सोमेश्वर चतुर्थ ने कलचुरियों को पीछे हटा दिया किन्तु भिल्लन (११८७-९१ ई०) के राज्यकाल में चालुक्य राज्य के उत्तरी भाग और कल्याणी को यादवों के हवाले करके वहाँ से दक्षिण में बनवासी की ओर प्रस्थान किया। उसी समय बल्लाल द्वितीय के नेतृत्व में होयसलों ने अनेक युद्धों में चालुक्यों की शक्ति का सफाया किया और भिल्लन को युद्धभूमि पर मौत के घाट उतारा। काकतियों ने भी कुछ प्रदेश जीतकर चालुक्यों के विघटन की प्रक्रिया में योग दिया। किन्तु भिल्लन के वीरपुत्र जैतुगी ने ११९६ ई० में काकतीय राजा रुद्र का वध किया और उसके योग्य पुत्र सिंहन ने होयसल राजा बल्लाल द्वितीय से वे सब प्रदेश फिर से जीत लिए जो उसने सोमेश्वर चतुर्थ और भिल्लन को हरा कर प्राप्त किए थे।

चौदहवाँ अध्याय

सुदूर दक्षिणी भारत

सुदूर दक्षिणी भारत तीसरी शती ई० पू० में इतिहास के आलोक में आता है जब अशोक ने अपने शिलालेखों में वहाँ के चोल, पाण्ड्य, केरलपुत्र, सत्यपुत्र आदि लोगों का उल्लेख अपने अन्तों, साम्राज्य की सीमाओं पर बसने वाले लोगों, के रूप में, ताम्रपर्णी अथवा लंका के साथ किया, जिसके साथ उसने मित्रता और पड़ोस के संबंध स्थापित किए। यह स्मरणीय है कि अपनी लोकमंगल की भावना से प्रेरित होकर उसने उस सुदूर देश में अपने पुत्र और पुत्री को प्रचारकार्य करने और वहाँ भारतीय दर्शन, बौद्धधर्म, फैलाने के लिए नियुक्त किया।

प्रारम्भिक इतिहास

बहुत प्राचीन काल में सुदूर दक्षिणी भारत पूर्वी देशों (सुवर्ण द्वीप अथवा मलाया प्रायद्वीप) और पश्चिम (विशेषतः रोमन साम्राज्य) से अपने लाभप्रद समुद्री व्यापार के फलस्वरूप आर्थिक दृष्टि से समृद्ध हो गया। मोमसन के अनुसार भारत से आई वस्तुओं के दाम चुकाने में रोमन साम्राज्य का सारा स्वर्णकोश खाली हो गया। टोलेमी, प्लिनी और पेरिप्लस आदि कुछ यूनानी-लातीनी कृतियों में प्रथम तीन शताब्दि ई० के इस समुद्रपार के व्यापार का वर्णन मिलता है। इससे कोइम्बेटूर और मदुरा जैसे स्थानों पर रोमन मुद्राओं की प्राप्ति की और कावेरी-पट्टनम् आदि स्थानों पर रोमन उपनिवेशों के अवशेषों की उपलब्धि हुई है, जहाँ विदेशी माल गोदामों के चिह्न मिले हैं। पाण्डुचेरी के निकट अरिकमेडु नामक

स्थान पर क्लादियस के युग (४१-५४ ई०) की घुघराली शैली की मिट्टी की वस्तुएँ मिली हैं जिन पर रोम के कुम्हारों की छाप मिलती है। इनसे रोम और भारत के सम्बन्धों पर पर्याप्त प्रकाश पड़ता है।

रोमन साम्राज्य में दक्षिणी भारत के पदार्थों की बड़ी माँग थी। वहाँ के वृक्षों से काली मिर्च, पान, सुपारी, मसाले, सुगन्धित द्रव्य मिलते थे; वहाँ के हाथियों से हाथी दाँत, खानों से महार्घ रत्न, समुद्रों से मोती और कुटीर उद्योगशालाओं से रेशम और मलमल प्राप्त होते थे। रोम की सुन्दरियों में भारतीय मलमल की बड़ी माँग थी। वे इसकी सात तहों के वस्त्र पहन कर शान से रोम की सड़कों पर निकलती थीं और वहाँ के लोगों के नैतिक आदर्शों को ढीला करती थीं। कानून द्वारा इस पदार्थ के प्रयोग पर पाबन्दी लगायी गई। रोम से भारत में आने वाली वस्तुओं में शराब, पीतल, सीसा, काँच का सामान, लैम्प और फूलदान और राजा के अंगरक्षक का काम करने वाले सैनिक, जिन्हें तमिल कृतियों में 'गूंगे म्लेच्छ' कहा गया है, प्रमुख थे। मुजिरिस (ग्रेन्ग्रेनोर) आदि नगरों में रोमन सैनिकों की बस्तियाँ थीं। व्यापार के लिए पहिली शती ई० पू० में रोमन सम्राट ऑगस्टस की सभा में एक पाण्ड्य राजा ने एक दूत-मण्डल भेजा था।

सबसे पहिले पाण्ड्य राजाओं ने प्रमुखता प्राप्त की। महावंस से ज्ञात होता है कि एक पाण्ड्य राजा ने ४३ और २९ ई० पू० के बीच में लंका पर विजय प्राप्त कर वहाँ शासन किया। पहिली शती ई० के तमिल संगम साहित्य में दक्षिणी भारत का प्रारम्भिक इतिहास मिलता है। इस साहित्य में ३०,००० पद्य मिलते हैं। एक संग्रह का नाम 'दस ग्राम्यगीत' है। इन में राजाओं के नाम तो मिलते हैं किन्तु उनका इतिहास नहीं मिलता।

मोटे रूप में प्रारम्भिक पाण्ड्य राज्य में तिन्नुवल्ली, रामनाड और मदुरा के प्रदेश शामिल थे।

इसका निश्चित क्रमबद्ध इतिहास आठवीं और नवीं शती ई० में प्रारम्भ होता है जब पल्लव चोल आदि दक्षिणी सत्ताओं से इसके सम्बन्ध स्थापित हुए।

संगम युग के बाद एक अन्धकार युग आया जिसमें कलभ्र नामक दुष्ट लोगों का ज़ोर हुआ। उन्होंने बहुत-से अधिराजों को निकाल दिया। कलभ्रकुल के एक राजा अच्युतविक्रान्त ने चोल, चेर और पाण्डय तीनों राजाओं को बन्दी बना लिया। उसके अत्याचार से भीषण प्रतिक्रिया हुई और पाण्ड्यों और पल्लवों ने मिलकर उसके अत्याचार का अन्त कर दिया।

छठीं शती ई० से पाण्ड्यों का क्रमबद्ध इतिहास मिलता है। अरिकेसरी परान-कुश ने वेनाड (दक्षिणी त्रावणकोर) और मोती मिलने वाले तट के परावों को पराजित किया। उसके पुत्र रणधीर (७१०-७३० ई०) ने मंगलोर तथा कोंगू

पाण्ड्य

तक के प्रदेश को जीत लिया। उसके पुत्र मारवर्मा राजसिंह प्रथम (७३०-६५) ने पल्लव राजनीति में हस्तक्षेप करके पल्लव राजा पल्लवमल्ल के एक प्रतिपक्षी का समर्थन किया और कुछ समय के लिए पल्लवमल्ल को एक दुर्ग में बन्दी कर लिया। उसके पुत्र वरगुण प्रथम (७६५-८१५ ई०) ने पल्लवराजा नन्दिवर्मा द्वितीय और उसके सब साथियों को हराकर कावेरी के दक्षिण तक और सलेम और कोइम्बटूर जिलों तक अपने राज्य का विस्तार किया। उसके पुत्र श्रीमार (८१५-६२ ई०) ने राजा सेन-प्रथम के (८३१-५१ ई०) राज्यकाल में लंका तक विजय किया। राजा श्रीमार श्री वल्लभ ने पल्लवराजा नन्दिवर्मा तृतीय को ८५९ ई० में कुम्बकोनम् के युद्ध में परास्त किया किन्तु स्वयं उसके पुत्र नृपतुंग के हाथों हार खाई। लंका के राजा सेन द्वितीय (८५१-५५ ई०) ने इसे बदला लेने का अच्छा अवसर समझ कर मदुरा को लूट लिया। बेचारा श्रीमार लड़ता हुआ मारा गया और सिंहली सेनापति ने ८६२ ई० में उसके पुत्र वरगुणवर्मा द्वितीय को पाण्ड्य राजगद्दी पर नृपतुंग के मातहत के रूप में समासीन किया।

परान्तक प्रथम के बाद चोल सत्ता के ह्रास के बाद पाण्ड्यों ने फिर स्वतंत्रता प्राप्त की, किन्तु परान्तक द्वितीय सुन्दर चोल (९५६-७३ ई०) के राज्यकाल में वीर पाण्ड्य लड़ता हुआ युद्ध में मारा गया।

चोलों के शक्तिशाली सम्राट् राजेन्द्र प्रथम के राज्यकाल में पाण्ड्य और केरल-देश मदुरा के प्रान्त में विलीन हो गए जिस पर चोल-पाण्ड्य राजकुमार का शासन था।

पाण्ड्य इतिहास की अगली घटना लंका के राजा पराक्रमबाहु प्रथम (१३-१५ ८६) और चोलराजा कुलोत्तुंग द्वितीय के समर्थन से परान्तक पाण्ड्य और कुलशेखर के मध्य उत्तराधिकार-युद्ध था। मदुरा के घेरे में कुलशेखर ने अपने प्रतिद्वन्द्वी का वध किया। लंका के राजा ने परान्तक के पुत्र वीर पाण्ड्य को गद्दी पर बैठाने का प्रयत्न किया किन्तु कुलशेखर को चोल राजा से जो सहायता मिली वह उसके सामने नहीं ठहर सका। अन्त में कुलशेखर की कृतघ्नता के कारण चोलराजा ने वीर पाण्ड्य को पाण्ड्यों की गद्दी पर बैठाया।

अगला महत्वपूर्ण राजा मारवर्मा सुन्दर पाण्ड्य प्रथम (१२१६) था, जिसने कुलोत्तुंग तृतीय के राज्यकाल में चोल राज्य पर आक्रमण किया और उसे देश से निकाल दिया। किन्तु उसके मित्र होयसल राजा बल्लाल तृतीय ने उसको फिर से गद्दी पर बैठाने पर विवश किया। अगले चोल राजा राजराज तृतीय (१२१६-५६) के राज्यकाल में दोनों में फिर युद्ध छिड़ गया किन्तु होयसल राजा नरसिंह द्वितीय के सैनिक हस्तक्षेप के कारण, जिसने सुन्दर चोल को परास्त किया, यह

संघर्ष समाप्त हो गया (१२३१ ई०)। युवराज राजेन्द्र तृतीय ने संघर्ष फिर शुरू किया और दो पाण्डय राजाओं को हराया किन्तु उनके मित्र नरसिंह द्वितीय के पुत्र होयसल सोमेश्वर से हार खाई।

इसके बाद जटावर्मा सुन्दर पाण्डय (१२५१) नामक योग्य राजा का राज्य आरम्भ हुआ जिसके साथ राजेन्द्र तृतीय और सोमेश्वर ने मित्रता का संबंध रखा। उसने निम्नलिखित विजयों के फलस्वरूप अपने राज्य को अधिकाधिक विस्तार दिया : (१) चेर राजा रवि उदय के राज्य को अपने राज्य में मिलाना, (२) चोल राजा से कर प्राप्त करना, (३) लंका से अनेक हाथी और मोती प्राप्त करना, (४) श्रीरंगम के पास एक होयसल दुर्ग पर अधिकार करना और वहाँ के राजा का वध करना (१२६२), (५) सेन्दामंगलम् के राजा को अपने अधीन करना, (६) सलेम और दक्षिणी अरकाट जिले के होयसल प्रदेश को जीतना, (७) कांची पर अधिकार करना और वहाँ के राजा गण्डगोपाल का वध करना, (८) काकतीय सेना को परास्त करना और वहाँ के बाण राजा को देश से निकालना। इन विजयों के उपलक्ष्य में उसने नेल्लोर में वीराभिषेक किया। १२६३ के लगभग उसके प्रतिनिधि जटावर्मा वीर पाण्डय ने लंका में आक्रमण करके विजय प्राप्त की। इन युद्धों की विशाल लूट से सुन्दर ने श्रीरंगम् और चिदम्बरम् के मन्दिरों को सुसज्जित और सुसम्पन्न किया। १२६८ में सुन्दर का देहान्त हुआ और उसके बाद मारवर्मा कुल शेखर प्रथम गद्दी पर बैठा। उसने १२७९ में होयसल रामनाथ और चोल राजेन्द्र तृतीय के सम्मिलित दल को परास्त किया और इन प्रदेशों को पाण्डय राज्य में मिला लिया। कुलशेखर ने 'सर्वदेश विजेता' की पदवी धारण की। उसने १२८० में लंका को जीत कर वहाँ राज्य किया। १३०३ में उसकी मृत्यु के बाद लंका स्वतंत्र हुआ।

पाण्डय राज्य में उत्तराधिकार का युद्ध छिड़ गया। वीर ने गद्दी प्राप्त की। उसके प्रतिद्वन्द्वी सुन्दर ने मलिक काफूर के नेतृत्व में मुसलमानों से सहायता माँगी जिसके आक्रमण से उसके राज्य का अन्त हुआ। त्रावणकोर के चेर राजा रविवर्मा के आक्रमण ने पाण्डयों के पतन की प्रक्रिया को पूरा किया। उसने १३१५ ई० में वीर के राज्यकाल में चोल और पाण्डय प्रदेशों पर अधिकार कर लिया। मदुरा एक मुसलमान केन्द्र बन गया।

चोलों के नेतृत्व में दक्षिण भारत ने बड़ा राजनीतिक और सांस्कृतिक महत्व प्राप्त किया। चोलों ने (८५०-१२०० ई०) पूर्व वर्णित राष्ट्रकूटों और चालुक्यों से संघर्ष करके सम्राट-पद प्राप्त किया। चोल-चालुक्य संघर्ष ने दोनों की शक्तियों को क्षीण करके उत्तर में यादवों और काकतीयों और दक्षिण में होयसलों और पाण्डयों के लिए मैदान

चोल

साफ कर दिया ।

चोल साम्राज्य का संस्थापक विजयालय (८५० ई०) था । उसने पल्लवों के सामन्त के रूप में तंजोर में राज्य करना शुरू किया । उसके पुत्र आदित्य प्रथम ने पल्लव युवराज अपराजित और गंग पृथ्वीपति प्रथम की सहायता से अपने देश पर पाण्डय वरगुणवर्मा द्वितीय के आक्रमण को विफल किया और फिर आक्रामक नीति अपना कर समस्त पल्लव राज्य पर धावा बोल दिया और वहाँ के राजा अपराजित को मार डाला (८९८ ई०) । अब चोल राज्य उत्तर में राष्ट्रकूट राज्य की सीमा तक फैल गया और कोंगू राजा परान्तक वीरनारायण (८८०-९००) और गंग पृथ्वीपति द्वितीय ने इसका प्रभुत्व स्वीकार कर लिया । आदित्य प्रथम ने राष्ट्रकूट और चेर राजाओं के साथ वैवाहिक संबंध स्थापित करके अपनी सत्ता को सुदृढ़ किया । उसने कावेरी के तट पर बहुत-से शिव-मन्दिर बनवाए और कालहस्ती के के निकट शरीर छोड़ा, जहाँ उसके उत्तराधिकारी उसके अवशेषों पर एक मन्दिर बनवाया ।

परान्तक प्रथम और उसके उत्तराधिकारी

उसने ४० वर्ष तक (९८७ से ९५५ ई०) तक राज्य किया । उसने राजसिंह द्वितीय के राज्यकाल में पाण्डय राज्य पर आक्रमण किया और अपने आपको 'मदुरा का विजेता' घोषित किया । एक और युद्ध में उसने राजसिंह को लंका और वहाँ से केरल भगा दिया । उसी समय उसे राष्ट्रकूट कृष्ण द्वितीय के आक्रमण का सामना करना पड़ा, जिसे उसने परास्त किया (९१५ ई०) । किन्तु राष्ट्रकूट कृष्ण तृतीय और उसके मित्र गंग बुटूग द्वितीय ने उसके विरुद्ध दूसरा आक्रमण किया और उसे ९४९ ई० में अर्कोनम के निकट पराजित किया । कुछ और विजयें प्राप्त करके कृष्ण तृतीय ने बहुत बड़े चोल प्रदेश पर अधिकार कर लिया, और अपने आपको 'कांची और तंजोर का विजेता' घोषित किया । जब कि पाण्डय राज्य ने अपनी स्वतंत्रता प्राप्त की; चोलों ने अपनी स्वतंत्रता खो दी ।

परान्तक प्रथम एक सैनिक नेता, प्रशासक और विद्वानों का संरक्षक था । उत्तरमल्लूर में उसके शिलालेख बहुमूल्य हैं । उनमें निर्वाचन के आधार पर स्वयं-शासित-ग्राम-समाजों की कार्य-पद्धति का वर्णन है । उसके राज्य में कावेरी के तट पर प्रसिद्ध संस्कृत विद्वान् वेंकट माधव ने ऋग्वेद का भाष्य लिखा ।

३० वर्ष के ह्रास के बाद परान्तक द्वितीय सुन्दर (९५६-७३) के राज्यकाल में चोलों के उद्धार के लक्षण प्रकट हुए । अपने पुत्र आदित्य द्वितीय को साथ लेकर उसने लंका पर चढ़ाई की और पाण्डय वीर को युद्ध में मारा । उत्तर में उसने वे सब प्रदेश वापिस लिए जिन्हें राष्ट्रकूटों ने अपने राज्य में मिला लिया था । दुर्भाग्य से आदित्य का उसके चचेरे भाई उत्तम चोल ने वध करके स्वयं राज्य हड़प लिया

(९७३-८५)। ९७३ में कांची में भग्न हृदय सुन्दर चोल ने शरीर छोड़ा और उसका पुत्र राजराज प्रथम समय की बाट जोहता रहा। वह समय शीघ्र आया। राजराज प्रथम ने दक्षिण में पाण्डच, केरल, सिंहल के संघ को परास्त किया। एक नाविक आक्रमण के बाद उसने लंका के उत्तरी भाग पर अधिकार किया, इसकी राजधानी अनुराधपुर को ध्वस्त किया और पोल्लोन्नारुवा में चोल राजधानी स्थापित की। उसके बाद उसने मैसूर प्रदेश का बहुत-सा भाग जीत लिया और चोल साम्राग्य को तैल द्वितीय (९७३-९९७) के चालुक्य राज्य की सीमा तक बढ़ा दिया। इस बीच में राजराज प्रथम ने वेंगी का दमन किया और उसकी गद्दी पर अपने नियुक्त किए हुए शक्तिवर्मा को बैठाया (१००० ई०) और इस प्रकार इसे चोल राज्य का एक प्रान्त बना लिया। इससे पश्चिमी चालुक्य राजा सत्याश्रय का विरोध भभक उठा। जब उसने वेंगी पर आक्रमण किया (१००६ ई०) तो राजराज ने अपने लड़के राजेन्द्र को चालुक्य राज्य पर आक्रमण के लिए भेजा और उसकी राजधानी मान्यखेट को ध्वस्त कर दिया। उसी समय एक अन्य जचोल सेना ने वेंगी से चालुक्य सेना को निकाल दिया। इस पराजय से सत्याश्रय सन्धि की बात करने को बाध्य हुआ। विजय की लूट से राजराज ने तंजोर के प्रसिद्ध राज-राजेश्वर मन्दिर को अलंकृत किया। उसने एक शक्तिशाली नौसेना तैय्यार की और उससे मालदीव द्वीपों पर विजय प्राप्त करके सुमात्रा के श्रीविजय साम्राज्य से मित्रतापूर्ण संबंध स्थापित किए, जहाँ के राजा ने नागपटम में एक विहार बनवाया।

राजराज के बाद १०१४ ई० में उसका पुत्र राजेन्द्र प्रथम गद्दी पर बैठा। उसने लंका की विजय को पूरा किया और वहाँ के राजा महिन्द पंचम को चोल राज्य में मँगवाया जहाँ उसकी मृत्यु हुई। किन्तु उसके पुत्र कनक विक्रमबाहु प्रथम ने फिर से लंका का दक्षिणी भाग प्राप्त कर लिया। उस समय राजेन्द्र को वेंगी में उसके प्रभाव को समाप्त करने के उद्देश्य से किए गये चालुक्य जयसिंह द्वितीय के प्रयत्नों का सामना करना पड़ा। जयसिंह बेल्लारी तक और उसका पुत्र विजयादित्य विजय-वाड़ा तक बढ़ गया। राजेन्द्र ने दोनों स्थानों से दोनों को निकाल दिया। और अपने नियुक्त किए हुए राजराज को वेंगी में प्रतिष्ठित किया। तव वह कलिंग तक बढ़ा और उसने जयसिंह के मित्र पूर्वी गंग मधुकामार्णव (१०१९-३८) को दण्ड दिया। वहाँ से वह गंगा की घाटी में घुस आया और गंगईकोण्ड की उपाधि धारण की तथा अपनी नयी राजधानी का नाम गंगईकोण्ड चोलपुरम् रखा।

उसका अगला कार्य १०२५ में अपनी नौसेना द्वारा श्रीविजय की विजय था। वहाँ का राजा संग्राम-विजयोत्तुंगवर्मा पकड़ा गया और उसके नगर श्रीविजय और मलाया के पश्चिमी तट पर स्थित कदारम् पर चोल राजा का अधिकार हो

गया। किन्तु वहाँ का राज्य वहाँ के राजा को वापिस कर दिया गया।

युवराज राजाधिराज ने पाण्डय और केरल के विद्रोहों का दमन किया। १०४१ में उसने लंका पर आक्रमण किया जहाँ विक्रमबाहु ने तमिलों को दबाने की चेष्टा की। उसके बाद अशान्ति मच गई। राजेन्द्र के राज्य के अन्तिम दिनों में वेंगी में कल्याणी के जयसिंह द्वितीय के उत्तराधिकारी चालुक्य राजा सोमेश्वर प्रथम आहवमल्ल (१०४०) ने संकट खड़ा कर दिया। उसने चोल राजा के नियुक्त किए हुए राजराज को हटाने के लिए वेंगी पर आक्रमण किया। लगभग उसी समय वृद्ध राजेन्द्र चोल का निधन हो गया (१०४४) और राजाधिराज गद्दी पर बैठा जिसने वेंगी के युद्ध को जोर-शोर से जारी रखा और धान्य कटक, कम्पिलि, यादगिर आदि स्थानों पर विजयें प्राप्त कीं और कल्याणी को ध्वस्त किया। किन्तु सोमेश्वर भी विचार का दृढ़ था। उसने १०५० तक अपने देश से चोल सेनाओं को निकाल दिया और चोलों द्वारा नियुक्त वेंगी के राजा राजराज को समर्पण करने को विवश किया। राजाधिराज ने कृष्णा के प्रदेश में युद्ध किया जहाँ वह १०५४ में बुरी तरह घायल हुआ किन्तु उसके छोटे भाई राजेन्द्र द्वितीय ने स्थिति को सम्भाल लिया और कोल्हापुर में विजय प्राप्त की। वहाँ से वह अपनी राजधानी 'गंगईकोण्ड-चोलपुरम्' वापिस आ गया। तब उसे दो मोर्चों पर चालुक्य सोमेश्वर से युद्ध करना पड़ा और उसने १०६१ में पहिले वेंगी और फिर गंगवाडी में उसे परास्त किया। राजेन्द्र द्वितीय की मृत्यु के बाद उसका भाई वीर राजेन्द्र चोल १०६३ ई० में गद्दी पर बैठा।

चालुक्यों के साथ युद्ध बढ़ गया। वीर राजेन्द्र ने उन्हें सभी मोर्चों पर तुंगभद्रा विजयवाड़ा, गुट्टी और कम्पिलि में पराजित किया। १०६८ में रोग के कष्ट से तंग आकर सोमेश्वर ने तुंगभद्रा में डूब कर आत्महत्या कर ली। उसके बाद उसके भाई विक्रमादित्य ने चोल राजा से संधि करके स्थिति को बदल दिया। वेंगी के राजा विजयादित्य सप्तम ने भी समर्पण किया जो अपने प्रतिपक्षी राजेन्द्र के मुकाबले में सफल हुआ था। चालुक्य राजा सोमेश्वर ने विक्रमादित्य को राज्य के दक्षिणी भाग का अधिकार सौंप दिया और स्वयं वीर राजेन्द्र की पुत्री से विवाह कर लिया। इसी बीच में वीर राजेन्द्र ने श्रीविजय के एक राजकुमार को लंका की गद्दी पर बैठा कर वहाँ का विरोध दूर किया।

१०७१ ई० में उसकी मृत्यु के बाद स्थिति में अन्तर आया। उपेक्षित राजेन्द्र ने वेंगी पर अधिकार किया और वह कुलोत्तुंग प्रथम के नाम से अधिराजेन्द्र नामक राजा का वध करके चोल सिंहासन पर बैठ गया। छः वर्ष के सुदीर्घ युद्ध के पश्चात कुलोत्तुंग ने अपने शत्रु विक्रमादित्य षष्ट को भगा दिया, जिसने सोमेश्वर द्वितीय को गद्दी से उतार कर १०७६ में स्वयं अपने आपको चालुक्य राजा घोषित किया।

कुलोत्तुंग की कठिनाई से उसके शत्रुओं ने लाभ उठाया। त्रिपुरा के हेहय राजा यशःकर्णदेव ने वेंगी को जीत लिया। लंका के विजय बाहु ने इसे चोल राज्य से मुक्त किया। पाण्ड्य और केरल में भी विद्रोह भभक उठा। अन्त में कुलोत्तुंग और विजय बाहु के बीच वैवाहिक संधि हो गई और इससे शान्ति स्थापित हो गई।

कुलोत्तुंग प्रथम ने चोल-पाण्ड्य उपराज्य को हटाकर वहाँ स्थानीय-प्रशासन जारी किया। इसके बाद वह भारत के बाहर के देशों की राजनीति में भाग लेने के लिए स्वतंत्र था। १०७७ ई० में ७२ व्यापारियों का एक चोल दूतमण्डल चीन भेजा गया। सुमात्रा से प्राप्त १०८८ ई० के एक तमिल शिलालेख से श्रीविजय के साथ चोल राज्य के सम्पर्क का साक्ष्य मिलता है। इसमें एक तमिल व्यापार-श्रेणी का उल्लेख है। श्रीविजय के राजा ने भी कुलोत्तुंग की सभा में अपने पूर्वजों द्वारा नागपटम् में बनवाये गए विहारों के मामलों पर बातचीत करने के लिए एक दूत-मण्डल भेजा।

कुलोत्तुंग ने अपने पुत्रों को वेंगी का वाइसराय नियुक्त किया और वह उनकी राजनीति में उलझ गया, उदाहरणार्थ अनन्तवर्मा चोड-गंग के कलिंग के आक्रमण के सम्बन्ध में। चोल आक्रमण का वर्णन एक तमिल कविता में उपलब्ध है। कुलोत्तुंगने कन्नौज, कम्बुज (हिन्दचीन) और पगन (बर्मा) जैसे सुदूर देशों के साथ राजनीतिक सम्बन्ध रखे। बुढ़ापे में उसे चालुक्य विक्रमादित्य षष्ठ के नये आक्रमण का सामना करना पड़ा जिसके फलस्वरूप उसे वेंगी और गंगवाडी छोड़ने पड़े। १११८ ई० में कुलोत्तुंग के बाद उसका पुत्र विक्रम चोल गद्दी पर बैठा। विक्रमादित्य षष्ठ की मृत्यु के बाद और सोमेश्वर तृतीय आदि उसके दुर्बल उत्तराधिकारियों के आगमन पर ११२७ ई० में उसने वेंगी और गंगवाडी के कुछ भागों पर फिर से अधिकार कर लिया। उसके बाद उसका पुत्र कुलोत्तुंग द्वितीय और पौत्र राजराज द्वितीय क्रम से गद्दी पर आए और उन्होंने ११७३ तक राज्य किया। चोल साम्राज्य की शक्ति सामन्तों में बँट गई। अगला राजा राजाधिराज पाण्डच उत्तराधिकार के झगड़े में पड़ गया जिसमें लंका के राजा का भी हाथ था, जैसा कि ऊपर लिखा जा चुका है। ११७८ में कुलोत्तुंग तृतीय गद्दी पर बैठा। वह चोलवंश का अन्तिम महान नरपति था। वह लंका के विरुद्ध पाण्डच राजनीति में उलझ गया। अन्त में उसका मित्र विक्रम पाण्ड्च अपने प्रतिद्वन्द्वी वीर पाण्डच के मुकाबले में जीत गया। किन्तु उसे उसके उत्तराधिकारी जटावर्मा कुलशेखर को ११९० ई० में उसके विद्रोह के कारण दण्ड देना पड़ा और उसकी राजधानी मदुरा को ध्वस्त करना पड़ा। एक और आक्रमण करके उसने चेर और होयसल राजा बल्लाल द्वितीय को परास्त किया और उनसे कोंगू और तगदूर के प्रदेश वापिस लिये। उसने नेल्लोर को भी जीत लिया जहाँ के लोगों ने उसका प्रभुत्व स्वीकार किया (११८७ ई०)। कांची और

वेंगी में फिर से झंझट उठे किन्तु उसने उन्हें दबा दिया। इसके थोड़े समय बाद पाण्ड्य राजा मारवर्मा सुन्दर पाण्ड्य प्रथम (१२१६ ई०) ने आक्रमण करके और वृद्ध कुलोत्तुंग तृतीय और उसके पुत्र राजराज तृतीय को निर्वासित करके चोलराज्य को धक्का पहुँचाया। कुलोत्तुंग ने निर्वासित अवस्था में होयसल बल्लाल द्वितीय से सहायता की प्रार्थना की जिस पर सुन्दर ने कुलोत्तुंग को उसका राज्य लौटा दिया और १२१८ ई० में उसका निधन हो गया।

उसका उत्तराधिकारी राजराज तृतीय एक दुर्बल शासक था जिसके विरुद्ध उसके सामन्तों तेलुगु-चोड, वारंगल के काकतीय, होयसल और कादव आदि ने मिलकर विद्रोह किया। उस समय राजराज ने मूर्खता करके पाण्ड्य राजा सुन्दर के विरुद्ध आक्रमण कर दिया जिसने उसे पराजित करके उसकी रानी को छीन लिया। होयसल राजा नरसिंह द्वितीय उसकी सहायता के लिए आया। उसने सुन्दर को परास्त किया और कादव राजा पर धावा बोला जिससे दोनों ने आत्मसमर्पण किया और चोल राजा को उसका सिंहासन वापिस किया (१२३१ ई०)। इस प्रकार १२४३ ई० तक चोल, पाण्ड्य और होयसलों में शान्ति रही। १२४३ ई० में पाण्ड्य और चोल के विरुद्ध होयसलों ने हमला किया। किन्तु नये चोल राजा राजेन्द्र तृतीय की अपनी विजय-योजना थी जिसके अनुसार उसने पाण्ड्य राज्य पर आक्रमण करके मारवर्मा सुन्दर द्वितीय को परास्त किया। उसकी पराजय पर होयसल राज सोमेश्वर (नरसिंह द्वितीय के पुत्र) ने हस्तक्षेप किया। पराजित राजेन्द्र तृतीय ने आत्म-समर्पण किया और पाण्ड्य जटावर्मा सुन्दर को १२५१ ई० में कर दिया। अब चोल शक्ति का ह्रास शुरू हुआ। इस पतन को पाण्ड्य मारवर्मा कुलशेखर प्रथम द्वारा राजेन्द्र तृतीय और उसके होयसल मित्र की १२७७ ई० की पराजय ने तीव्र गति प्रदान की। इसके बाद चोल राज्य प्रायः समाप्त हो गया और पाण्ड्य साम्राज्य में विलीन हो गया, जैसा कि पहिले लिखा जा चुका है।

पल्लव

अब हम दक्षिण भारत की तीसरी शक्ति पल्लवों की चर्चा करेंगे। उनके प्रथम नरपति सिंहवर्मा का पता गुण्टूर से प्राप्त प्राकृत शिलालेखों से चलता है। उसके बाद स्कन्दवर्मा का राज्य प्रारम्भ हुआ। जिसने कांची से तीसरी शती में कृष्ण और अरब सागर के मध्यवर्ती प्रदेश पर राज्य किया। और फिर विष्णुगोप और उसका सामन्त पालवक था उग्रसेन सामने आये जिनका उल्लेख समुद्रगुप्त के शिलालेख में मिलता है। इसके बाद सिंहविष्णु (५७५-६०० ई०) ने नये पल्लव राजवंश की नींव रखी। कावेरी तक के समस्त प्रदेश को जीतने के कारण उसे 'अवनिसिंह' की उपाधि मिली। तत्पश्चात् महेन्द्रवर्मा प्रथम, जो कवि और संगीतज्ञ था, और जिसकी

संगीत-रचना पुडुक्कोट्टाई की शिलाओं पर उत्कीर्ण है, राजसिंहासन पर आया। जैसा कि ऊपर कहा जा चुका है पुलकेशी द्वितीय ने उसके उत्तरी प्रदेश छीन लिए। उसके उत्तराधिकारी नरसिंह वर्मा प्रथम महामल्ल (६३०-६८ ई०) ने इस हानि को पूरा किया। चालुक्य राज्य पर आक्रमण करके उसकी राजधानी बादामी पर अधिकार किया जहाँ पुलकेशी लड़ता हुआ मारा गया। उसके बाद उसने अपने नियुक्त किए मानवर्मा को लंका की गद्दी पर बैठाने के लिए वहाँ दो नाविक अभियान किए। उसने मामल्लपुरम् (महाबलिपुरम्) के बन्दरगाह की मरम्मत कराई। परमेश्वरवर्मा (६७०-८० ई०) के राज्यकाल में चालुक्य पाण्ड्य और गंग का मेल हो जाने से संघर्ष बढ़ गया किन्तु उसने बादामी पर आक्रमण करके उनके संघ को विफल कर दिया। ६८१-७३३ ई० तक संघर्ष बन्द रहा।

नरसिंह वर्मा द्वितीय राजसिंह (६८०-७२० ई०) के राज्यकाल में शान्ति रही जिससे संस्कृति को प्रोत्साहन मिला। कांची को कैलासनाथ जैसे मन्दिरों से अलंकृत किया गया। मामल्लपुरम् में भी समुद्रतट पर मन्दिर बने। राजसभा को काव्यशास्त्री दण्डी ने विभूषित किया। चीन तक व्यापार के लिए दूतमण्डल भेजे गये।

परमेश्वर वर्मा (७२०-३३ ई०) के राज्यकाल में पल्लवों को चालुक्य आक्रमणकारी को कर देना पड़ा। उसके कोई सन्तान नहीं थी। मंत्रियों, नगरवासियों और वहाँ की घटिका (विद्यालय) ने १२ वर्ष के नन्दिवर्मा द्वितीय को पल्लववंश की एक पास की शाखा से चुन कर उसका उत्तराधिकारी नियुक्त किया और पाण्ड्य राजसिंह प्रथम (७३०-६५ ई०) की सहायता के मिलने पर भी चित्रमाय नामक दावेदार को गद्दी से उतार कर मार डाला। शबर, निषाद आदि स्थानीय विद्रोही दबा दिये गए। नन्दिवर्मा द्वितीय ने अश्वमेध यज्ञ किया किन्तु अपने पुराने शत्रु चालुक्य विक्रमादित्य द्वितीय और गंग श्रीपुरुष के हाथों हार खाई, जिन्होंने ७४० ई० में कांची पर कब्जा किया। किन्तु नन्दिवर्मा ने फिर से राज्य वापिस ले लिया और वह अपनी गद्दी पर बैठ गया। कांची पर एक और आक्रमण करके विक्रमादित्य हाथी, सोना, रत्न आदि बहुत-सा सामान लूट कर ले गया।

राष्ट्रकूट दन्तिदुर्ग ने ७५० ई० में कांची पर एक और आक्रमण किया किन्तु पल्लवमल्ल के साथ उसकी पुत्री रेवा के विवाह के रूप में इसका उपसंहार हुआ।

नन्दिवर्मा ने ७७५ ई० में गंग राजा श्रीपुरुष को परास्त किया किन्तु पाण्ड्य राजा जटिल परान्तक वरगुण प्रथम (७६५-८१५ ई०) के आक्रमण के फलस्वरूप हार खाई और उसे अपना बहुत बड़ा प्रदेश दे दिया, जैसा कि ऊपर लिखा जा चुका है।

नन्दिवर्मा द्वितीय पल्लवमल्ल ने ७९५ ई० तक राज्य किया। उसने कांची में

वैकुण्ठ पेरूमाल का मन्दिर बनवाया और उसे अपने अभिषेक तक के पल्लव इतिहास को चित्रित करने वाले फलकों से अलंकृत कराया।

उसके पुत्र दन्तिवर्मा (७९५-८४५ ई०)क पाण्ड्य आक्रान्ता वरगुण प्रथम को तंजोर, त्रिचनापली आदि दक्षिण के बहुत-से प्रदेश समर्पित करने पड़े। किन्तु उसके राज्य में बड़ी सांस्कृतिक उन्नति हुई। सुन्दरमूर्ति और केरल राजा चेरमान पेरूमाल और प्रसिद्ध शैव नायनारों ने भक्ति के आन्दोलन को चलाया। केरल में महान् शंकराचार्य का आविर्भाव हुआ।

दन्तिवर्मा के बाद उसका पुत्र नन्दिवर्मा तृतीय (८४४-६६ ई०) गद्दी पर बैठा, जिसने पाण्ड्य राजा श्रीमार श्रीवल्लभ की शक्ति को क्षीण करने के लिए गंग, चोल, राष्ट्रकूट और लंका के राजाओं से संधि की और उसे उत्तरी अर्कोट के युद्ध में परास्त किया किन्तु उसके हाथों नन्दिवर्मा ने स्वयं कुम्बकोनम् के युद्ध में ८५९ ई० में हार खाई। उसके पास नौसेना थी जिसके द्वारा उसने मलाया प्रायद्वीप से सम्पर्क रखा जैसा कि एक तालाब से प्रतीत होता है, जिसका नाम उसकी एक उपाधि पर आधारित है।

८६० ई० में उसका पुत्र नृपतुंग उसके बाद गद्दी पर बैठा जिसने श्रीमार पाण्ड्य को हरा कर अपने पिता की पराजय का बदला चुकाया। उसी समय लंका के राजा सेन द्वितीय ने उसकी राजधानी मदुरा को ध्वस्त किया।

पन्द्रहवाँ अध्याय

बृहत्तर भारत

प्राचीन भारतीय इतिहास का एक रोचक पक्ष भारत की सीमाओं से परे के देशों के जीवन और संस्कृति पर उसका प्रभाव है। इन देशों में भारतीय दर्शन और विचार-पद्धति का प्रवेश हुआ जिसके फलस्वरूप वहाँ भारतीय शैली की संस्कृति पल्लवित हुई और वह एक प्रकार का बृहत्तर भारत बन गया। इस शब्द का प्रयोग सर्वप्रथम मैंने अपनी 'भारत की मौलिक एकता' (लन्दन, १९१४) नामक पुस्तक में किया था। डॉ० एफ़० डब्ल्यू० टॉमस ने इसे भारतीय औपनिवेशिक और सांस्कृतिक प्रसार के विस्तृत क्षेत्र को सूचित करने का "अत्यन्त उपयुक्त शब्द" बताया।

प्राचीन साक्ष्य

यह विषय बड़ा विस्तृत है और यहाँ केवल कुछ आवश्यक तथ्यों के आधार पर इसकी रूपरेखा मात्र प्रस्तुत की जाती है। कालक्रम की दृष्टि से ई० पू० भारत के सांस्कृतिक प्रसार का प्रथम तथ्य शाम से प्राप्त १४०० ई० पू० से पहिले के शिलालेखों में मिलता है जहाँ ऋग्वैदिक देवता इन्द्र, वरुण, मित्र और अश्विनों की पूजा का उल्लेख है।

विदेशों से भारतीय सम्पर्क का इससे भी अधिक प्राचीन प्रमाण प्राचीन शाम के अर नामक नगर में २५०० ई० पू० से पहिले नीलगिरि की पहाड़ियों से निकले भारतीय हरे पत्थर का आयात और इसके अवशेषों में भारतीय सागौन के प्रयोग से मिलता है।

इंजील की एक पुरानी परम्परा के अनुसार सुलेमान को भारत से लाये हुए बन्दर, मोर और हाथीदांत भेंट किये गए थे। मैंने इन्हें काहिरा के संग्रहालय के तुतान-खानेम संग्रह में देखा है।

बावेरू जातक में, जिसकी तिथि रजि डेविड्स ने छठी शती ई० पू० निश्चित की है, लिखा है कि भारतीय व्यापारी खुले समुद्र में यात्रा करते हुए भूमि से ओझल हो जाया करते थे और बाबुल में भारतीय मोर ले आया करते थे। ऐतिहासिक युग में आते हुए हम २५४ ई० पू० (अशोक के राज्य का सोलहवाँ वर्ष) पर पहुँचते हैं जब अशोक ने तीसरी बौद्ध संगीति (समागम) बुलाई जहाँ पवन, सुवर्णभूमि और लंका (ताम्रपर्णी अथवा सिंहल) आदि सुदूर देशों में दूतमण्डल भेजकर और विशेषतः लंका में अशोक के पुत्र और पुत्री को भारतीय धर्म-दर्शन (बौद्धधर्म) के स्थायी प्रचारक के रूप में नियुक्त करके वृहत्तर भारत के निर्माण में एक बड़ा कदम उठाया गया। जैसा कि ऊपर लिखा जा चुका है अशोक ने अपने तेरहवें शिलालेख में पाँच योन (यूनानी) देशों का उल्लेख किया, जहाँ उसके दूतों अथवा सांस्कृतिक प्रतिनिधियों ने भारतीय विचार-पद्धति—धर्मविजय (अहिंसा) और विश्व-शान्ति एवं बन्धुत्व—का संदेश पहुँचाया।

अशोक के बाद समुद्रगुप्त की प्रयान-प्रशस्ति में सिंहल और सब द्वीपवासियों से उसके संबंधों का उल्लेख मिलता है। इन संबंधों के फलस्वरूप लंका के राजा महामेघवर्ण ने, समुद्रगुप्त की अनुमति से, बोधगया में सिंहलवासियों के निवास की सुविधा के लिए ३५० ई० में एक विहार स्थापित किया।

तब भारतीय विचार-पद्धति विदेशों में हिन्दू उपनिवेशों की स्थापना की सुनियमित प्रक्रिया के रूप में फैलने लगी। समन्वय और समझौते के सिद्धान्त से इस प्रसार को बड़ी सहायता मिली। उदाहरणार्थ महाभारत जैसे भारतीय ग्रन्थ में एक विश्वजनीन दृष्टिकोण मिलता है। इसमें यवन, किरात, गन्धार, तुषार, पल्लव आदि आर्य राज्यों की परिधि से परे रहने वाले विदेशी लोगों में वैदिक यज्ञ-याग का विधान किया गया है। इस प्रकार हिन्दू समाज में अन्य देशों और समुद्रपार के लोगों को आत्मसात् करने का एक सफल मार्ग खुल गया।

हा-ह्यान और श्वान-चाङ जैसे यात्रियों को भारत और चीन के बीच के स्थलमार्गों पर बौद्ध और ब्राह्मण संस्कृति के अनेक केन्द्र मिले। इससे पहिले चौथी शती ई० में समूचे पूर्वी तुर्किस्तान में काशगर से चीन की सीमाओं तक वहाँ के राजमार्गों के किनारे-किनारे मध्य तक लामकान की मरुभूमि के उत्तर और दक्षिण में बसी हुई बस्तियों में भारतीय संस्कृति के अनेक साक्ष्य विद्यमान थे। ये राजमार्ग चीनी सीमाओं पर तुन-ह्वांग और यू-मेन-क्वान नामक स्थानों में जाकर मिल जाते थे। अफगानिस्तान, सीसतान और बक्त्र में बौद्ध मन्दिरों के अवशेष मिले हैं।

अफगानिस्तान में १०० ई० पू० के बाद के शिलालेख पाये गये हैं।

बामियान में गुहाओं को बौद्ध मन्दिरों का रूप दिया गया है और चट्टानों को १७५ फुट और १२५ फुट ऊँची विशाल बौद्ध मूर्त्तियों का रूप दिया गया है। सुग्ध (समरकन्द और बुखारा) में स्थानीय सुग्धी भाषा में बौद्ध ग्रन्थ लिखे गए। सेनी-हुन (संघभद्र) नामक सुग्धी विद्वान् ने तीसरी शती ई० में चीन जाकर कुछ बौद्ध शास्त्रों का अनुवाद किया। इसी प्रकार मध्य-एशिया के युइगुर तुर्कों का अपना स्वतंत्र बौद्ध साहित्य था। इसी प्रकार ओक्सियाना का अपना साहित्य था। चीन के राजमार्ग पर निम्नलिखित स्थानों पर भारतीय प्रभाव प्रमुख था: (१) कूचि—वहाँ के राजा स्वर्णते (स्वर्णदेव) अथवा स्वर्णपुष्प भारतीय नाम धारण करते थे। वहाँ वहुत-से स्तूप और मन्दिर थे। वहाँ पर १८८९ में प्रसिद्ध आयुर्वेदिक ग्रन्थ 'बावर लिपि' की पाण्डुलिपि प्राप्त हुई। (२) खोतान—यह गोमती विहार के लिए प्रसिद्ध था जहाँ फा-ह्यान को ३,००० बौद्ध भिक्षु मिले। वहाँ खरोष्ट्री लिपि में लिखे धम्मपद और सद्धर्मपुण्डरीक जैसे प्रसिद्ध भारतीय ग्रन्थ मिले हैं। (३) दन्दान-ओइलीक—वहाँ सर ऑरल स्टाइन को ब्राह्मी लिधि में लिखे भित्तिचित्र मिले और बौद्ध पूजा के सामान और गुप्त ब्राह्मी लिपि में लिखी पोथियों के पन्ने, जिनमें से एक पन्ने पर १३२ अंक मिला है, प्राप्त हुए। (४) निया—वहाँ ५०० लिखी हुई तख्तियाँ, सैकड़ों लकड़ी के फट्टे जिन पर हिसाब-किताब और सौदे-मुहादे लिखे हैं और 'महानुव महराय लिहति'—महानुभावो महाराजो लिखति' (महाराजा लिखते हैं) आदि प्राकृत भाषा के खरोष्ट्री लिपि में चमड़े पर लिखे लेख मिले हैं। (५) तुन-ह्वाङ (सहस्र बुद्धों की गुफाएँ)—वहाँ का बौद्ध पाण्डुलिपियों का पुस्तकालय और ब्राह्मण और बौद्ध विषयों से संबंधित गुहाचित्र, जैसे एक पक्षी को बचाने के लिए राजा शिवि द्वारा अपने माँस के दान का चित्र, प्रसिद्ध हैं। यहाँ धर्मरक्ष नामक प्रसिद्ध बौद्ध विद्वान् का निवास-स्थान था जिसने संस्कृत और चीनी जैसी ३६ भाषाओं का पाण्डित्य प्राप्त किया था।

वस्तुतः भारत और चीन के संबंधों का लम्बा इतिहास दूसरी शती ई० पू० में आरम्भ होता है। भारत के विभिन्न भागों से जाकर चीन में वसे अनेकानेक भारतीय विद्वानों ने इस सम्पर्क को अक्षुण्ण रखा। इन विद्वानों का उत्तम उदाहरण कुमारजीव है। उसका पिता कूचि के राजा का गुरु था और उसकी वहन जीवा से उसने विवाह किया। कुमारजीव बौद्धधर्म का अध्ययन करने के लिए कश्मीर आया, वेदों का ज्ञान प्राप्त करने के लिए काशग़र गया और नागार्जुन, आर्यदेव और अन्य विद्वानों के महायान ग्रन्थों को पढ़ने के लिए यारकन्द में रहा। तब वह ४०१ ई० में कूचि लौट गया जहाँ से उसे चीनी राजधानी में लेजाकर संस्कृत ग्रन्थों को चीनी में भाषान्तरित करने के लिए एक विद्वन्मण्डल का अध्यक्ष बना दिया

गया। उसने १०० से अधिक ग्रन्थों का अनुवाद किया और ४२१ ई० में शरीर छोड़ा। ५२६ ई० में दक्षिणी भारत से बोधिधर्म और ५४६ ई० में उज्जयिनी से परमार्थ चीन पहुँचा।

एक अन्य विद्वान् बोधिरुचि ६९३ ई० में चालुक्य राजसभा में नियुक्त चीनी राजदूत के साथ नालन्दा से चीन गया। एक अनुवादक-मण्डल के अध्यक्ष के रूप में उसने ५३ ग्रन्थों का अनुवाद किया। ७२७ ई० में उसका देहान्त हुआ। उसके साथी अनुवादकों में पूर्वी भारत का ईश्वर और दक्षिणी भारत के प्राणगुप्त और धर्म थे। हमें धर्मदेव और उसके साथियों का भी उल्लेख करना चाहिए जिन्होंने ९८२ और १०११ ई० के बीच चीनी भाषा में २०० भारतीय ग्रन्थों का अनुवाद करके चीनी बौद्ध साहित्य को समृद्ध किया।

डॉ० एफ० डब्ल्यु० टॉमस ने चीन में बौद्धधर्म की प्रगति को व्यक्त करने के लिए निम्नलिखित आँकड़े दिए हैं : "तीसरी शती ई० में चीन में १८० विहार, ३,७०० भिक्षु और १३ भारतीय अनुवादक थे जिन्होंने ७३ भारतीय ग्रन्थों का अनुवाद किया। चौथी शती में १७,०६८ मठ-मन्दिर थे और २७ अनुवादकों ने २६३ ग्रन्थों का भाषान्तर किया। छठी शती में चीन में ३,००० भारतीय बसे थे। (इण्डियनिज्म एण्ड इट्स एक्सपेन्शन, पृ० ९३-९४)।

भारतीय संस्कृति का प्रसार इसी प्रकार पूर्व में समुद्रपार चम्पा, कम्बुज, स्याम, हिन्द-चीन के अन्य भाग, बर्मा, खाड़ी के पार मलाया प्रायद्वीप आदि एशियाई महाद्वीप के देशों और जावा, सुमात्रा, बोर्निओ और बाली आदि द्वीपों में जारी था जिसके फलस्वरूप अग्निपुराण के अनुसार जम्बूद्वीप से अलग एक 'द्वीपान्तर भारत' का आविर्भाव हुआ। यही भाव आधुनिक शब्द इण्डोनेशिया से अभिव्यक्त होता है। 'नेशिया' का अर्थ 'द्वीप' है इसलिए इण्डोनेशिया का अर्थ 'भारतीय द्वीप' होता है। वामन पुराण में लिखा है कि ये द्वीप वैदिक यज्ञों (इज्या) द्वारा पवित्र हो गये थे (कृतपावनाः)। इस उल्लेख का प्रमाण ४०० ई० की पल्लव-ग्रन्थ लिपि के शिलालेखों से मिलता है जिन्हें बोर्निओ के राजा मूलवर्मा ने बहुसुवर्णकयज्ञ करके सात यज्ञयूपों पर उत्कीर्णित कराया और जिनमें इस यज्ञ का वर्णन किया। कम्बुज के राजा सूर्यवर्मा ने महाहोम किया। इसी प्रकार प्रत्येक घट में अग्निगृह (वह्नि-गृह) होता था।

सामान्यतः यह उल्लेखनीय है कि समस्त 'बृहत्तर भारत' अथवा जिमार के शब्दों में 'भारतीय एशिया' में स्थानीय ग्रन्थों के अतिरिक्त संस्कृत ग्रन्थों के अनुवाद और रूपान्तरों द्वारा संस्कृत का प्रसार हुआ। भारत से खोया हुआ बहुत-सा बौद्ध संस्कृत साहित्य तिब्बती और चीनी भाषान्तरों में प्राप्त हुआ है। तिब्बती अनुवादों में मौलिक संस्कृत ग्रन्थों का शब्दतः भाषान्तर मिलता है। चीनी त्रिपिटक

में बहुत-से ऐसे संस्कृत ग्रन्थों का भी अनुवाद मिलता है जो तिब्बती अनुवाद में प्राप्य नहीं हैं। मंगोली, मंचूरी, कोरियाई और जापानी भाषाओं में भी संस्कृत ग्रन्थों के कुछ अनुवाद मिलते हैं।

भारत ने समुद्र द्वारा हिन्द-एशिया (इन्दोनेशिया) से सम्पर्क स्थापित किया। हिन्द-चीन, बोर्निओ, जावा, मलाया और बर्मा के सबसे पुराने शिलालेख संस्कृत भाषा में हैं और ब्राह्मी लिपि की दक्षिण भारतीय शैली में लिखे गए हैं। इन देशों में दूसरी शती ई० की अमरावती शैली की बौद्ध प्रतिमाएँ भी मिलती हैं। इससे अनुमान किया जा सकता है कि इन देशों में जो भारतीय पहुँचे वे दक्षिणी भारत के पूर्वी तट से गये। बाद में जावा के ग्रन्थों के अनुसार गुजरात और कलिंग, बंगाल, नालन्दा से भी बहुत-से लोग वहाँ जा बसे जैसा कि गुप्त और पाल कला-शैली के निदर्शनों से ज्ञात होता है।

अब हम इन देशों पर भारतीय प्रभाव के कुछ महत्त्वपूर्ण तथ्यों और प्रमाणों का उल्लेख करेंगे :

बर्मा

बर्मा में हिन्दू बस्तियाँ प्रथम शती ई० से पहिले ही स्थापित हो गई थीं। वहाँ के नगरों और राजाओं के नाम, उदाहरणार्थ श्रीक्षेत्र और श्यामल, भारतीय थे। थातोन और पीगू को सुवर्णभूमि कहते थे। तीसरी शती ई० में मध्य-बर्मा में एक लाख से अधिक बौद्ध परिवारों और कई हजार भिक्षुओं की आबादी थी। शिलालेख संस्कृत और पाली में लिखे जाते थे। रंगून से पीगू तक का प्रदेश उत्कलदेश कहलाता था और छठी शती के हिन्दू मोन राज्य का नाम द्वारावती था। भवनों से बर्मा में शैव, वैष्णव, हीनयान, महायान और तंत्र आदि प्रमुख भारतीय धर्मों के प्रचार का साक्ष्य मिलता है।

पेगन के राजा अनिरुद्ध ने थेरवादी बौद्धधर्म का अनुसरण किया और अनेक मन्दिर, मठ और पेगोडा बनवाए। उसके उत्तराधिकारी क्यानजित्थ ने 'आनन्द' नामक प्रसिद्ध बौद्ध मन्दिर बनवाया जो पेगन का गर्व और भारतीय कला की अद्‌भुत कृति है।

स्याम (थाईलैण्ड)

प्रथम हिन्दू उपनिवेश का नाम द्वारावती था जहाँ भारतीय मूर्त्तियाँ, जैसे धर्मचक्र और हरिण आदि पाये जाते हैं। एक प्रसिद्ध राज्य युन्नान था जिसे गन्धार कहते थे और जहाँ भारतीय नामधारी स्थानों का बाहुल्य था। इरावदी और सालवीन नदियों के बीच का सारा प्रदेश कौशाम्बी कहलाता था। सुखोदय और अयोध्या के दो थाई राज्य भी बौद्धधर्म, कला और पालि भाषा के केन्द्र थे।

इसे चीनी लेखकों ने फू-नान कहा है। इसे ब्राह्मण कौण्डिन्य ने आबाद किया। वहाँ हिन्दुओं की भारी बस्ती थी जिसमें वेद, जाति, वैष्णवधर्म, शैवधर्म, भारतीय देवताओं की मूर्त्तियों और मन्दिरों का प्रचार हुआ। छठी शती में फूनान कम्बुज का अंग बन गया। इसका प्रसिद्ध नगर अंकोर-थोम (नगर-धाम) था। यशोवर्धन (८८९ ई०) के नेतृत्व में कम्बुज एक साम्राज्य बन गया और भारतीय संस्कृति का केन्द्र हो गया। वहाँ के राजा संस्कृत के पण्डित थे। एक राजा ने पतंजलि के महाभाष्य की टीका लिखी और मन्दिर, आराम और मठ बनवाए। उसका उत्तराधिकारी सूर्यवर्मा द्वितीय (१११३-११४५ ई०) अंकोर-वाट नामक वैष्णव मन्दिर का, जिसे इसकी वीथियों, शिखरों, पिरामिडों के कारण संसार का एक आश्चर्य कहा जाता है, महान् निर्माता था। यह मन्दिर एक २½ मील लम्बी और ६५० फुट चौड़ी नहर द्वारा सुरक्षित था। इसकी खुदाई और मूर्त्तिकला के विषय भारतीय रामायण और महाभारत से लिये गए हैं किन्तु इसकी मूर्तियों के कुछ विशिष्ट कलात्मक लक्षण हैं जिनमें मूर्त्तियों के मुखमण्डल पर 'अंकोर की मुसकान' उल्लेखनीय है। सूर्यवर्मा ने कोटिदक्षहोम और महाहोम आदि यज्ञ किये। उसके उत्तराधिकारी जयवर्मा द्वितीय (११८१ ई०) के राज्यकाल में भारतीय संस्कृति की प्रगति चरम सीमा पर पहुँची। उसने नया अंकोर थोम बनवाया जहाँ बायोन की मन्दिर कला का सुन्दर निदर्शन है। उसके द्वारा बनवाये गए एक मन्दिर में ६६,६२५ सेवक, ४३९ शिक्षक, ९७० विद्यार्थी रहते थे और उनके पोषण के लिए ३,४०० गाँवों का अनुदान दिया गया था। समस्त राज्य में ७९८ मन्दिर और १०२ चिकित्सालय थे।

कम्बुज (आधुनिक कम्बोडिया)

कम्बुज विप्रशाला, सत्र, आरोग्यशाला, वह्निगृह आदि भारतीय संस्थाओं के लिए प्रसिद्ध था। वहाँ के मन्दिरों में भारतीय काव्यों—रामायण और महाभारत का पाठ होता था। नवीं शती ई० से पहिले के शिलालेखों में शब्द, वैशेषिक, न्याय, समीक्षा, अर्थशास्त्र, काव्य, रघुवंश, सेतुबन्ध, मयूर कवि के सूर्यशतक और प्राकृत लेखक गुणाढय की कृतियों के अध्ययन का उल्लेख मिलता है।

भारत और कम्बुज में दोनों ओर से आदान-प्रदान हुआ। नवीं शती के एक शिलालेख में राजकुमार शिवसोम का उल्लेख है जो शास्त्र पढ़ने के लिए भारत आया था। इसने स्वयं "भगवान् शंकर से दीक्षा ली जिनके चरणारविन्द में ऋषि सिर झुकाते थे।" भारतीय संस्कृति के केन्द्र आश्रम थे जिनकी स्थापना कम्बुज राजाओं ने उदारतापूर्वक की थी।

सबसे प्राचीन चम्पा का हिन्दू राजा दूसरी शती ई० का श्रीमार था। उसके उत्तराधिकारी भद्रवर्मा ने जो अमरावती, विजय और पाण्डुरंग के तीनों प्रान्तों पर

चम्पा (अन्नम्)

राज्य करता था माइसोन में भद्रेश्वर स्वामी का शैव मन्दिर स्थापित किया जो चाम लोगों का राष्ट्रीय देवस्थान बन गया। इन्द्रवर्मा तृतीय (९१० ई०) एक प्रतिभाशाली संस्कृत विद्वान् था जिसने पाणिनि, काशिका, षड्दर्शन और बौद्ध दर्शन का अध्ययन किया।

चम्पा के भारतीय प्रवासी प्रायः ब्राह्मण और क्षत्रिय थे। उनकी भाषा संस्कृत थी जो सैकड़ों शिलालेखों में व्यवहृत है और वे शैवधर्म के मानने वाले थे। वहाँ शक्ति, गणेश, कार्तिकेय, नन्दी, विष्णु, राम, कृष्ण, लक्ष्मी, गरुड़, ब्रह्मा, यम, चन्द्र, सूर्य और सरस्वती के भी मन्दिर थे। दोंग-डुओंग बौद्धधर्म का केन्द्र था और माइसोन और पो-नगर शैवधर्म के स्थान थे। चम्पा की कला में मामल्लपुरम् की कला का अनुकरण मिलता है।

चौथी-पाँचवीं शती के संस्कृत शिलालेखों से मलाया प्रायद्वीप के उत्तरी, पश्चिमी और पूर्वी भागों में हिन्दू उपनिवेशों की स्थापना का प्रमाण मिलता है।

मलाया

ये हिन्दू उपनिवेश निम्नलिखित थे : (१) लंकाशुक जो पूर्वी समुद्र से पश्चिमी समुद्र तक प्रायद्वीप के आरपार बसा था। यहाँ ५१५ ई० में भगदत्त नामक राजा राज्य करता था, (२) ताम्ब्रलिंग, जिसकी राजधानी लिगोर बन्दोन की खाड़ी पर स्थित थी। लगभग छठी शती ई० के एक शिलालेख में बौद्ध और ब्राह्मण देवताओं, पारमिताओं और अगस्त्य की उपासना और तत्संबंधी संस्थाओं के लिए दिये गए अनुदानों का उल्लेख है। केदाह और पेराक के नगर बौद्ध और ब्राह्मण पुरातत्त्व सामग्री से भरे हैं। केदाह के शिखर से महिषासुरमर्दिनी की मूर्त्ति, नन्दी का सिर, शैव उपादान आदि मिले हैं और निकटवर्ती एक इमारत से संस्कृत भाषा और दक्षिण भारतीय लिपि में दो बौद्ध पद्यों का एक शिलालेख प्राप्त हुआ है। उसी लिपि में लिखे एक अन्य शिलालेख में महानाविक बुद्धगुप्त का उल्लेख है जो मुर्शिदाबाद जिले के रंगामाटी प्रदेश से आया था। केदाह से एक और भी शिलालेख मिला है जिसमें महायान-संबंधी तीन संस्कृत पद्य हैं। पेराक से वाकाटक लिपि में एक मुद्रा मिली है जिस पर 'श्री-विष्णु-वर्म्मस्य' लेख खुदा है। उत्तरी लंकाशुक के राजा पान-पान ने ४२४-५३ ई० के बीच में चीन में भारत के ब्राह्मणों का एक दूतमण्डल भेजा जिसे वहाँ के राजा ने बहुत-सा दान-सम्मान दिया।

इसके बाद हिन्दू और बौद्धधर्म जावा, सुमात्रा, बोर्निओ, बाली आदि भारतीय द्वीप-समूह के द्वीपों में फैल गए जैसा कि वहाँ के संस्कृत शिलालेखों,

सुवर्णद्वीप (हिन्देशिया अथवा द्वीपान्तर भारत)

भाषा, साहित्य, धर्म, कला और सामाजिक संस्थाओं से प्रकट होता है।

सुमात्रा में चौथी शती ई० में श्रीविजय नामक हिन्दू राज्य की स्थापना हुई। सातवीं शती ई० में ई-चिङ ने यहाँ बौद्धधर्म के केन्द्र देखे थे जिन्हें भारतीय समुद्री

श्रीविजय

व्यापार ने प्रोत्साहन दिया था।

एक और भारतीय उपनिवेश था जहाँ के राजाओं के शिलालेखों से वैदिक

बोर्नियो

यज्ञों के अनुष्ठान का साक्ष्य मिलता है, जैसा कि पहिले लिखा जा चुका है।

सुदीर्घ काल से बाली प्रमुखतः हिन्दू बना रहा है। वहाँ के लोग हिन्दू संस्कार करते हैं और शिव, गणेश, नन्दी, नन्दीश्वर, ब्रह्मा, स्कन्द और महाकाल आदि

बाली

देवताओं की मूर्त्तियों की पूजा करते हैं। वहाँ वैदिक देवता वरुण के तीन मन्दिर हैं।

जावा भारतीय प्रभाव का प्रमुख स्तम्भ है जैसा कि मन्दिरों और कला से प्रकट होता है। मध्य जावा में हिन्दू मन्दिरों के समूह (चण्डी), उदाहरणार्थ भीम-चण्डी, अर्जुनचण्डी, पाये जाते हैं। वहाँ कलासन, मेन्दूत और

जावा

पावोन में बौद्ध चण्डियाँ भी हैं जिनका पर्ण विकसित रूप बोरोबोदूर की चण्डी में दृष्टिगत होता है। इस चण्डी में ४०० बुद्ध मूर्त्तियाँ और १,४०० खुदाई के काम के फलक हैं। इनमें बुद्ध की जीवनी और जातकों के अनुसार उनके पूर्व-जन्मों की कथाएँ उत्कीर्ण हैं। वहाँ अमिताभ और वैरोचन आदि ध्यानी बुद्धों और मैत्रेय, मंजुश्री और अवलोकितेश्वर जैसे बोधिसत्वों की मूर्त्तियाँ भी मिलती हैं। मैत्रेय को एक व्यक्ति से बात करते हुए दिखाया गया है जो सम्भवतः असंग है जिसे उन्होंने कुछ बौद्ध शास्त्रों का उपदेश दिया था। यह सारा स्तूप महायान बौद्धधर्म का मूर्त्तिमान प्रदर्शन है। इसकी तली में स्थित ८४२ ई० के एक शिलालेख में इसका नाम भूमिसम्भार लिखा हुआ है और ८२४ ई० के एक अन्य लेख में शैलेन्द्र राजा समरतुंग को इसका निर्माता बताया गया है।

जावा के अन्य उल्लेखनीय बौद्ध मन्दिरों में चण्डी सेवी (सहस्र मन्दिर), जो चार पंक्तियों में २४६ छोटे मन्दिरों के समूह से आवेष्टित है, और चण्डी प्लाओसोन, जहाँ तारा और पद्मपाणि की कलात्मक प्रतिमाएँ मिलती हैं, प्रमुख हैं।

जावा में हिन्दू-मन्दिर भी थे। बोरोबोदूर के निकट चण्डीबेयोन से विष्णु, शिव, ब्रह्मा, गणेश, अगस्त्य आदि की कलापूर्ण मूर्त्तियाँ प्राप्त हुई हैं। प्रम्बनभ (ब्रह्मवनम्) चण्डी लोरो जंगरंग नामक शैव मन्दिर और इससे मिले हुए १५६ छोटे मन्दिरों के विशाल समूह के लिए प्रसिद्ध है। इसमें ब्रह्मा, विष्णु, शिव के मन्दिर, बोरोबोदूर के समान रामायण और कृष्णचरित के दृश्यों से अंकित खुदाई के काम के फलक और शिव, ब्रह्मा, दुर्गा, महिषासुरमर्दिनी और शेषश ायीविष्णु

की मूर्त्तियाँ उपलब्ध हैं। डॉ० आनन्द कुमारस्वामी ने प्रम्बानम् के इस खुदाई के काम को कला की दृष्टि से बोरोबोदूर से भी श्रेष्ठ माना है।

बृहत्तर भारत में भारतीय कला

एशिया के बहुत-से देशों में ऐसी कलाकृतियाँ मिलती हैं जिनके विषय भारतीय हैं और जिनसे भारतीय विचार पद्धति के उस प्रभाव का ठोस साक्ष्य मिलता जिसके कारण जिमर की शब्दावली के अनुसार वे एक प्रकार के 'भारतीय एशिया' बन गये थे। यहाँ हम कुछ उत्कृष्ट कला-निदर्शनों का उल्लेख करते हैं :

कोरिया : (१) आठवीं शती की सुक्कुतोन की गुहा में पाषाण बुद्ध प्रतिमा, (२) सोलहवीं शती का मुद्राबद्ध चित्रित बुद्ध, (३) चौदहवीं शती की काँसे की बुद्ध मूर्त्ति जिसके दोनों ओर बोधिसत्वों की मूर्तियाँ हैं।

जापान : (१) सातवीं-आठवीं शती ई० की होरीयुजी मठ की लकड़ी की बोधिसत्त्व मूर्त्ति, (२) ६२५ ई० की काँसे की बुद्ध-मूर्त्ति, (३) १००० ई० का कोयासाम का २५ बोधिसत्वों सहित अमिताभ का चित्र, (४) १०८६ ई० का परिनिर्वाण का भित्तिचित्र, (५) नवीं शती की लकड़ी की भिक्षु-मूर्त्ति, (६) १२५३ ई० की कामाकुरा की विशाल काँसे की बुद्ध-मूर्त्ति, (७) आठवीं शती की नारा की लाख की बनी वैरोचनध्यानी बुद्ध की मूर्त्ति, (८) नवीं शती की युन-योजी मठ क्योटो की बनी लड़की की बोधिसत्व की मूर्त्ति।

मध्य-एशिया : (१) आठवीं शती ई० के किजिल से प्राप्त देव और गन्धर्वों के भित्ति-चित्र, (२) ग्यारहवीं शती ई० का चोरचक से प्राप्त 'महाप्रस्थान' का भित्ति-चित्र, (३) बारहवीं शती ई० का बाजालीक से प्राप्त 'सामन्तों का समूह' शीर्षक भित्ति-चित्र, (४) आठवीं शती ई० का किजिल से प्राप्त 'भिक्षु' शीर्षक भित्ति-चित्र, (५) ८५० ई० का रेशम पर अंकित बोधिसत्व का चित्र।

चीन : (१) छठी शती ई० की लुंग-मन के मन्दिर से प्राप्त पत्थर का बुद्ध-शीर्ष, (२) वहीं से प्राप्त बैठे बुद्ध की प्रतिमा, (३) वहीं से प्राप्त खाँचे में स्थित बुद्ध-मूर्त्ति, (४) फू-क्यान से प्राप्त काँसे की पश्चात्ताप मुद्रा में बुद्ध की मूर्त्ति, (५) छठी शती ई० की पत्थर की आनन्द की प्रतिमा, (६) लाख के काम की शाक्य-मुनि की मूर्ति, (७) नवीं शती ई० का तुन-ह्वान की गुफा से प्राप्त माया के स्वप्न का चित्र, (८) वहीं से प्राप्त रेशम पर 'चार मिलन' शीर्षक चित्र, (९) वहीं से प्राप्त रेशम पर छन्दक और कन्थक की विदाई का चित्र, (१०) वहीं से प्राप्त रेशम पर भिक्षुओं के साथ बोधिसत्त्व का चित्र, (११) वहीं से प्राप्त रेशम पर धनुर्प्रतियोगिना का चित्र, (१२) वहीं से प्राप्त रेशम पर 'चार मिलन' का चित्र।

कम्बुज : (१) अंकोर-थोम में बेयोन से प्राप्त तेरहवीं शती की छज्जे पर की मूर्त्ति, (२) बारहवीं शती का बुद्ध का सिर।

थाइलैण्ड : (१) रेशम पर चित्रित कपिलवस्तु से प्रस्थान का चित्र।

बर्मा : (१) पेगन के आनन्द पेगोडा (आनन्द मन्दिर) से प्राप्त पकी हुई मिट्टी की 'चार मिलन' शीर्षक मूर्त्ति, (२) वहीं से प्राप्त ग्यारहवीं शती की 'शिरोमुण्डन' शीर्षक मूर्त्ति, (३) वहीं से प्राप्त महलों के दृश्य।

लंका : (१) बारहवीं शती का पोलूनारूवा में चट्टान को काटकर बनाई गई आनन्द की मूर्त्ति।

जावा (बोरोबोदूर) : (१) आठवीं शती की पत्थर की लुम्बिनी बन में माया की प्रसवावस्था की मूर्त्ति, (२) निरंजना नदी में बोधिसत्त्व के स्थान करने की मूर्त्ति, (३) शिरोमुण्डन का दृश्य, (४) विदाई का अंकन, (५) 'धनुर्प्रति-योगिता' शीर्षक खुदाई, (६) सुजाता द्वारा भोजन दान का दृश्य।

तिब्बत : तिब्बत प्राचीन काल में भारतीय सांस्कृतिक प्रभाव की परिधि में आया। स्रोंग-त्र्त्सान-गम्पो (६३९ ई०) के राज्यकाल से वहाँ की सभ्यता का श्रीगणेश होता है। अपनी पत्नियों की प्रेरणा से वह बौद्ध बन गया। कश्मीर ने तिब्बत को अक्षर प्रदान किए। नेपाल से शान्ति-रक्षित और उद्यान से पद्मसम्भव वहाँ पहुँचे और उन्होंने तिब्बती लामा धर्म की नींव रखी। उन्होंने वहाँ संस्कृत ग्रन्थों का प्रचार किया और उनका अनुवाद करने के लिए विद्वान् तैय्यार किए। तिब्बत में भारतीय प्रभाव का अगला जोरदार दौर मगध के कमलशील (८१६-८४२ ई०) और बाद में बंगाल के दीपंकर श्रीज्ञान से शुरू होता है। दीपंकर श्रीज्ञान विक्रमशिला विश्वविद्यालय के अध्यक्ष थे। तिब्बती विद्वानों ने मठों के अध्यक्षों के रूप में पाणिनि, अमरकोश, अलकोर, भैषज्य, रामायण आदि विषयों से संबंधित चुने हुए संस्कृत ग्रन्थों का दत्त-चित्त होकर अनुवाद किया। बहुत-से खोये हुए संस्कृत ग्रंथ आज तिब्बती अनुवादों में उपलब्ध हैं।